KB267025

정보사회의
정치경제학

정보사회의 정치경제학

권기욱 지음

정보사회는 이론적으로 볼 때 통신네트워크기술에 의한 시공축약 때문에 사람과 기업이 어디에 위치하고 있는가 하는 것은 별로 상관이 없어야 한다. 그러나 외형적으로는 경제가 분산되어 있는 듯하면서도 실제로는 경제적 의사결정이 특정 지점으로 집중되는 현상이 일어나고 있다. 기존의 대도시가 초국적 기업과 금융자본의 활동기점이 되어 세계적인 정보의 흐름을 관장하는 세계의 최중심지역으로 변모한 것이다.

한국학술정보㈜

  오늘날 우리는 정보와 지식이 흘러넘치는 사회에 살고 있다. 일상생활과 미디어에서 쏟아져 나오는 정보와 지식 속에서 현대인들은 정보와 지식의 과부하 상태에 처해 있기 때문에, 자기에게 꼭 필요하고 중요하다고 생각하는 정보와 지식만을 받아들이고 다른 많은 것들을 그냥 흘려보낸다. 이것이 소위 "정보사회"라는 숨 가쁘게 돌아가는 현대사회를 살아가는 사람들의 현실이다.

  마찬가지로 우리가 살고 있는 정보사회 자체에 대해서도 이를 분석하는 수많은 정보와 지식이 생산되고 있다. 정보사회란 어떤 것이며, 어떤 기제에 의해서 움직이고 있고, 어떤 변동방향을 가지고 있으며, 결국 미래는 어떻게 변화할 것인가 등에 대해서 다양한 정보와 지식들이 제공되고 있으며, 사람들은 이에 따라 나름대로 현대사회에 대한 하나의 상을 갖고 사회를 인식하게 된다. 그런데, 역시 속도의 시대에 살고 있는 현대인들은 정보사회 자체에 대한 정보와 지식에 대해서도 그다지 깊이 천착할 여유가 없으며 그럴 필요성도 느끼지 못하기 때문에, 정보사회에 대한 여러 논의들 중 가장 대표적인 것을 받아들이고 거기에 맞추어 사회를 인식하게 된다. 사실 그 외의 나머지 논의에 대해서는 사람들이 깊이 있게 생각할 여유를 주지 않는 것이 바로 정보사회의 특성이다.

  그렇다면 정보사회를 살아가는 사람들이 대체로 갖고 있는 정보사회 자체에 대한 정보와 지식은 대체로 어떤 것일까? 아마도 대부분의 사람들은 정보기술혁명에 의해 도래하는 새로운 사회와 그에 따른 인간 삶의 변화에 대한 논의에 익숙해져 있을 것이다. 또한 그런 사회변동이 약간의 곡절을 겪을지라도 결국에는 인간들에게 더욱 편리하고 풍요로운 삶을 가져다 줄 것이라는 논의에 역시 익숙할 것이다. 아니, 정보사회가 최소한 자신에게만은 그런 삶을 가져다 줄 것이고, 또 그래야만 한다는 약간은 개인적이고 당위적인 생각을 할 수도 있다.

많은 사람들이 이렇게 과거와는 단절되어 있고 낙관적인 정보사회를 상정하는 것은, 정보사회의 현실이 실제로 그렇기 때문에 아니라 정보사회에 대한 정보와 지식들 대부분이 그런 식의 논의에 집중되어 있기 때문이다. 직설적으로 얘기하면 현대를 바쁘게 살아가는 사람들이 정보사회에 대한 다양한 논의 중에서 알아야 할 오직 한 가지만을 찾고자 하고, 이런 사람들의 욕구에 맞추어 국가, 자본, 미디어가 그 한 가지를 끊임없이 이야기해주고 있는데, 그것이 바로 정보기술혁명에 의해 새롭게 창조되는 유토피아로서의 정보사회이다.

이 책의 가장 큰 목적은 바로 이 지점에서 제동을 걸고자 하는 것이다. 우리가 일상생활에서 접하면서 당연하고 자연스럽게 생각하면서 지나쳐버리는 정보사회의 현실에 대해, 잠시 멈추어 서서 호흡을 가다듬고 거리를 두어 그 배후에 작동하고 있는 메커니즘에 대해 과학적인 분석을 해 보자는 것이다. 말하자면 지금은 너무나도 친숙하게 사용하고 있는 컴퓨터가 우리의 책상 위에 놓이게 되기까지 어떤 메커니즘이 작동했으며, 그것이 어떤 의미를 갖고 있고, 결국 그로 인해 우리의 삶과 사회는 어떻게 변해가고 있는가 하는 것을, 잠시 컴퓨터 마우스에서 손을 떼고 생각해 보자는 것이다. 그렇게 했을 때 비로소 우리는 정보사회에 대해 알아야 할 오직 한 가지 외에 다양한 정보와 지식을 가지고 비판적으로 정보사회를 인식할 수 있을 것이다.

이 책은 원래 필자의 박사학위논문인 "정보사회담론 분석과 정보사회 비판"을 일부 수정, 보완한 것이다. 이 논문의 일부 내용은 몇 번의 수정을 거쳐 학술지 및 학술대회에 발표된 적이 있다. 하지만 이 책에서는 원래 논문의 내용에 새로운 쟁점을 크게 추가하지는 않았다. 그 이유는 우선 정보사회를 둘러싸고 끊임없이 새로운 쟁점들이 제기되고 있어서 그런 쟁점들을 모두 담아내기에는 끝이 없다는 현실적인 한계가 있거니와, 또한 이 논문 지체가 나름대로 내용의 논리적 일관성 및 완결성을 갖추고 있다고 생각하기 때문인데, 따라서 새로운 쟁점을 추가하기보다는 논점을 흐리는 내용을 삭제하고 보완하는 방향으로 수정을 하였다. 어쨌든 이는 필자의 역량 부족에서 오는 문제이며, 이 책에 등장하는 정보사회와 연관된 개별 주제들 각각은 모두 광범위한 분석을 요하는 중요한 쟁점들이기에, 당연히 향후에는 이런 각각의 주제들을 보다 자세하게 분석하는 다양한 시도가 이루어지리라 기대해 본다.

2008년 1월
권 기 욱

contents

서 론

현대사회의 특성은 무엇이고 이를 어떻게 규정할 수 있을 것인가? 여기에는 다양한 시각이 있을 수 있겠지만 그런 논의들을 종합할 수 있는 현대사회에 대한 중요한 정의는 '정보사회'라는 것이다. 물론 정보가 현대사회에서 차지하는 역할이나 비중에 대해서는 각각 상이한 시각을 보이고 정보를 추동하는 다른 선행변수를 지적하기도 하지만, 정보가 현대사회의 중심적인 운영원리로 작동하면서 사회구성원들에게 심대한 영향을 미치고 있다는 사실에 대해서는 별 이견이 없다.

이런 인식하에 많은 학자들이 정보사회를 분석하는 다양한 담론들을 경쟁적으로 제공하고 있다. 물론 여기에는 현대사회를 완전히 정보사회라는 새로운 개념틀 속에서 규정하고자 하는 시도가 있는가 하면 정보사회라는 새로운 개념틀에 대한 비판적 분석을 제시하는 이도 있다. 여하튼 현대사회를 분석하는 담론들의 중심에는 정보사회라는 개념이 존재하며 이런 담론들을 포괄적으로 정보사회담론이라고 규정할 수 있겠다. '정보의 홍수'와 함께 '정보사회담론의 홍수'라고 할 만큼 다양한 정보사회담론들이 경쟁적으로 제시되고 있는 것이 오늘날의 현실이다.

그러나 이런 다양한 정보사회담론들의 논의에는 몇 가지 문제점이 있다. 첫째, 여러 정보사회담론들이 다양한 스펙트럼 속에서 각각 제 목소리만을 낼 뿐, 이들을 종합적으로 분석하려는 시도가 미진하다. 즉 사회학, 경제학, 커뮤니케이션학, 정치경제학, 미래학, 문화연구 등에서 제각기 자신들의 분야에서만 독자적인 정보사회담론을 제시할 뿐 이들을 넘나드는 포괄적인 논의는 부족하다. 물론 정보사회담론을 전체적, 부분적으로 소개하는 문헌들은 다수 있지만 이들 논의들은 단순히 백

과사전 식의 나열만 있을 뿐, 특정한 기준에서 전체 정보사회담론들을 비판적으로 고찰하려는 시도는 드물다. 각 정보사회담론의 입장들을 제대로 비교, 분석하기 위해서는 특정한 기준을 기초로 한 비판적 이해가 필요할 것이다.

둘째, 위에서 논의한 문제점과 관련된 것으로 다양한 담론들 간의 소통불가능성을 들 수 있다. 담론들 간의 상호교류나 비판이 없는 것은 아니지만 이것이 그다지 발전적이지 못하다는 것인데, 그 이유는 담론의 표면적인 내용에만 논의가 집중되고 개개의 담론이 기초하고 있는 사회적, 사상적인 토대에까지는 파고들지 못하기 때문이다. 그리하여 담론들 간의 논의가 생산적인 결론에 도달하지 못하고 불가공약적인 상호배제나 단절만이 존재하는 것이다. 이런 난점을 피하기 위해서는 개개 정보사회담론의 기초가 되는 근본적인 그 무엇, 즉 각 담론의 사회적, 사상적 배경에 따른 이데올로기적 지형을 검토하는 것이 필요하며 그렇게 함으로써 소통불가능한 논쟁의 논점을 서로 맞추어 적절한 상호비교와 비판이 가능해질 것이다.

셋째, 여러 정보사회담론들 중 상당수는 현대의 시대적·사회적 현실을 거시적으로 설명하는 데 상당한 한계를 지니고 있다는 것이다. 필자는 정보사회를 분석하는 데 있어 기본적으로 자본주의체제의 틀 속에서 보아야 함을 먼저 강조하고 싶다. 물론 자본주의적인 사회조직화원리나 관행이 현대사회에서 양적으로 변화된 측면이 있다 하더라도, 분명한 것은 과거 봉건사회에서 자본주의로 이행한 것과 마찬가지로 사회체제나 생산양식이 자본주의에서 탈자본주의로 이행했다고 단언하는 것은 어려운 일일 것이다. 그럼에도 불구하고 많은 정보사회담론들은 자본주의체제라는 중추적 기반을 무시하거나 부차적인 문제로 처리한 채 현대사회의 변화양상을 풀어내고 있다. 이런 시도는 아직까지 정보사회의 자본주의적 관행으로 인해 정보혁명의 진정한 세례를 받지 못한 많은 다수 계층의 현실과는 거리가 먼 것이다. 게다가 거시적으로 정보사회의 문제는 일 국가 차원의 문제가 아니라 소위 자본주의적 원리의 진화된 형태인 세계화의 차원에서 진행되고 있다는 현실도 간과해서는 안 된다. 따라서 이러한 시대적·사회적 현실을 가장 잘 설명할 수 있는 입장을 중심으로 정보사회에 대해 비판적으로 고찰할 필요가 있다.

이 책은 이러한 문제의식을 기초로 하여 개개 정보사회담론의 담론내용과 이데올로기적 지형을 비판적으로 살펴본 후, 대안적으로 현실설명력이 가장 뛰어난 특정한 이론적 입장에서 정보사회에 대한 종합적이고 비판적인 고찰을 수행하려고 한다. 여기서 가리키는 특정한 이론적 입장이란 바로 정보정치경제학[1])의 입장이다. 정보정치경제학이란 간단히 말해 정보사회와 그 속의 정보의 흐름을 마르크스주의 정치경제학의 연장선상에서 바라봄으로써 거시적으로는 자본주의체제 내의 분석틀을 유지하고 있으며, 나아가 현대의 역사적 현실에 기반을 두어 특히 시장원리, 불평등구조, 세계화 등에 초점을 맞추어 정보사회를 분석함으로써 여타 정보사회담론들이 일반적으로 갖고 있는 한계를 극복하고 있다. 이러한 분석을 통해 정보사회담론들 간의 소모적인 논쟁을 넘어 정보사회에 대한 보다 총체적인 분석을 꾀하고자 하며, 특히 정보사회의 일상성에 대한 거리두기를 통해 상식적으로 통용되는 정보사회에 대한 다양한 신화들을 깨트림으로써 정보사회에 대한 비판적 고찰을 수행하려 한다.

이 책의 구성은 다음과 같다. 먼저 만하임(Mannheim, 1971: 116−119)에 따르면 지적 현상에 대한 이해는 내부로부터의(from within) 이해와 외부로부터의(from without) 이해로 구분할 수 있다. 동일한 지적 현상일지라도 그것을 내부로부터 내용 그 자체로 이해하면 '이념'이 되고, 사회적 존재의 특성에 의해 발생하는 지적 현상 외부의 관점으로부터 이해하면 '이데올로기'가 된다. 이에 기초하여 보면 담론에 대한 고찰은 내부로부터의 고찰과 외부로부터의 고찰로 구분할 수 있다. 내부로

---

1) 정보정치경제학을 커뮤니케이션 정치경제학, 또는 미디어 정치경제학이라고 부르기도 한다.

부터의 고찰은 담론 내부의 내용 그 자체로부터 담론을 고찰하는 것이고, 외부로터의 고찰은 담론이 기반하고 있는 담론 외적인 사회적, 사상적 존재현실에 기반을 두어 이데올로기적 측면에서 고찰하는 것을 가리킨다.

Ⅱ장에서 각 정보사회담론에 대해 이 두 가지 방식을 모두 적용하여 살펴볼 것이다. 첫째, 각 정보사회담론의 담론내용은 무엇인가? 주요 정보사회담론들이 주장하는 바를 고찰하고 담론 자체의 논리적, 현실적 한계에 대해 비판하고자 한다. 이것은 만하임이 말하는 내부로부터의 고찰에 해당한다. 내부로부터의 고찰을 통해 담론의 내용 자체가 갖고 있는 문제점을 살펴볼 수 있다. 둘째, 각 정보사회담론의 이데올로기적 지형을 어떻게 평가할 것인가? 이와 관련해 주요 정보사회담론들의 사회적, 사상적 배경을 기초로 하여 정보사회담론들을 고찰해 보고, 각 담론의 이데올로기적 지형에 대한 비판을 시도할 것이다. 이것은 만하임이 말한 두 번째 방법인 외부로부터의 고찰을 가리킨다. 외부로부터의 고찰을 통해서 특정한 기준에 따라 다양한 정보사회담론들에 대한 비판적이고 종합적인 이해를 할 수 있으며, 논점이 어긋나는 불가공약적인 담론들 간에 상호 비판과 비교 가능성이 도출될 수 있다.

Ⅲ장에서는 대안적 담론으로서의 정보정치경제학에 입각해서 정보사회를 자세히 분석할 것이다. 이것이 이 책에서 다루고자 하는 가장 핵심적인 주제이다. 다른 정보사회담론들의 대안적 관점으로서 정보정치경제학의 특성을 제시하고 이에 기초하여 정보사회를 분석할 것이다. 만하임이 말한 내부로부터의 고찰과 외부로부터의 고찰을 시도해 볼 때 담론내용 자체 및 이데올로기적 지형상 정보사회의 모순과 부조리를 분석하는 데 있어 정보정치경제학은 중요한 대안이 될 수 있을 것이다. 이러한 분석을 통해 정보정치경제학이 다른 정보사회담론들이 갖고 있는 한계를 극복할 수 있으며 정보사회에 대한 비판의 틀로서 가장 현실설명력이 뛰어나다는 점을 제시하고자 한다.

이러한 정보사회에 대한 정보정치경제학적 분석은 크게 세 부분으로 나누어진다. 첫째, 자본주의적 시장원리가 정보사회에서 어떻게 계속 유지·강화되는가? 특히 정보의 컨텐츠(contents), 하드웨어, 소프트웨어, 공공분야, 정보소비자 등의 측면에서 시장원리가 어떻게 관철되는지를 살펴볼 것이다. 더불어 정보사회의 가장 중핵적 영역이라 할 수 있는 인터넷에 관철되는 시장원리에 대해서도 분석할 것이다. 인터넷에서의 시장원리의 작동으로 인해 인터넷 컨텐츠와 인프라, 그리고 공공분야에 어떤 결과가 나타나는지를 고찰할 것이다. 둘째, 자본주의적 불평등구조가 정보사회에서 어떻게 재생산되고 강화되는가? 구체적으로 계급적 불평등이 정보불평등을 재생산하는 과정과 다양한 정보불평등 실태를 살펴보고, 한편으로는 관료조직과 개인 간의 정보불평등으로 인해 초래되는 감시사회에 대해 고찰할 것이다. 또 인터넷과 관련하여 인터넷에 따른 정보불평등현상과 감시체계에서의 인터넷의 역할을 분석해 볼 것이다. 셋째, 자본주의적 시장원리가 정보사회에서 세계적으로 확산되는 양상은 어떠한가? 이를 분석하기 위해 세계화의 초기부터 나타난 정보제국주의 현상과, 신자유주의에 의해 추동되는 본격적인 세계화, 그리고 여기에서 핵심 주체의 역할을 하는 초국적 기업의 활동 등을 분석할 것이다. 또한 인터넷이 신자유주의적 세계화의 흐름과 어떤 식으로 공존하고 있으며, 그 결과는 어떻게 될 것인지에 대해서도 고찰할 것이다. 나아가 정보사회의 최첨단영역이라 할 수 있는 유비쿼터스 컴퓨팅(ubiquitous computing)에 대해서도 위에서 언급한 시장원리화, 불평등구조화, 세계화의 세 차원에서 간략하게 살펴보겠다.

Ⅳ장에서는 이런 정보정치경제학이 갖고 있는 한계를 분석할 것이다. 이를 위해 정보정치경제학을 넘어서는 저항의 영역들과 한국의 특수성을 살펴보고, 정보정치경제학이 나아가야 할 방향에 대해 짚어보겠다.

다음으로 이 책이 다루고자 하는 분석대상은 한마디로 정보사회이다. 그래서 정보사회를 다루는 담론들을 분석하고 정보사회 자체를 비판적으로 분석하고자 하는 것이다. 그런데 정보사회를 정의하는 것은 정보사회담론과 학자들마다 다르기 때문에 정보사회가 무엇인가 하는 것을 단적으로 말하기는 쉽지 않다. 정보사회(information society)라는 용어를 최초로 사용한 것은 1968년 일본학자인 고야마(Kohyama)에 의해서이다. 고야마는 미국의 사회학자 벨(Bell)이 '탈산업사회'라고 부른 것과 같은 의미로 정보사회란 말을 썼다고 밝히고 있다. 고야마에 따르면 정보사회는 산업사회 이후에 등장하는 사회로, 산업사회가 일정 정도 발전하고 성숙한 결과 발생하는 정보혁명을 통해서 출현한다.(Ito, 1980: 673)

그러나 고야마의 정의만으로는 정보사회를 제대로 규정하기 어렵다. 정보사회를 규정하는 또 다른 방식은 시기적으로 언제부터를 정보사회로 보느냐 하는 것이다. 먼저 기술적 차원에서 봤을 때 1950년대부터 컴퓨터기술이 상용화되기 시작하여 1970년대에 와서 소위 극소전자혁명(microelectronics revolution)[2]을 통해 정보기술의 비약적인 발전이 이루어지고 통신네트워크기술이 발달하기 시작하였다.(이정현, 1999: 172 - 174) 이렇게 볼 때 정보사회를 1950년대부터 시작되어 1970년대 이후 본격화된 것이라 할 수 있을 것이다. 이런 시기구분은 이 책에서 등장하는 여러 정보사회담론들과도 상당히 일치한다. 미래학자 토플러(Toffler, 1989b: 32)는 정보사회와 유사한 용어인 '제3물결'이 미국에서 1955년경부터 시작되었다고 본다. 또 다른 미래학자 네이스빗(Naisbitt, 1992: 35)은 1956년경부터 미국을 정보사회라고 보았다. 벨은 1950년대 말부터 탈산업사회라는 용어를 사용하다가 1980년경에 와서는 정보사회라는 용어를 사용하였다.(Webster, 1997: 63) 포스트포디즘(post-Fordism)은 포디즘(Fordism)의 위기로 해석되었던 1970년대의 세계적인 자본주의의 위기상황에 등장하였다. 포스트모더니즘(post-modernism)은 1950년대 이후 미국의 건축이론부문에서 등장하여 1970년대에 와서는 사회사상의 영역에서도 논의가 전개되기 시작하였다.(전석호, 2004: 93)

국내학자들의 견해를 보면, 최동수(1999: 49)는 정보사회의 진입단계

---

2) 고체전자소자의 초미세가공기술의 급속한 기술혁신을 가리키는 말로, 후에 고밀도집적회로(LSIC), 초고밀도집적회로(VLSIC) 등의 개발을 가져왔다.

를 미국의 경우 1950년대 후반, 일본과 유럽선진국들은 1960년대에서 1970년대, 한국은 1980년대 후반으로 보고 있다. 김은홍(1999: 131 – 132)도 이와 유사하게 미국은 1950년대 후반에서 1960년대에, 일본, 영국, 프랑스 등은 1970년대에, 한국은 1980년대 후반 또는 1990년대 초반경에 정보사회로 진입한 것으로 본다. 한국의 경우는 위로부터의 정보화인 정보화정책의 차원에서 봤을 때도, 1983년부터 정보화정책이 공식적으로 부상하여 국책사업으로 정보산업을 육성하고 국가기간전산망사업을 추진한 것을 감안하면, 1980년대 후반에 정보사회에 진입했다고 볼 수 있을 것이다. 또한 정보기술이 대중화되고 국민들의 자생적인 정보문화가 형성되어 아래로부터의 정보화가 시작된 시점을 고려하면 1990년대 후반부터 정보사회가 본격화되었다고 하겠다.[3]

이상의 논의를 종합해 볼 때, 이 책의 분석대상이 되는 정보사회는 미국을 기준으로 1950년대 후반부터, 일본과 유럽선진국을 기준으로 1970년대부터 시작되었고, 그리고 한국의 경우에는 1980년대 후반부터 시작되어 1990년대 후반에 본격화된 사회라고 규정할 수 있겠다.

그런데 정보사회를 가리켜 '정보화사회(informatized society)'라는 용어를 쓰기도 한다.(신윤식 외, 1992: 30) 이 두 가지 용어는 엄밀하게 구분하면 다른 의미로 쓰인다. 현대사회를 정보라는 변수로 규정하려는 담론들 중 기존 사회와의 단절을 강조하는 입장들은 정보사회라는 말을 쓰고, 과거와의 연속성을 중시하는 입장들은 정보화사회라는 용어를 선호한다. 사실 이 책에서는 엄밀하게 말해서 각 담론의 입장에 따라 그때그때 정보사회와 정보화사회라는 용어를 번갈아가면서 써야 하며, 궁극적으로 이 책의 관점인 정보정치경제학적 입장에서는 정보화사회라는 용어를 써야 하겠지만, 이미 현대사회를 지칭하는 용어로 정보사회라는 말이 대중화되었고 두 가지 용어를 번갈아 쓰는 데서 오는 혼란을 피하기 위해 일괄적으로 정보사회라는 용어를 사용하기로 하겠다.

---

3) 한국의 위로부터의 정보화와 아래로부터의 정보화에 대해서는 이 책 Ⅳ – 2 의 "한국의 특수성"을 참조할 것.

따라서 이 책에서는 전술한 단절론적 입장과 연속론적 입장을 포함하여 사회운영이 정보처리에 결정적으로 의존하고 있는 사회라는 포괄적인 의미에서 현대사회를 정보사회라 지칭하고자 한다.

정보사회담론에 대한 고찰

정보사회담론에 대한 예비적 고찰

1) 정보사회담론의 이데올로기적 지형

현대사회를 지칭하는 용어 중 가장 널리 쓰이고 있는 말이 바로 정보사회이다. 단순하게 말해서 정보사회의 의미는 현대사회에서 정보가 특별한 의미를 지니게 되었다는 것이고, 나아가서는 사회의 운영이 정보처리에 결정적으로 의존하고 있다는 의미를 내포하고 있다. 그런데 이런 흔한 의미에서 쓰이는 정보사회 혹은 정보시대, 정보혁명이라는 말은 실제로 이데올로기적인 용어이다. 이데올로기적이라는 표현의 의미는 우선 정보사회라는 용어가 홀로 의미를 나타내는 것이 아니라 특정한 언어들이 모여 있는 언어체계하에 있으면서 다른 언어와의 관계 속에서 의미를 가진다는 것과, 다음으로 동일한 정보사회라는 현상을 학자들에 따라 상이한 이데올로기적 지형 속에 있는 언어체계하에서 구성하고 접합시킨다는 것을 말한다.(Slack, 1990: 345 – 347)

여기서 우리는 특정한 이데올로기적 지형 속에서 구축된 언어체계를 소위 담론이라 부를 수 있을 것이다. 담론이란 여러 언어들이 모여 상호연관되어 있는 언어체계이며, 그 때문에 특정언어의 의미는 그 자체로만 발현되는 것이 아니라 그 담론내부의 다른 언어들과의 관계 속에서 형성된다. 그리고 이런 상호연관된 언어들의 체계가 구성되는 과정에서 담론은 필연적으로 이데올로기의 영향을 받아 일정 정도의 당파성을 띠게 되며, 이것이 담론 속의 모든 언어에도 작용하게 된다. 이렇게 보면 정보사회라는 용어가 이데올로기적이기 때문에 필연적으로 정보사회를 둘러싸고 이데올로기 투쟁이 벌어질 수밖에 없으며, 이것이 다양한 정보사회담론들로 나타나는 것이다. 정보사회를 분석하는 사람이라면 누구나 이런 이데올로기 투쟁에 참여할 수밖에 없으며, 이는 곧 기존 이데올로기 속의 구성요소들을 재접합함으로써 현실에 대한 보다 설명력 있는 담론을 제공하기 위한 노력이라 할 수 있다. 따라서 각 정보사회담론의 이데올로기의 기초가 되는 사회적, 사상적 배경을 고찰하는 것이 필요할 것이며, 이를 통해 각 정보사회담론의 현실설명력을 재단하고 그 이데올로기성을 비판적으로 재접합할 수 있을 것이다.

정보사회에서 말하는 정보라는 용어가 갖는 의미는 각 담론의 이데올로기적 지형에 따라 상이하다. 정보가 단지 특정목적의 달성에 유용한 추상화, 일반화, 체계화된 '지식'의 전 단계라는 의미로 쓰이느냐,[4] 혹은 경제적 차원에서 시장에서 유통되기 위한 상품의 의미로 쓰이느냐 하는 것은 각 담론의 언어체계 내에서의 상이한 관계성 속에서 결정된다. 게다가 정보라는 용어가 갖는 의미에 있어 각 담론별로 표면적인 의미와 담론의 언어체계 내의 이면적 의미가 완전히 상반된 경우가 빈번하게 존재한다. 즉 표면적으로는 지식과 유사한 의미로 사용되는 경우에도 담론의 이데올로기성을 고찰해 보면 그와는 반대로 상품으로서의 정보라는 의미를 나타낼 수 있다는 것이다. 정보가 어떤 의미로 쓰이느냐에 따라 정보를 둘러싼 일반대중들이 지식의 적극적 창조자의 위치에 서느냐, 단순한 정보상품의 수동적 소비자가 되느냐 하는 자리매김이 결정될 수 있기 때문에 이것은 상당히 중요한 문제이다.

마찬가지로 정보의 뒤에 붙는 사회, 시대, 혁명이라는 말도 역시 이데올로기성을 담고 있다. 사회, 시대, 혁명이라는 말은 포괄적인 의미

---

4) 일반적으로 자료(data)는 세계에 대한 단순한 사실을 가리키고, 정보 (information)는 특정목적에 의해 평가된 자료가 집적된 것을 말하고, 지식 (knowledge)은 정보가 모여 일반화, 체계화되고 권위를 갖게 된 것을 의미한다. 도식적으로 보면 '자료 → 정보 → 지식'의 단계를 거친다고 볼 수 있다.(홍성욱, 2002a: 54 − 55)

에서 중립적인 의미의 용어로 쓰일 수도 있겠지만, 반대로 그 자체가 새로운 사회질서의 도래를 선언하는 이데올로기적 지향을 내포할 수 있다. 과거의 자본주의적 산업사회와는 다른 사회, 과거와의 질적 단절, 새로운 시대의 도래, 이런 의미들을 이들 용어에 담아 사용할 수 있는 것이다. 만약 특정용어가 과도한 이데올로기적 편향성을 보인다면 그 용어 자체를 폐기해야 하겠지만, 무엇보다 이러한 용어들이 기반하고 있는 담론의 이데올로기적 기반을 일단 문제 삼는 것이 필요하다. 이 것이 곧 전술한 바와 같이 만하임이 제기한 외부로부터의 고찰의 방법 이다. 이 책에서는 한편으로 이런 입장을 염두에 두고 다양한 정보사 회담론들을 살펴보고자 한다.

2) 정보사회담론을 나누는 축들

우리가 다양한 담론들을 정보사회담론이라는 느슨한 의미의 용어 속 에 묶을 수는 있지만 정보사회에 대한 세부적인 설명과 전망은 각각의 담론별로 상당히 다르다. 가장 현저한 차이는 먼저 정보사회가 기존 사회와의 단절이냐, 아니면 기존 사회의 연속이냐 하는 차이이다. 단절 론적인 입장은 정보사회가 사회변동에 있어 완전히 새로운 단계이며 기존의 자본주의적 산업사회나 근대사회와는 질적으로 단절된 사회라 고 주장한다. 반면에, 연속론적인 입장은 현대의 정보사회가 기존의 산 업사회나 자본주의사회의 연장선상에 있는 것으로 질적인 차이가 없으 며, 기존의 사회조직화원리나 사회적 관계의 원리가 그대로 유지된 채 단지 양적인 변화만이 존재할 뿐이라고 주장한다.(권태환 외, 2000: 71) 정보사회담론을 분할하는 또 하나의 축은 정보사회에 대한 전망이 낙관적인가, 비관적인가 하는 것이다. 극단적인 낙관적 입장은 소위 컴 퓨토피아(computopia)의 도래를 주장하여 기존 사회의 문제점이 컴퓨터로 대표되는 정보기술에 의해 완전히 해소되고 인간의 오랜 유토피아의 꿈이 정보사회에서 비로소 달성된다고 본다. 일반적인 낙관론은 이렇게까지 극단적이지는 않지만 정보를 중심으로 사회가 재조직화됨에 따라 기존 사회의 불평등, 갈등, 억압, 착취 등의 문제점이 어느 정도 해소된다고 전망한다. 이와 반대로 비관적 입장에서는 자본주의사회의 부조리와 구조적 모순이 정보사회에서도 그대로 지속될 뿐만 아니라 나아가 전자감시의 발달이나 인간정체성의 분열 같은 새로운 문제점이 발생한다고 본다. 비관론의 핵심은 기존 사회의 권력과 지배의 문제 및 이에 따른 억압이 정보사회에서도 여전히 유지 혹은 강화된다는 것이다.(김용학, 1998: 86)[5]

아래에서는 이러한 정보사회담론의 대표적인 담론들을 살펴보고자 한다. 여기에는 정보기술의 발달과 사회 전 부문으로의 확산 자체에 주목하는 미래학, 정보노동자의 증가와 산업구조의 변화를 분석하는 탈산업사회론, 정보기술이 개입된 생산조직과 생산체제 전반의 패러다임 변화를 논의하는 포스트포디즘, 정보의 폭발적인 증가와 그에 따른 정보 및 사회현실의 성격변화에 주목하는 포스트모더니즘, 정보사회의 자본주의적 조직화원리 및 관행의 유지와 강화를 분석하는 정보정치경제학 등이 있다. 이들은 그 명칭과 성격은 다를지라도 오늘날 나름대로 사회변동을 정보 혹은 정보기술과 연결시켜 설명하는 대표적인 담론들로서, 학문공동체를 형성하고 있거나 그렇지는 않더라도 일련의 학자군을 형성하고 있으며, 각 담론마다 학문적인 전성기는 다를지라도 현대 사회담론에서 독보적인 학문적 입지를 형성하고 지속적인 논의가 진행되고 있는 입장들이다. 이 중 미래학, 탈산업사회론, 포스트포디즘,[6] 포

---

5) 정보사회담론의 단절론 대 연속론의 분할과 낙관론 대 비관론의 분할은 서로 중첩된다. 모든 담론들이 그러한 것은 아니지만 일반적으로 단절론적인 입장은 기존의 사회적 모순과의 단절을 통해 낙관적인 미래예측을 보이고, 연속론적인 입장은 반대로 비관적인 전망을 내리는 경향이 있다. 그래서 단절론 대 연속론의 대립은 정보사회를 그 발생적 측면에서 구분하는 것이며, 낙관론과 비관론은 정보사회의 결과적 측면에 대한 구분이라 할 수 있다.

스트모더니즘 등은 모두 정보사회에 대한 단절론적 입장에 있으며 정
보정치경제학은 연속론적 관점에 서 있다.

---

6) 포스트포디즘은 그 내부에 다양한 분파가 있으며 일부는 연속론적 입장에
   있고, 일부는 중간적 입장에 있지만, 전체적으로는 단절론적인 입장에 있다
   고 할 수 있다.

2

정보사회담론에 대한 분석과 비판

1) 미래학

(1) 내부로부터의 고찰: 과학성의 결여

미래학은 과거 또는 현재의 상황을 바탕으로 미래에 대한 장기적이고 대규모적인 사회적·경제적 예견을 하는 학문분야이다. 미래학(futurology)[7]이라는 용어는 독일의 정치학자 플레히트하임(Flechtheim)에 의해 1943년부터 쓰이기 시작했으며 학문적으로 체계화된 것은 1960년대 이후이다. 그는 미래학을 특별히 새로운 지식의 세계라기보다는 철학, 정치학, 교육학, 예측학, 그리고 기획까지도 포함하는 다양한 분야가 종합된 영역으로 보았다.(배규한, 2000: 33-34) 대표적인 미래학자로는 토플러와 네이스빗을 들 수 있고, 그 밖에 네그로폰테(Negroponte), 마스다(Masuda), 아마라(Amara), 커(Kerr), 애버든(Aburdene) 등이 있다.(배규한, 2000)

미래학자들마다 주장이 다르기는 하지만 상당수의 미래학자들이 논의의 기초로 삼고 있는 사회현실은 기술, 특히 정보기술의 발달이다. 이들은 사회변동에 대한 체계적이고 구조적인 분석을 한다기보다는 대체로 기술의 발달이라는 현실에 상상력, 통찰력을 결합시켜 미래를 예견하고 있다. 예컨대 토플러(Toffler, 1989b, 1990)가 말하는 제3물결의 도래, 매체의 탈대중화, 탈대량생산화, 의사결정의 탈중앙집권화, 핵가족형태의 변화, 노동의 탈동시화, 생산소비자의 출현, 초국가적 조직망

---

7) 오늘날에는 'futuristics'라는 용어가 일반적으로 사용되고 있다.(배규한, 2000: 36)

의 확산, 국민국가의 위축, 권력원천의 지식·정보로의 이동 등이나, 네이스빗(Naisbitt, 1992)이 말하는 여러 가지 메가트렌드(megatrend), 즉 산업사회에서 정보사회로, 인위적 기술에서 하이테크·하이터치로,[8] 국가경제체제에서 지구적 경제체제로, 제도적 복지사회에서 자조사회로, 대의민주주의에서 참여민주주의로, 위계체제에서 네트워크체제로의 변화 등이 바로 이런 내용들이다.

미래학 연구를 추동시킨 정보기술의 발전내용은 다음과 같다. 컴퓨터기술의 발전은 1940년대에 군사적 목적의 컴퓨터개발에 이어 1950년대에 상업적 컴퓨터가 등장하기 시작하였고, 1971년에 최초의 마이크로프로세서(microprocessor)[9]인 인텔 4004칩이 개발되면서 이때부터 소위 극소전자혁명이 도래하여 컴퓨터의 소형화 및 개인용 컴퓨터(PC)의 등장과 함께 컴퓨터칩이 다른 사무기기, 가전제품, 공장기계, 자동차 등의 산업제품에 널리 활용되는 혁신적인 발전이 이루어졌다. 한편, 소프트웨어산업에서는 1980년대에 마이크로소프트(Microsoft: MS)사의 도스(DOS)가 PC의 표준운영체제로 채택되면서 여타 소프트웨어 시장이 급성장하게 되고, 이후 1990년대에 역시 MS의 GUI[10]기반의 운영체제인 윈도우(Windows)가 출시되면서 PC의 대중화를 선도하게 된다. 또한 정보통신분야에서도 1969년에 인터넷의 모태인 ARPANet[11]이 탄생한 이후 USENet[12]과 NSFNet[13]을 거쳐 1993년에 월드와이드웹(World Wide

---

8) 하이터치(high touch)는 네이스빗의 신조어로, 여기서 터치란 기술에 대한 인간의 대응방식을 가리킨다.(Naisbitt, 1992: 75)
9) 컴퓨터의 기본처리장치인 제어장치와 연산장치를 1개의 실리콘칩에 집적시킨 것을 가리킨다.
10) 'Graphical User Interface'의 줄임말로 사용자가 텍스트뿐만이 아닌 그림을 통해 컴퓨터와 정보를 교환하는 작업환경을 가리킨다.
11) 1969년에 미 국방부의 주요 프로젝트를 수행하는 미국 서부지역 소재의 4개 대학, 연구소가 통신네트워크로 연결된 것이 시초로, 이후 여러 대학의 군사연구용 컴퓨터가 연결된 군사적 목적의 컴퓨터통신네트워크이다.
12) 'Unix User Network'의 줄임말로 1979년에 탄생하였다. UNIX체제 컴퓨터의 연결망으로 기존의 ARPANet의 대안으로 부상했던 국제적인 비상업적 컴퓨터통신네트워크를 가리킨다.

Web: WWW)이 등장하면서 인터넷이 대중적으로 확산되어 현재에 이르고 있다. 그 밖에 생명공학기술도 미래학의 예측에 영향을 미치고 있다. 생명공학기술의 발전은 1970년대에 유전자분리와 복제가 가능하게 되었고, 1980년대에 질병유전자의 감별을 통한 유전자치료의 길이 열렸으며, 1990년대에 동물의 복제가 성공하였다. 이어 2000년대에 인간게놈지도[14]가 완성되었고 인간배아줄기세포[15]에 대한 연구가 진행되어 질병치료에 대한 혁신적 가능성이 열리게 되었다.(Castells, 2003: 67 – 84, 87 – 93; 라도삼, 1999: 127 – 136; 이정현, 1999: 171 – 174)

미래학은 그 과학성의 존재 여부에 대해 상당한 비판을 받는다. 그 이유는 주로 연구대상이 광범위하고 불확정적이기 때문에 학문적 정체성이 불투명하다는 측면과, 미래를 연구대상으로 하기 때문에 이를 절대적으로 실증하는 것이 불가능하다는 점 때문이다. 특히 미래는 불확정의 세계이기 때문에 구체적인 사실보다는 주로 판단에 의지한 연구가 나올 수밖에 없다. 물론 시간적 연속선 위에서 그다음의 변화추세를 예측한다고 할 수 있지만, 여기에는 예기치 못한 불연속적인 변화도 얼마든지 있을 수 있다. 게다가 미래연구에는 중요한 변수와 그 변수 간의 상관관계가 무수히 많기 때문에, 가능한 모든 대안적 미래를 연구한다는 것 자체가 사실상 불가능하다.(배규한, 2000: 26, 33 – 34) 실제로 상당수의 미래학 연구는 엄밀한 방법론에 기초한 사회과학의

---

13) NSF(National Science Foundation: 미국 국립과학재단)가 1986년에 구축한 전국의 대학, 연구기관을 연결하는 학문적 목적의 컴퓨터통신네트워크로, 1990년에는 ARPANet을 대체하여 미국 지역의 백본(backbone: 기간망)이 된다.

14) 게놈(genome)은 유전자와 염색체의 합성어로서 생물체를 구성하고 기능을 발휘하게 하는 모든 유전정보의 집합체를 의미하며, 게놈지도는 게놈을 이루고 있는 염기의 숫자와 배열을 표시해 놓은 것을 가리킨다. 이를 통해 유전적 질환의 원인과 예방 및 치료의 새로운 길이 열렸다.

15) 신체의 어떤 기관으로도 전환할 수 있는 만능세포로, 구체적 장기를 형성하기 이전에 분화를 멈춘 배아단계의 세포를 말한다. 이에 대한 연구를 통해 질병이 발생한 조직과 기관을 대신할 수 있는 새로운 세포를 만들어 냄으로써 질병치료에 혁신적인 가능성을 제기하고 있다.

성격에서 다소 벗어나 다양한 분야에 대해 잡화상 같은 예측들을 쏟아
내는 저널리스틱(journalistic)한 특징을 보이고 있다. 특히 미래학자들의
주장들은 어떠한 변화가 일어나고 있다는 데에만 초점을 맞추고 그 변
화의 원인에 대한 과학적인 분석에는 소홀한 측면이 있다.

  그런데 더욱 큰 문제는 미래학이 이런 과학성에 대한 논란을 불식시
키고 과학으로서의 권위를 얻기 위해 끊임없이 그들의 작업을 과학과
연계시키려고 하면서 여러 가지 의사과학적인 용어들을 창출해 낸다는
점이다. 예컨대 일본의 미래학자 하야시(Hayashi)가 만들어 낸 '미래인
식론', '미래개념론', '미래공학' 따위의 용어가 그런 것이다. 이들은 모
두 미래학이 가치중립적이고 객관적인 과학처럼 보이게 하려는 용어이
지만 아직 존재하지도 않는 것에 대한 객관적 이해를 어떻게 할 것이며
또한 여기서 도출되는 미래가 누구의 바람직한 미래인가 하는 점에서
미래학은 과학적인 가치중립성이나 객관성을 보장받기가 쉽지 않다. 때
로는 아무런 과학적 근거도 없는 뻔한 통찰들을 묶어서 '근본적이고 장
기적인 복합적 경향'이라는 애매모호한 용어로 포장하기도 한다.(Dublin,
1993: 105 – 107) 이것이 미래학이 갖고 있는 가장 근본적이고 핵심적인
한계이다.

(2) 외부로부터의 고찰: 기술결정론과 지배 및 회피

  미래학은 일반적으로 다른 정보사회담론들과 비교해 볼 때 정보사회
에 대해 가장 낙관적인 전망을 가지고 있으며 그 극단은 컴퓨토피아라
할 수 있을 것이다. 이런 사회진보에의 믿음은 공통적으로 혁신적인
신기술, 그중에서도 특히 통신기술이 등장할 때마다 나타나곤 하는데
오늘날 사회변동에 관한 전망에 있어 이런 기술발전에 따른 사회진보
에 대한 소박한 낙관론들은 상당히 경계되고 있다. 왜냐하면 그런 낙
관적이고 이상주의적인 예언들이 현실과 들어맞지 않았기 때문이다. 예
컨대 19세기 중반의 미국인들은 전신기술이 사회의 민주화와 분권화,
탈집중화를 가져옴으로써 새로운 유토피아를 가져올 것이라고 생각했

지만 오늘날 그것이 실현되었다고 생각하는 사람들은 아무도 없다.(홍
성욱, 2002a: 43 – 44)

이처럼 미래학 연구를 추동하는 일차적 배경이 기술발전이라는 것은
미래학이 기술결정론의 이데올로기의 연속선상에 있다는 것을 가리킨
다. 기술결정론은 기술발전이 기술 자체의 내재적 논리에 따라 이루어
지고 이것이 사회에 일종의 충격을 가하여 사회변동의 일차적 동인으
로 작용함으로써 사회의 다른 부문들과 사회구성원들이 거기에 따라갈
수밖에 없다는 일종의 이데올로기이다. 기술결정론이 이데올로기인 이
유는 기술발전의 배경으로 작동하는 권력구조와 여러 가지 변수들을
부정함으로써 기술에 대한 민주적 통제 가능성을 차단하고 사회구조상
의 특정한 집단의 이해관계를 기술 및 그에 따른 사회변동에 반영하기
때문이다.

기술결정론의 문제점은 여러 가지를 들 수 있다. 일차적으로, 기술과
사회변동은 직접적인 인과관계에 있는 것이 아니라 거기에는 인간의
선택이 중요한 변수로 작동한다. 인간이 자유의지 또는 이성을 갖고
있는 한 기술이 발전해 가는 과정과 사회에 적용되는 과정은 어떤 자
기완결적인 논리에 따라 움직이는 것이 아니라 인간이 그 과정에 어떻
게 개입하고 선택하느냐에 따라 달라진다. 그러나 이런 결정이 공리주
의(功利主義)적 원칙대로 최대다수의 최대행복을 위해서나 혹은 사회
실재론적 차원에서 전체 공동체의 이익을 위해서 이루어진다고 생각하
기는 어렵다. 인간이 기술에 개입한다고 했을 때 가리키는 인간이란
결국 지배층이 될 가능성이 높으며 따라서 그 개입은 권력과 지배의
문제와 연결된다. 둘째, 방금 언급한 것과 연관된 것으로 기술은 여타
의 정치적, 경제적, 사회적 변수들과 분리되어 홀로 고립된 채 자체적
논리에 따라 움직이는 것이 아니라 이들과 끊임없이 상호작용을 한다
는 점이다. 따라서 얼핏 보기에는 기술과 사회변동 간의 인과관계가
성립되는 것처럼 보여도 기술이라는 변수에 앞서서 기술에 영향을 미
치는 진정한 독립변수가 존재할 수 있다. 이렇게 되면 진정한 인과관

계는 기술의 선행변수와 사회변동 간에 존재하는 것이고 기술은 단지 매개변수에 불과하다. 그리고 이 선행변수를 제대로 알아야만 기술이 사회에 미칠 영향도 제대로 예측할 수 있다.(이영희, 2000: 147) 예컨대 20세기 선진국들이 기술혁신에서 고려하는 우선순위의 맨 앞에는 군사기술이 있다. 가장 흔한 질병인 감기에 대한 치료기술은 아직 개발되지 않았지만 최신무기체계와 관련된 정보기술들은 엄청나게 발전한 것을 보면 이를 수긍할 수 있을 것이다. 이는 선진국들의 기술개발에 따른 사회변동에 국가적, 정치적 선행변수가 작동하였음을 말해 주는 것이다. 셋째, 어찌 보면 당연한 얘기지만 기술만이 사회변동의 원인으로 작동하는 것이 아니라 그 밖에 다양한 원인들이 존재한다는 점이다. 예컨대 사회 내부의 집단 간 갈등, 변증법적 모순, 가치관과 관념, 시민들의 퍼스낼리티 등이 직접적으로 사회변동을 이끌어 낼 수 있다. 미래학의 기술결정론적 이데올로기는 이런 문제점들로부터 자유롭지 못하다.

 나아가 미래학의 사상적 배경에는 위기의 시기 또는 변화의 시기를 인식하는 지배엘리트층의 독선적인 이데올로기가 깔려 있다. 현대의 미래학자들은 대기업이나 정부의 고위급 고문·간부 역할을 담당하면서 지배엘리트의 비호 아래 막강한 사회적 영향력을 미치고, 이들이 생산하는 엄밀하지 않은 통찰력에 의한 예언들은 지배엘리트의 이익을 옹호하는 방향으로 진행되어 왔다. 이런 예언들은 변화와 위기의 시대에 살고 있는 대중들의 미래에 대한 불안과 공포를 이용하여 불가피성이라는 엄숙한 전제하에 피지배층을 쉽게 통제할 수 있도록 하였다. 예컨대 과거에 맬서스(Malthus)의 의심스러운 가정에 따른 인구과잉예언에 대한 처방은 하층계급들의 재생산율을 억제하는 것이었던 것처럼, 오늘날 레이거노믹스나 대처리즘의 경제위기에 대한 대응은 노동계급에 대한 공격으로 나타난다. 그리고 어떤 이데올로기진영의 예언적 행위도 모두 자연스럽게 지배엘리트의 반대진영에 대한 낙관적 승리를 예측하도록 되어 있다. 이것은 멀리 갈 것도 없이 동서냉전시기의 이데올로기 선전전쟁에서 명백히 나타난다.(Dublin, 1993: 29-31, 97-98) 그래서 지배엘리트들이 당대 사회에서 발생하는 문제에 대한 책임을 회피하고 그들이 추진하는 사회정책의 정당성을 옹호하기 위한 방식으로 수많은 장밋빛 예언들이 쏟아져 왔다.

이렇게 보면 미래예측을 시도하려는 미래학의 지식활동 자체가 지배와 회피의 이데올로기적 과정인 것이다. 다시 말해서 한편으로는 미래를 자신들이 원하는 방향으로 지배하고 현실화해 나가면서, 다른 한편으로는 그런 자기중심적 설계에 들어맞지 않는 사실들과 가치들을 회피해가는 과정이다. 지배엘리트들의 독선적 예언은 다만 정신적, 사상적 차원에서 끝나지 않고 현실세계에 작용하여, 그것이 없었다면 고려할 수 있는 여러 가지 가치들에 따른 변화의 가능성들을 차단하고 현실을 형성해 나가는 힘을 갖고 있다. 즉 현실로부터 미래가 도출되는 것이 아니라 미래로부터 현실이 구성되는 것이다.

그렇다면 미래학과 사회과학에서의 예측의 차이는 무엇인가? 예측의 편향성은 사회과학에서도 일정 정도 나타나게 마련이며 따라서 사회과학에서도 이데올로기는 중요한 쟁점으로 작동한다. 그러나 사회과학에서는 대상과의 거리를 조절할 수 있고, 좀 더 대상에 접근함으로써, 또는 현실 자체를 직접 경험하기 위해 현장에 뛰어들어감으로써 관점을 변경할 수도 있다. 그러나 미래학은 대상을 가까이 끌어옴으로써 이루어지는 자기수정을 할 수 없다. 미래학이라는 분야 자체의 정체성이자 방법은 바로 대상과의 시간적 거리두기이기 때문이다. 미래학의 예언이 시간적으로 현재에 근접한 것이 되면 그것은 예언이라고 불릴 수 없으며 현실에 대한 조사가 되어 버려 결국 대중의 흥미도 끌 수 없을 것이다.(Dublin, 1993: 65-66) 궁극적으로 사회과학은 현실에 기반을 둔 것이라면 미래학은 현실에 거리를 두고 글자 그대로 미래를 내다보는 것이다. 여기서 미래학과 사회과학의 예측의 편향성이 질적으로 차이가 나게 된다.

2) 탈산업사회론

(1) 내부로부터의 고찰: 이론적 모호성과 진부함

탈산업사회론의 시각은 먼저 정보경제론으로부터 영향을 받았다. 정보경제론은 정보관련산업이 국가경제에서 차지하는 비중의 변화를 근거로 하여 새로운 정보경제의 도래를 주장한다. 매클럽(Machlup, 1962)은 소위 '지식산업'에 교육, 연구개발, 커뮤니케이션 미디어, 정보기기, 정보서비스의 다섯 가지를 포함시키고 이 지식산업이 GNP에서 차지하는 비중을 조사하였다. 그에 따르면 1958년 미국 지식산업의 규모는 GNP의 29%였으며,(Machlup, 1962: 362) 1947년에서 1958년 사이에 10.6%의 성장률을 보였는데 이는 같은 기간의 GNP성장률 5.9%의 약 두 배에 해당하는 것이다.(Machlup, 1962: 374) 또한 직업구조에도 변화가 발생하여 미국에서 지식생산노동자가 1900년에는 10.7%에 불과하였지만 1959년에는 31.6%로 증가한 반면, 지식을 생산하지 않는 수공업이나 농업 종사자의 비율은 서서히 감소추세에 있다.(Machlup, 1962: 384－385)

한편, 포랫(Porat, 1981: ⅹⅷ)은 매클럽보다 더욱 정교화된 정보경제론을 주장하는데, 정보산업을 정보재나 정보서비스를 직접 생산·공급하는 1차 정보부문과 비정보기업이나 정부에서 정보서비스를 내부에서 생산하여 자체적으로 소비하는 부문인 2차 정보부문으로 분류하였다. 2차 정보부문은 공공관료부문의 대부분과 사기업의 관리부문 전체를 포함하는데, 여기에는 기업조직화, 시장유지, 가격의 설정과 전달, 시장조정, 기업행동의 모니터링, 규칙의 제정과 집행 등을 위한 비용이 포함된다.(Porat, 1981: 37) 그의 연구에 따르면 1967년 미국에서 1차 정보부문이 GNP의 25.1%, 2차 정보부문이 21.1%를 차지함으로써(Porat, 1981: 97, 243) 전체 정보부문이 46.2%로 GNP의 거의 절반에 달하고 있으며, 소득 면에서도 전체 소득 중 정보부문의 노동자의 소득이 차지하는 비율이 53.52%로 전체 소득의 절반을 넘고 있다.(Porat, 1981: 169) 또한 고용구조에 있어서도 3단계에 걸쳐 변화가 일어났다. 1860 년에서 1906년의 1단계는 농업부문의 노동력 비중이 가장 컸으며, 2단계인 1906년에서 1954년까지는 공업노동자의 비중이 가장 컸고, 그다음의 3단계에서는 정보부문노동자의 비중이 가장 크게 되어(Porat, 1981: 189-190) 이때부터 본격적인 정보경제로 진입하게 되었다고 할 수 있을 것이다. 결국 이러한 산업부문의 변화양상이 경제학에서 정보경제에 대한 연구를 촉발시킨 배경이 된 것이다.

벨의 탈산업사회론도 정보경제론과 유사한 배경인 산업구조·고용구조 변화를 기초로 하고 있다. 먼저 벨은 재화생산중심의 사회에서 서비스생산중심의 사회로의 변화를 고찰한다. 벨(Bell, 1973: 132)의 연구에 따르면, 1947년 미국의 고용현황에서 재화생산부문에 51%, 서비스부문에 49%가 종사하던 것이 1968년에 와서는 재화생산부문 35.9%, 서비스부문 64.1%로 변화하여 서비스부문의 비율이 매우 확대되었다는 것을 볼 수 있다. 벨은 이러한 제조업중심에서 서비스업중심으로의 변화를 탈산업사회(post-industrial society) 또는 정보사회라고 지칭한다.16) 전(前) 산업사회의 생활은 자연에 대한 게임으로 채취산업이 주류였고, 산업사회의 삶은 인공적 자연에 대한 게임으로 재화생산중심이었지만 탈산업사회는 사람들 간의 게임인 서비스업이 주축이 된다. 이런 사람들 간의 게임인 서비스업에서 가장 중요한 자원이자 권력은 과거의 근력이나 에너지가 아니라 바로 정보이므로(Bell, 1973: 126-128)

---

16) 예컨대 1973년의 저작(Bell, 1973)에서는 '탈산업사회(post-industrial society)'라는 용어를, 1981년의 저작(Bell, 2002, 원저는 1981)에서는 '정보사회(information society)'라는 용어를 거의 동일한 의미로 사용하고 있다. 약간의 차이가 있다면 전자(Bell, 1973)에서는 첫째 상품생산에서 서비스 경제로의 전환, 둘째 전문직과 기술직 계급의 부상, 셋째 사회혁신과 정책형성 근원의 중심이 되는 이론적 지식, 넷째 미래에 대한 기술통제와 기술평가, 다섯째 새로운 지적 기술에 의한 의사결정의 다섯 가지 특성에 주목했다면, 후자(Bell, 2002)에서는 둘째와 넷째 특성을 제외한 세 가지 특성을 강조하고 있다.

서비스부문의 비율확대는 바로 정보사회의 도래를 가리키는 것이 된다. 물론 서비스부문에는 여러 활동들이 포함되어 있다. 그러나 벨(Bell, 2002: 16 - 17)은 산업화 이전 사회에서는 가내서비스업이, 산업사회에서는 제품생산을 보조하는 서비스업이 주류였지만, 현대의 탈산업사회에서는 교육·건강 등의 사회적 서비스를 담당하는 인간서비스업과 시스템분석, 시스템설계, 프로그래밍, 정보처리 등의 전문서비스업이 지속적으로 증가하고 있다는 것이다. 벨(Bell, 1973: 124 - 125)은 이런 사회변동의 원동력을 생산성의 증가로 본다. 그래서 공업부문의 생산성이 증가하면 부가 증가해 새로운 서비스욕구가 발생하여 서비스업을 창출하고, 생산성 증가로 공업부문에서 퇴출된 노동자는 이 새로운 서비스업에 종사하게 된다.

벨(Bell, 1973: 18 - 26; 2002: 17 - 18)의 탈산업사회론의 두 번째 핵심적 논지는 사회혁신의 원천이 변화하였다는 것이다. 전화를 발명한 벨과 다양한 전자기적 발명을 한 에디슨의 경우와 같이 산업사회의 혁신은 과학 혹은 공학에 문외한인 사람들의 시행착오적 경험이나 재기 있는 직관에 의해 이루어졌지만, 오늘날 혁신의 원천은 전문가나 과학자들의 연구의 기초가 되는 이미 알려진 '이론적 지식'으로부터 나온다. 오늘날에는 특히 경제정책을 위시하여 정부정책의 형성이 케인즈이론, 통화주의 따위의 이미 널리 알려진 이론적 지식으로부터 도출되며, 이러한 과학, 기술, 경제가 결합된 이론적 지식의 전형적인 활용형태는 '연구개발(R & D: Research and Development)'로 대표된다.

세 번째의 벨(Bell, 1973: 27 - 33; 2002: 19 - 22)의 주장은 전술한 이론적 지식과 연관되어 있다. 이론적 지식과 관련하여 기술이나 과학에서 일어나는 변화의 본질은 체계적인 시너지효과를 통하여 이론의 범위를 확대하는 것이다. 즉 다양한 분야가 통합되어 더욱 설명력이 있는 단일의 개념적·이론적인 구조가 형성되는 것이다. 이를 통해서 20세기 후반에 나타나는 대규모 조직 및 시스템의 복잡성과 수많은 변수를 가진 이론의 복잡성, 즉 조직화된 복잡성을 관리할 수 있게 된다.

이를 위해 정보이론, 사이버네틱스, 의사결정이론, 게임이론, 효용이론, 확률과정 등의 분야들이 등장하였다. 벨은 이처럼 직관적 판단 대신에 알고리즘(algorithm)에 따라 조직화된 복잡성을 관리할 수 있는 기술을 '지적 기술'이라 지칭한다. 그리고 이러한 지적 기술은 자동기계나 컴퓨터 프로그램, 혹은 통계학적·수학적 공식에 기반을 둔 명령 속에 구현될 것이다. 기계기술이 산업사회의 중심적 역할을 했다면, 지적 기술은 탈산업사회에서 중심적 역할을 하게 된다.

벨에 대한 비판은 먼저 서비스노동자의 비율증가가 정보사회의 도래를 나타낸다는 주장에 대해서부터 시작할 수 있다. 과연 이 서비스노동자에는 누가 포함되고, 그들을 정보사회의 도래를 나타내는 정보노동자라고 할 수 있는가 하는 서비스노동자의 모호성이 문제가 된다. 일반적으로 서비스업은 1·2차산업을 제외한 잔여범주로서 잡다한 산업들이 여기에 포함된다. 그렇다면 어떤 노동자가 1·2차산업과 서비스업 중 어디에 소속되는지를 철저하게 분류해 낸다는 것은 쉬운 일이 아니다. 게다가 이런 서비스노동자들 모두가 정보를 핵심자원으로 하는 사람들 간의 게임에 종사한다고 단정 짓기도 어렵다. 벨은 이런 서비스업의 진부함을 불식시키기 위해 새롭게 인간서비스업과 전문서비스업이 증가하고 있다고 주장하지만 여기에 대한 실증적 분석은 찾아보기 어렵다. 설사 위의 비판을 견뎌낼 수 있다 하더라도 2차산업의 생산성의 증가가 서비스가 지배적이 되는 사회를 만드는 동력이라는 주장에도 문제가 있다. 실제로 오늘날 제3세계 국가에서는 과잉 3차산업화가 나타나 2차산업의 공백이 존재한다. 선진국에서도 가장 두드러진 고용변화는 공장고용으로부터 서비스고용으로의 이행이 아니라 농업에서 서비스로의 이행이었다.(Webster, 1997: 82–83)

벨이 주장하는 이론적 지식의 중요성에 대해서도 그 진부함과 모호함을 비판할 수 있다. 벨의 주장처럼 산업사회의 혁신과 정보사회의 혁신의 원천을 이분법적으로 구분하는 것은 무리가 있다. 산업사회에서도 경험이나 직관 외에 다양한 기술적 지식이 여러 분야에 적용되어 지속적인 합리화를 가져왔으며 이것이 베버(Weber)가 말한 산업사회의 특징이기도 하다. 이런 진부함을 넘어서 이론적 지식이 탈산업사회의 규정적 기준으로 간주되려면 그것의 구성 부분을 명시하는 것이 필수적인데 벨은 여기에 관해서도 상당히 모호하게 처리하고 있다. 예컨대 벨이 실제로 그러한 것처럼 학교 졸업증서의 증가를 이론적 지식의 상승을 표현하는 것으로 간주하는 것은 교육의 인플레이션에 대한 회의를 감안할 때 매우 의심스러운 것이다.(Webster, 1997: 92-93)

이런 불안정한 이론적 기반 위에서 서비스노동자의 증가, 이론적 지식의 우세, 그리고 이와 연관된 지적 기술의 중심성 등에 따라 새로운 정보사회의 도래를 주장하고 사회조직화의 기본원리가 변화했다고 주장하는 것은 상당한 문제점을 안고 있다. 실제로 벨은 정보사회가 자본주의를 평화적으로 초월할지, 아니면 그저 자본주의에 새로운 수준의 안정을 가져다 줄 뿐인지에 대해서도 분명하게 설명하지 않는다.(Dyer-Witheford, 2003: 55) 그리고 벨의 탈산업사회론의 영향을 받아 생산되는 수많은 정보사회담론들은 벨의 이러한 불안정한 이론적 기반에 대해서는 천착하지 않은 채 벨이 갖고 있는 학문적 권위에 의존하여 신사회의 도래를 주장하는 측면이 강하다.

(2) 외부로부터의 고찰: 사회주의의 종언과 공동체의 부활

벨의 탈산업사회론은 미래학처럼 딱 잘라서 기술결정론으로 폄하하기는 곤란하다. 벨(Bell, 1973: 12-13)은 반총체주의적 입장을 가진 학자로 현대사회가 사회구조, 정치, 문화의 세 영역으로 분절되어 있다고 주장한다. 여기서 사회구조는 기술과 경제, 그리고 직업체계의 영역이며, 정치는 권력의 분배를 조정하고 개인, 집단들의 상충하는 요구를 판결하는 영역이며, 문화는 표상적 상징과 의미의 영역이다. 그리고 각각의 영역은 순서대로 경제화, 참여, 자아의 충족과 고양이라는 중추원리를 갖고 있다. 그런데 벨은 탈산업사회론이 세 가지 영역 중 사회구조 영역의 변화를 다루고 있으며, 이 영역의 변화가 정치와 문화 영역에 문제를 제기하기는 하지만 근본적으로 정치와 문화를 결정하지는 않는다고 밝히고 있다. 사회구조, 즉 경제와 기술, 직업체계의 영역이 다른 영역을 결정하지 않는다는 것은 결국 기술결정론의 입장과는 거리가 있는 것이다. 그러나 그가 밝힌 입장과 달리 그의 논의는 사회구조, 정치, 문화의 영역을 넘나들면서 상호영향을 미치는 것으로 그려지며, 실제로 사회에 대한 어떤 담론도 그러할 수밖에 없다. 게다가 사회구조의 영역이 다른 영역을 제치고 가장 중요한 사회변동의 동인으로 그려지고 있다. 이런 측면에서 벨은 마르크스주의에 대한 논쟁의 전통에서 내려오는 사회의 여러 영역 간의 관계에 대한 까다로운 쟁점을 회피하면서 기술결정론이라는 비판에서 벗어나려 한다는 혐의를 받을 수 있다.

벨은 이런 사회 영역 간의 분리로부터 자본주의사회의 모순을 설명하고 있는데 여기서부터 벨의 보수주의적 지향이 엿보인다. 벨(Bell, 1980: 25)에 따르면 자본주의사회는 처음에는 사회구조 영역(기술경제 영역)과 문화 영역이 역사적으로 결합해서 청교도와 프로테스탄트윤리(소명의식)라는 단일의 성격구조를 형성하였다. 그러나 시간이 지나면서 이들은 분리되어 상반된 방향으로 나아가게 되는데, 사회구조 영역의 부르주아들은 경제적으로는 급진적이지만 문화적으로는 보수적이었고, 반면에 문화 영역의 모더니즘은 부르주아적 가치인 유용성, 물질주의에 대한 분노를 표출하였고 창조적 충동에 의해 자유로운 자아를 표현하면서 결국엔 쾌락주의가 되어 버렸다. 그리고 부르주아의 초월적인 청교도 및 프로테스탄트윤리는 해체되고 문화적 쾌락주의만이 남게 되어 문화의 영역이 사회구조 영역에 승리하게 된다.(Bell, 1980: 27−28, 33)[17] 역사적으로 부르주아사회는 소명의식을 담은 청교도와 급진적 개인주의를 담은 세속적 홉스주의의 이중적 원천으로부터 발생했지만,

---

17) 벨(Bell, 1980: 33)은 이때 프로테스탄트 윤리를 붕괴시킨 것은 모더니티가 아니라 자본주의 자체라고 말하는데, 자본주의 자체의 월부판매와 신용카드의 등장이 결정적으로 프로테스탄트윤리를 침식한 것으로 설명한다.

둘 간의 불안정한 상태는 시간이 지나면서 청교도적 요소는 변질되어 버렸고 세속적 홉스주의만이 모더니즘의 경험에 대한 강렬한 욕구를 충족시키게 된 것이다.(Bell, 1980: 103－104) 이런 위기상황은 정치 영역에서도 나타난다. 모더니즘적 쾌락주의는 건강한 신념의 위기와 허무주의를 유발시켜, 공익을 희생시키면서까지 자신의 이익을 채우려는 상황으로 치닫게 됨으로써 정치질서의 위기를 가져오게 된다.(Bell, 1980: 294－295) 벨(Bell, 1980: 312, 318－319)은 이런 위기상황의 규범적 질서를 결과의 평등이 아닌 기회의 평등에서 찾으려 한다. 결과의 평등은 타인들의 자유까지도 침해할 수 있고 적절한 차이의 원리를 무시하기 때문에 인정받을 수 없고, 공정한 실력사회를 이룩하고 자유와 평등을 동시에 실현할 수 있는 기회의 평등이 필요하다는 것이다. 이런 주장에서 볼 때, 벨은 자본주의의 문제점의 원천을 문화 영역의 모더니즘에 돌리면서 사회구조 영역의 부르주아체계에는 별다른 문제제기를 하지 않고 오히려 이들을 은근히 옹호하는 보수적 태도를 보인다. 또한 정치 영역에서 기득권층의 권력과 지배 현상을 외면하면서 결과의 평등이 아닌 기회의 평등을 통해 정치적 질서를 구축하길 희망한다는 점에서도 보수성을 드러내고 있다.

벨(Bell, 1973: 128)은 탈산업사회를 비교적 낙관적으로 그리고 있다. 사람들 간의 게임인 서비스업이 지배적인 탈산업사회에서는 특히 건강과 교육 같은 인간서비스업이 중요하게 되고, 이를 포함한 더 나은 삶을 위한 사람들의 요구를 충족시키기 위해서는 시장만으로는 부적절하며 정부의 역할이 중요해진다. 이러한 사회를 벨은 공공사회(communal society)라고 지칭하고 공공사회에서의 사회적 단위는 개인이 아니라 공동체라고 주장한다. 이를 두고 벨(Bell, 1973: 282－283)은 근대산업사회의 개인의 비용을 최소화하고 혜택을 극대화하려는 '경제화 양식(economizing mode)'에서 탈산업사회의 공적 이해에 기초하여 사회의 필요를 판단하려는 '사회화 양식(sociolizing mode)'으로의 변화라고 주장한다.

벨의 이러한 정보사회에 대한 낙관적인 인식의 사상적 배경에는 그의 저서 『이데올로기의 종언』으로 대표되는 보수주의가 자리하고 있다. 벨은 원래 청년기시절 좌파계열의 언론지에서 활동하면서 사회민주주의의 노선에 서 있었지만, 미국의 자본주의가 성장하면서 노동이 제도권 내로 포섭되고 미국의 대외적 영향력이 확고해지며 냉전체제가 형성되면서 미국의 다른 좌파들이 붕괴했던 것처럼 벨도 사회주의로부터 멀어진다.(한국논단, 1990년 14권) 그래서 결국 유명한 이데올로기의 종언을 선언하게 되는데, 이때 이데올로기의 종언이 겨냥하고 있는 것은 특히 마르크스·레닌주의 이데올로기이다.

그런데 아이러니컬하게도 벨은 생산성 증가에 따른 사회변동론을 주장하면서, 생산력이 절정에 달하여 물질적인 욕구가 충족되고 나면 인간은 마침내 물질세계에서 해방되어 조화로운 공동체생활을 영위하게 될 것이라는 마르크스(Marx)의 입장을 원용하고 있다. 그러나 우선 탈산업사회가 인간을 물질적인 제약으로부터 해방시켜 주고 경제화 양식에서 사회화 양식으로 변모할 것인지는 의문이다. 우리는 오히려 생산력이 극대화된 현대의 무한경쟁사회가 인간을 물질적, 경제적 활동에 더욱 몰두하게 만드는 현상을 목격하고 있기 때문이다. 둘째로, 물질로부터의 해방이야말로 진정한 해방이라는 견해 또한 문제가 있다. 인간과 물질은 근본적으로 분리될 수 없는 것으로 물질을 만드는 과정에서 창조되는 공통의 세계가 없다면 인간의 만남이나 역사는 존재할 수 없을 것이다. 따라서 인간은 물질을 둘러싼 관계를 통해 그들을 연결해 주는 공통의 세계를 갖지 못한다면 서로 커뮤니케이션을 할 수 없게 되며 인간적 연대 또한 이루어지지 못할 것이다.(Dupuy, 1990: 300－302) 끝으로 생산성 증가에 따른 사회변동이라는 사고방식은 역시 기술결정론의 혐의를 받을 수 있다. 벨에 따르면 생산성 증가는 기술혁신에 의해 이루어지기 때문에 결국 기술혁신이 탈산업사회라는 사회변동을 가져오게 된다. 하지만 벨(Bell, 1973: 67)은 사회변동의 원리를 기술혁신의 문제를 넘어 더 거시적인 원리인 베버(Weber)의 합리화로 설명함으로써, 기술결정론이라는 비판을 슬쩍 비켜간다. 이것은 전술한 반총체주의적인 입장에 대해서와 마찬가지로 숨겨진 기술결정론이라는 비판을 받을 만하다.

아무튼 벨(Bell, 1999: 119)에 따르면 미국에서 사회주의운동이 실패한 원인은 윤리와 정치 간의 딜레마 때문이다. 사회주의운동은 그 윤리적 속성 때문에 자본주의질서를 전면적으로 거부하는데, 이로 인해 현실적인 타협을 주축으로 하는 정치세계의 개별적인 문제와는 괴리되어 버린다. 즉 사회주의 운동은 현실세계 속에 살면서 현실세계와 타협하지 않는다는 함정에 빠져버렸기 때문에 미국에서 사회주의 이데올로기는 종언을 고하게 된다. 또한 구소련에서도 당 자체와 당이 이데올로기를 동원하는 역할이 감퇴하면서 이데올로기의 동태적 기능이 감퇴하고, 외부와 내부의 적에 대한 무기로서의 이데올로기의 역할이 감소하면서 더 이상 강제력과 설득력을 갖지 못하게 되었기 때문에 공산주의세계에서도 이데올로기의 종언을 주장한다.(Bell, 1999: 264 – 265)

그러나 벨(Bell, 1999: 280)은 이데올로기의 종언이 유토피아의 종언은 아님을 분명히 하고 있다. 벨이 비록 초기에 가졌던 혁명적인 사회주의 이데올로기에 대해 종말을 선언하고는 있지만 여전히 현실적이고 경험적인 유토피아에 대한 관심은 가지고 있는 것으로 보인다. 여기서 내일의 혁명을 위해 현실의 희생을 강요하는 사회주의의 자리를 대신하여, 더욱 현실적이고 경험적인 유토피아가 진화론적 발전에 의해 형성되는 탈산업사회에 투사되고 있는 것이 아닌가 한다. 그래서 벨이 제기하는 탈산업사회는 공동체와 공적 이해를 중시하는 이상적인 사회로 그려지고 있다. 그러나 벨의 논의처럼 사회주의 이데올로기가 종말을 고한 것과, 자본주의사회가 정보사회로 진화하면서 자본주의의 모순과 부조리가 해소되고 신사회가 도래하는 것은 별개의 문제이다. 사회주의 이데올로기가 끝났다고 해서 사회변동의 방향이 주어진 것 중에서 이것 아니면 저것 식으로 결정되어 자본주의의 모순이 저절로 해결되는 것은 아니기 때문이다. 이러한 논의들을 종합해 볼 때 마르크스와의 친화성과 마르크스의 극복이라는 불편한 이념적 관계 속에서 벨의 탈산업사회론이 결과적으로 지니고 있는 지적 보수주의를 엿볼 수 있다.

3) 포스트포디즘

(1) 내부로부터의 고찰: 유연성의 이중성

포스트포디즘은 포디즘 이후의 생산체제에 대한 논의이다. 포디즘은 테일러리즘(Taylorism)과 기계화의 결합에 의해 대량생산과 대량소비, 고생산성과 고임금을 달성하는 생산체제이다. 노동과정에서는 구상과 실행이 분리되고 직무가 세분화되며 노동이 단순화·파편화되고, 노사관계에서는 단체교섭을 통해 임금 및 고용이 경직화되는 특징을 가진다.(김형기 외, 1998: 5) 포디즘의 시대는 대체로 2차대전 후 1960년대까지의 기간에 이르며 이 기간 동안 세계자본주의는 장기호황을 누렸다.

포스트포디즘은 이러한 포디즘의 위기양상에서 비롯된다. 포디즘의 위기는 1970년대의 세계적인 불황에 의해 표면화된다. 1971년 미국 닉슨정부가 달러위기에 대한 방어책으로 달러와 금의 교환을 중지시키고 금리를 인상하자 달러가치의 상승과 국제통화정세의 혼란을 가져온 닉슨쇼크가 일어났고, 1973년 중동전쟁의 여파로 OPEC이 석유자원을 무기화하면서 석유가격의 폭등을 초래한 오일쇼크가 발생했다. 그 와중에 기업의 생산성과 이윤율이 하락하고 실업률이 상승하며 스태그플레이션이 일어나는 세계적인 경기침체현상이 발생하였다. 게다가 이윤율하락에 따라 노동자에 대한 고임금 보장이 어려워지고 실업률이 상승하며 단순직무의 특성상 노동소외가 가중됨에 따라 노동자의 저항이 거세지게 된다. 이러한 현상은 포디즘적인 생산체제가 더 이상 적합하지 않은 시대가 도래했음을 알리는 징표로 해석되었다.

포스트포디즘의 또 다른 배경은 1970년대부터 가속화된 세계화이다. 세계화는 단지 자율적인 국민국가의 상호작용의 증가를 가리키는 것이 아니라, 국민국가의 경계가 허물어지고 개방됨으로써 교류의 증가와 외부에 대한 의존성이 급격히 심화되는 것을 의미한다. 세계화의 가장 큰 흐름은 자본이 전 지구적 범위에서 자유롭게 이동하고 자본주의적 생산관계가 전 세계적으로 확산되며 자본축적이 세계적 규모로 진행되는 자본의 세계화이다. 자본의 세계화는 1970년대 제3세계의 외자도입과 수출주도에 의한 경제성장전략추구, 1980년대의 유럽 사회민주주의의 해체와 신자유주의의 등장, 1989년 이후 잇달아 일어난 동구 및 소련에서의 시장경제로의 이행 등을 통해 급속히 진전되었다. 이런 자본의 세계화는 기업의 해외생산의 비중이 증가하는 생산의 세계화와 국제적인 금융거래의 비중이 증가하는 금융의 세계화를 통해 추동된다. (김형기, 2001: 489－490) 세계화가 포스트포디즘의 배경이 되는 이유는 세계화가 포디즘의 조직체적 전제인 국민국가의 입지를 위축시키기 때문이다. 포디즘은 국민국가의 주권과 정책수행, 국내기업의 대외로부터의 상대적 자율성 등에 기반을 두고 있는데 이런 것들이 세계화에 의해 위협받게 되는 것이다.(Webster, 1997: 239)

오늘날 포스트포디즘적 생산체제에서 요구되는 핵심적인 속성은 급격한 시장환경변화에 대처하기 위한 유연성이다. 유연성은 크게 노동의 유연성과 생산의 유연성으로 구분된다. 노동의 유연성은 규모축소(downsizing) 및 노동자 고용과 해고를 자유롭게 하고 파트타임고용·임시고용 등을 늘리는 수량적 유연성(numerical flexibility)과, 노동자의 다중숙련, 직무공유, 노동자에 대한 일정 정도의 자율성 부여 등을 통한 기능적 유연성(functional flexibility)을 포함한다. 한편, 생산의 유연성은 기업의 수직적 해체에 의한 하청(outsourcing)과 적시(JIT: Just In Time) 생산방식[18]이나 유연생산체제(FMS: Flexible Manufacturing System)[19] 따위를 통해 포디즘

---

18) 네트워크를 이용, 수요발생 시에 맞춘 생산과 유통을 통해 재고를 크게 감소시키는 시스템을 가리킨다.
19) 생산설비 전체의 교체 없이 제어프로그램 교체만으로 다양한 제품을 생산할 수 있도록 한 범용생산설비를 가리킨다.

의 대량생산체제의 경직성을 극복하려는 시도를 가리킨다.(Harvey, 1997: 188, 193; 김형기, 2001: 478, 489－490)

이러한 포스트포디즘을 지탱하고 있는 하부구조이자 사회적 배경이 바로 정보기술의 발달이다. 1970년대 중반 이후 선진자본주의 국가들을 중심으로 극소전자공학기술에 기초한 신기술이 새로운 생산기술의 패러다임으로서 급속히 확산된다.(이영희, 1994: 19) 정보기술은 세계화된 경제에서 분산된 활동을 통합하고 지원하는 금융 및 서비스 통신망을 제공하고, 초국적 기업이나 수직적으로 해체된 기업네트워크의 내외부적 조직을 관리·통제하는 데 결정적인 기여를 하며, 컴퓨터기술과 네트워크기술의 활용을 통해 생산체제의 유연성 확보를 가능하게 해준다.(Webster, 1997: 265)

포스트포디즘 내에는 다양한 이론적 분파들이 존재한다. 그중에서 대표적인 담론들로 아글리에타(Aglietta)와 리피에츠(Lipietz), 브와예(Boyer) 등의 조절이론과 피오레(Piore)와 세이블(Sabel) 등의 유연전문화론을 들 수 있다. 조절이론은 기본적으로 자본주의가 여러 가지 긴장을 갖고 있음에도 어떻게 연속성을 유지해 나가는가 하는 데 관심을 두고 있다. 이를 유지해 나가는 것이, 자본축적의 진행이 광범위하고도 상당 정도 일관된 형태로 보증되어 축적과정 그 자체로부터 부단히 나타나는 왜곡 혹은 불균형을 흡수하거나 시간적으로 지연시킬 수 있는 규칙성의 총체를 의미하는 '축적체제'이며,(Boyer, 1991: 59) 이 축적체제는 사적 행위자들이 축적체제에 따르도록 하는 강제력과 설득력을 가진 제도 제 형태, 절차 및 습관인 '조절양식'(Lipietz, 1991: 56)에 의해 강화된다. 간단히 말하면 축적체제는 축적을 보장하는 거시순환구조라 할 수 있으며, 조절양식은 축적체제를 안정화시키는 제도적 기제를 가리킨다. 이들에 따르면 2차대전 후 1970년대 중반까지 지배적이었던 포디즘 축적체제가 더 이상 지속될 수 없게 되어 포스트포디즘 체제가 나타나고 있다.[20]

한편, 유연전문화론은 조절이론에서 더 나아가 포디즘의 경직된 대량생산방식이 오늘날의 경제적 위기의 원인이며, 유연전문화생산방식이 이런 대량생산방식을 능가하는 것으로 평가한다. 이에 따르면 19세기에 1차 산업분할이 일어나 장인생산방식을 누르고 대량생산방식이 등장하였고, 오늘날에 와서 2차 산업분할이 일어나 대량생산방식 외에 다시 장인생산방식과 유사한 유연전문화가 등장하였다.(Piore & Sable, 1984: 3-6) 이 유연전문화는 새로운 컴퓨터기술기반의 생산방식으로, 프로그램의 교체만으로 작업의 변화가 가능하기 때문에 유연성이 뛰어나며, 대량생산방식의 기계에 대한 노동자의 종속을 해방시켜 생산과정에 대한 인간의 통제를 회복시켜 준다.(Piore & Sable, 1984: 259-261) 즉 컴퓨터기술에 대한 정보와 지식을 갖춘 첨단기술노동이 단순하고 무의미한 노동을 대체함으로써 마치 과거의 장인생산방식과 같은 소외받지 않는 노동으로 돌아가게 되는 것이다.[21]

포스트포디즘은 그 내부에 여러 입장을 포괄하고 있기 때문에 이를 비판하는 것은 단순하지가 않다. 여기서는 다양한 입장을 포괄할 수 있는 차원에서 특히 포스트포디즘이 새로운 시대의 특징으로 가장 강조하는, 시장변화에 대처하는 유연성의 확보를 집중적으로 비판하도록 하겠다. 비판의 초점은 과연 이 유연성이 진정으로 확보되었는가, 그리고 확보되었다면 그것이 바람직한 것인가 하는 점이다.

포스트포디즘은 정보기술을 기반으로 한 유연성의 확보가 다품종주

---

20) 엄밀히 말하면 여기에서의 포스트포디즘은 포디즘 이후의 생산체제인 '애프터포디즘(after-Fordism)'이라고 지칭할 수 있다. 애프터포디즘은 포디즘 혹은 테일러리즘을 더욱 강화시키고 정보과학을 도입하며 수량적인 유연성을 추구하고 노동을 공격하는 '네오포디즘(neo-Fordism)'과, 포디즘에서 벗어나 기능적 유연성을 추구하고 노동에 자율성을 부여하는 '포스트포디즘'으로 구분할 수 있다. 조절이론가 중 아글리에타는 애프터포디즘을 네오포디즘으로 판단하였고, 리피에츠는 네오포디즘과 포스트포디즘 중에서 포스트포디즘의 길을 추구했다.

21) 조절이론과 유연전문화론을 비교하면, 조절이론은 현대사회에 대한 낙관이냐 비관이냐 그리고 현대사회가 과거 산업사회와의 단절이냐 연속이냐 하는 쟁점에 있어 논자마다 입장이 다르거나 상대적으로 모호한 입장에 있지만, 유연전문화론은 분명하게 낙관론과 단절론의 입장에 서 있다.

문생산을 가져와 소비자의 기호에 맞는 상품을 생산할 수 있게 된 것을 이전의 포디즘의 대량생산·대량소비의 시대와 가장 현저하게 구분되는 특징으로 간주한다. 그러나 포디즘 식의 대량생산·대량소비는 실제로 20세기 말에도 줄지 않고 계속되었다. 오히려 과거의 TV나 자동차 따위에서 더 나아가 비디오, CD플레이어, PC, 식기세척기, 조립식 부엌, 전자화된 가구 등과 같은 최신의 대량생산제품으로 확대되었다. 따라서 유연성의 포스트포디즘과 대량생산의 포디즘은 그렇게 단절적으로 구분되는 것이 아니다.

유연성에 대한 강조는 포스트포디즘에서 다음과 같은 주장으로 연결되기도 한다. 즉 유연성의 강조로 유동성과 혁신성이 강한 소규모 조직과 기업이 소비자의 욕구에 더 잘 대응할 수 있기 때문에 대기업 경쟁자들을 이길 수 있는 기회가 왔다는 것이다. 그러나 실제로는 20세기 초반의 메이저 기업들 대부분이 오늘날의 세계화된 경제의 선두에서 우세한 입지를 그대로 유지하고 있다. 포드, GM, 코카콜라, IBM, 필립스, GE 등이 그 예이다. 소기업보다 대기업 혹은 초국적 기업이 유연성을 더 잘 발휘하고 있으며 그 혜택을 더 누리고 있는 것이다.(Webster, 1997: 254-255)

포스트포디즘의 유연성에 대한 강조는 문화적 차원에까지도 연결된다. 기업의 유연성의 확보는 결국 다양한 소비자에게 문화상품의 선택의 폭을 넓혀주었다는 것이다. 이것은 포디즘시대의 표준화된 대량생산에서 나오는 단조롭고 획일화된 문화적 분위기와는 대조되는 것으로 문화적 다원주의와 민주주의로 받아들여졌다. 그러나 포스트포디즘이 이런 생기 넘치는 문화를 찬양하고 있을 때, 포디즘만큼 잔혹한 새로운 계층화가 대처가 집권한 영국 같은 곳에서 등장하였다. 한편에선 소비자들에 대한 향상된 선택범위를 찬양하는 가운데, 한편에서는 복지국가의 쇠퇴로 빈곤과 소외에 처한 사람들과 이들의 패배주의가 공존하는 역설이 존재한 것이다.(Dyer-Witheford, 2003: 132)

(2) 외부로부터의 고찰: 체제유지를 전제한 타협과 화해

전술한 바와 같이 포스트포디즘 내의 분파가 다양하기 때문에 이들 각각의 입장 또한 다양하고 사상적 배경이나 이론적 맥락들도 상이하여 포괄적으로 설명하기는 쉽지 않다. 그러나 대부분의 포스트포디즘이 공통적으로 갖고 있는 핵심적인 문제의식은 기술발전을 통해서 이루어지는 노동과 자본의 화해에 있다. 즉 기술이 발전하는 가운데 어떤 종류의 자본주의체제가 등장하고, 그리고 노동과 자본주의가 얼마나 좋은 협정을 맺을 수 있는가의 여부가 핵심쟁점이다. 이런 논리는 자본이 사회를 성공적으로 재편할 수 있다는 전제조건을 암묵적으로 가정한 채, 이 과정의 완수에 도전할 행동을 외면하도록 만들어 급진적 가능성을 억압하는데, 이런 일들이 현실주의라는 명목하에 이루어진다. 그렇지만 새로운 기술이 초국적 기업들에게 강력한 공격력을 부여한 반면, 자본이 사회 전반에 대한 통제력에 심각한 도전을 받지 않는다면, 그들이 타협적인 개혁주의자들과 협상을 벌이리라는 기대 자체가 헛된 것이다.(Dyer‒Witheford, 2003: 133‒135)

사회변동론적 차원에서 보았을 때 포스트포디즘은 구조기능주의적 혹은 균형론적 성향을 보이고 있다. 포스트포디즘에 따르면 오늘날의 자본주의사회는 그것이 포디즘에서 위기상황을 겪을지라도 기본적으로 그 균형이 유지될 수 있는 것이며 포스트포디즘이 그 균형을 깨트리는 요소를 제거함으로써 불균형을 회복시킬 수 있는 것이다. 예컨대 조절이론에서는 자본주의의 구조적 통합의 상황에서 지속적인 축적이란 적절한 조절양식 내에서 가능한데, 축적이 기존의 축적체제 내에서 수익성의 한계에 이르게 되면 자본은 착취율을 증가시킬 수 있는 새로운 생산형태를 발전시키려 하게 되고, 이러한 새로운 생산형태들은 축적체제의 구조적 통합을 침식하여 해체국면을 야기하며, 이 가운데 점차 새로운 축적체제를 위한 토대가 형성되어 다시 구조적 통합이 회복된다.(Clark, 1995: 85) 따라서 사회변동론적 측면에서의 이러한 구조기능주의적 혹은 균형론적 입장은 필연적으로 자본의 입장에서 사회변동을 조망하는 이데올로기적인 보수성을 지니고 있다.

실제로 오늘날 현실의 포스트포디즘적 생산방식은 신자유주의와 결합하는 양상을 보이고 있다. 포스트포디즘적 생산방식 중 가장 주목받았던 것은 일본적 생산방식인 토요티즘(Toyotism: 린생산방식)이었다. 전술한 노동의 기능적 유연성과 생산의 유연성은 상당 부분 일본적 생산방식으로부터 나온 것이다. 일본경제가 1980년대에 경제호황을 구가하자 여전히 불황에서 벗어나지 못하고 있던 미국과 유럽 등에 일본적 생산방식은 빠른 속도로 퍼져 나갔다. 특히 유럽에서 일본식 모델을 채용한 다양한 방식이 시도되었으며 그 대표적 형태로 스웨덴의 칼마리즘(Kalmarism)이 형성되어 포스트포디즘의 가장 진보된 형태로 평가받기도 하였다. 이런 노력들은 모두 포디즘이 야기했던 노동의 소외를 극복하여 노동의 인간화를 구현하기 위한 시도였다. 그러나 이후 1990년대 들어 일본경제가 붕괴하면서 일본적 생산방식은 실효성이 많이 떨어지게 되고 대신 미국식 신자유주의 모델이 각광을 받기 시작하게 된다. 그러면서 이 두 모델은 서로 수렴하여 각 나라의 상황에 따라 독특한 형태로 결합되어 받아들여지고 있다.

이것은 전술한 포스트포디즘의 실험들이 대체로 실패로 끝났음을 의미하는데, 그 이유는 포스트포디즘적 문제의식이 포디즘적 문제의식인 생산성 향상과 연결되어 있음에도 결국 이런 실험들이 생산성 향상에 실패했기 때문이라 할 수 있다. 이것은 포스트포디즘이 전술한 대로 자본이 자본주의사회를 성공적으로 재조직화할 수 있다는 것을 인정한 채 자본과 노동의 화해를 시도함으로써 노동의 급진적 저항가능성을 약화시킨 때문이다. 결국 노동의 인간화라는 목표도 오직 자본의 입장에서 생산성을 향상시킬 때에만 받아들여질 수 있는 것이 된다. 이러한 가운데서 어떤 형태의 모델이든지 간에 지속적으로 유지되는 관점은 노동자에 대한 통제의 강화와 수량적 유연성의 강화로 나타나는 노동자에 대한 공격이다. 결국 포스트포디즘은 애초에 가지고 있었던 긍정적 문제의식을 상실해 버리고 신자유주의와 결합되면서 포디즘의 노동착취적 성격을 고스란히 유지하는 양상을 보이는 것이다.(강상구, 2004: 293－302) 이것은 포스트포디즘이 포디즘의 이데올로기적 지형에서 벗어나려고 시도했으나 근본적으로 자본과 노동의 화해라는 구도 하에서 급진적 가능성을 배제함으로써 포디즘의 보수적 이데올로기적 지형으로 재포섭되었음을 의미한다고 할 수 있다.

이를 두고 강남훈(2002: 189, 199)은 현대의 자본주의 발전양식을 조절이론의 용어를 빌려 정보혁명과 신자유주의가 결합함으로써 나타난 '신자유주의적 조절양식'과 '배제적 축적체제'라고 설명하고 있다. 신자유주의적 조절양식은 금융자유화, 탈규제, 민영화, 세계화 등에 의한 조절양식을 가리키고, 배제적 축적체제는 소수의 지식노동자만 축적체제 안으로 포섭하고 다수의 보통노동자는 불완전고용이나 실업의 형태로 배제해 버리는 것을 가리킨다.

결국 정보기술의 발달은 포스트포디즘의 문제의식처럼 자본과 노동의 화해를 중재하는 데 기여하지 못하고 있으며, 따라서 포스트포디즘의 설명력의 한계는 여기서 드러난다.

4) 포스트모더니즘

(1) 내부로부터의 고찰: 상대주의와 진리의 붕괴

포스트모더니즘은 모더니즘을 대체하는 하나의 이념이자 문화현상이다. 그렇다고 포스트모더니즘이 통일된 형태로 나타나는 것은 아니지만 대략적인 경향은 다음과 같다. 먼저 하나의 이념이자 사상으로서의 포스트모더니즘의 특성은 데카르트와 계몽주의로부터 출발하는 모더니즘 사상에 대한 거부이다. 모더니즘의 사상적 특성은 사유와 행위의 흔들리지 않는 준거점으로서의 진리에 대한 강조, 인간이성에 대한 신뢰와 그에 따른 사회진보에 대한 믿음, 그리고 여기에 근거한 역사에 대한 총체적인 거시이론의 도출 등이다. 이를 거부한다 함은 결국 사회와 역사에 대한 총체성이나 거시이론에 대한 거부, 객관적 진리 대신 진리주장의 존재만을 인정하는 상대주의, 흔들리지 않는 진리탐구에의 구속을 거부하고 차이가 갖는 해방적 의미에 대한 찬양 등을 의미한다.

포스트모더니즘의 문화현상으로서의 특성도 사상적인 특성과 연결된다. 문화적 특성 또한 모더니즘적인 원리와 실행, 즉 합리성에 의한 계획, 조직, 기능주의 등에 대한 적대감으로 나타난다. 그 결과 미학적 진리를 부정하는 상대주의, 진정성과 의미에 대한 추구를 포기하는 민주주의적 방종의 색채, 문화의 일관성을 거부하는 차이의 미학, 엘리트의 문화적 계몽을 받아들이지 않는 엘리트주의의 비판 등의 특성이 나타난다.(Webster, 1997: 271－287)

이러한 포스트모더니즘 진영에서 특히 정보와 밀접한 관련이 있는 대표적인 학자로 보드리야르(Baudrillard)와 리오타르(Lyotard)가 있다. 보드리야르가 정보사회에서 주목하는 것은 정보기술의 발달에 따른 정보의 폭발적인 증가라는 현상이다. 그러나 보드리야르(Baudrillard, 2001: 143)에 따르면 오늘날 우리는 폭발적인 정보의 증가에 비해 의미는 더욱 적은 세계에 살고 있는 정보의 역설에 빠져 있다. 즉 정보가 의미를 생산하는 것이 아니라 의미를 삼켜버리는 현상이 나타나는 것이다. 정보는 원래 의사소통을 위한 것이었지만 실제로는 의사소통을 연출할 뿐이고 의미는 소진되어 버린다.(Baudrillard, 2001: 145)

이러한 정보 혹은 기호를 시뮬라크르(simulacre)라 하고 시뮬라크르가 만들어지는 현상을 시뮬라시옹(simulation)이라 일컫는데, 시뮬라크르는 지시하는 대상도 원본도 사실성도 없는 기호이다.(Baudrillard, 2001: 12) 다시 말해 어떤 실재를 재현하지 않고 그 자체로서만 존재하는 기호를 가리키는 것으로 결국 실재를 대체하여 시뮬라크르만이 사회에 존재하는 현상이 발생한다. 또한 정보는 의사소통을 연출하면서 의미를 분해하고 사회적인 것을 분해하여 불확실성을 증가시키는데 이러한 과정을 보드리야르(Baudrillard, 2001: 145)는 함열(implosion)이라 일컫는다. 함열은 실재가 시뮬라크르로 대체되는 것과 같이 어떤 구분과 차이가 그 이전의 상태로 돌아가는 현상을 가리킨다.

결국 보드리야르가 얘기하는 정보사회의 사회적 현실은 우리들이 정보가 재현하는 실재 속에서 살고 있는 것이 아니라 아무 의미 없는 정보 그 자체가 전부인 세계에서 살고 있다는 '의미의 죽음'이다. 이러한 인식은 우리가 갖고 있던 세계에 대한 기존 관념, 인식, 행위규범 등을 송두리째 흔들어놓는다.

한편 리오타르는 정보사회에서의 정보 혹은 지식의 성격변화라는 현실을 기초로 논의를 전개한다. 그리고 이런 지식의 성격변화에는 포스트모던한 시대의 가장 핵심적인 특징인 대서사(grand narrative)에 대한 불신과 회의가 원인으로 작용하고 있다. 과거에 지식은 해방 서사와 사변적 서사라는 두 가지 중요한 대서사에 의해 정당화되어 왔다. 해방 서사는 인류를 자유로운 실천적 주체로 설정하고 이 주체가 스스로를 지배하는 것을 막는 것들로부터 자신을 해방시키는 이야기이다. 사변적 서사는 정신의 서사로 사유하는 정신 자체가 주체가 되어 스스로를 총체화하고 완성해 가는 이야기이다.(Lyotard, 1999: 93 – 104)[22]

그러나 현대에는 지식에 대한 정당화기능을 하던 이러한 대서사들이 자체의 모순과 과학기술의 발달로 인해 신뢰성을 상실하였다. 그 대신 오늘날 지식을 정당화하는 새로운 기준으로 작동하는 첫 번째 원칙은 얼마나 투입을 최소화하고 산출을 최대화할 수 있느냐 하는 수행성(performativity)의 원칙이다.(Lyotard, 1999: 118; 1993: 219 – 220) 따라서 수행성의 원칙이 지식과 정보의 평가기준이 되어 기술적인 효율성에 의해 정당화되는 경우에만 지식이나 정보가 생산된다. 게다가 정보기술의 발달은 지식의 방향을 정보의 양으로 측정되거나 컴퓨터 언어로 번역될 수 있는 지식으로 이끈다. 따라서 지식을 인식하는 인간의

---

22) 해방 서사의 대표적 예는 마르크스를 들 수 있을 것이며, 사변적 서사의 예는 헤겔(Hegel)이나 콩트(Comte)를 들 수 있을 것이다.

입장에서는 지식의 외화가 발생하여 지식의 습득이 정신 또는 교육에 관계하는 시대는 지나가고, 지식 공급자와 사용자 간의 관계가 상품 생산자와 소비자 간의 관계로 바뀌고 있다. 결국 지식 그 자체가 목적이던 시대는 가고 물질적 상품과 마찬가지로 시장에서 팔리기 위해 지식이 생산되어, 지식이 사용가치를 상실하고 교환가치만을 갖게 된다.(Lyotard, 1999: 40－42)

현대의 지식을 정당화하는 두 번째 원칙은 배리(背理, paralogy)의 원리이다. 리오타르(Lyotard, 1999: 35－36, 149－164)는 대서사에 의한 지식의 정당화가 붕괴된 현실에서 지식과 사회정의의 정당화는 합의로부터 도출될 수 없다고 본다. 합의는 각각의 담론의 이질성에 위배될 뿐만 아니라 체계의 수행성과 권력을 유지하고 증대하는 수단으로 이용되기 때문이다. 따라서 새로운 정당화기준은 합의가 아닌 불찬성, 이의, 반대로부터 나오는 것으로, 차이에 대한 우리들의 감각을 세련되게 해 주고 통약불가능한 것에 대한 관용을 강화해 주게 되는데, 이것이 바로 배리의 원리이다.

지금까지 논의한 포스트모더니즘에 대한 비판은 한마디로 상대주의의 문제로 귀결된다. 보드리야르의 주장대로 기호가 어떤 실재를 표상하지 못하고 기호 자체로만 존재한다는 의미의 죽음은 어떤 진리도 판별할 수 없게 되는 상대주의의 문제를 피할 수 없다. 리오타르도 대서사에 의한 진리판정을 거부하고 지식의 진리성을 수행성과 배리의 기준에서 찾으려 하기 때문에 여기서 합의된 진리를 찾기란 불가능하다. 이런 상대주의의 문제는 포스트모더니즘을 아주 엉뚱한 것으로 만들어 버린다. 이런 귀결이 나오게 된 담론의 통찰력과 함의는 소진되어 버리고 더 이상 담론이 진행될 수 있는 근거가 박탈되는 현상이 일어나는 것이다. 다시 말하면 포스트모더니즘의 결론인 진리의 부정이 포스트모더니즘 스스로를 부정하는 자기모순 혹은 자가당착의 결과를 가져온다. 이 문제는 단순히 이렇게 논리적 부정합성에서 끝나지 않고 다음에서 논의할 더욱 심각한 이데올로기적 문제에까지 이르게 된다.

(2) 외부로부터의 고찰: 허무주의와 대안부재

보드리야르와 리오타르를 비롯한 현대 프랑스 지식인의 사상적 배경에는 일정 정도 프랑스의 1968년 5월 혁명의 영향이 자리하고 있다. 1968년 5월의 학생과 노동자계급의 전국적인 시위는 과거의 제도, 정치와의 근본적 단절을 바라는 욕구를 표출하였고, 그 영향으로 많은 학자들은 유럽에서 모더니즘사상의 근간이 되었던 마르크스주의와 인간중심주의로부터 이탈하였다. 그래서 거시적인 계급에 기반을 둔 경제적 권력관계중심의 마르크스주의로부터 벗어나 미시정치학에 기반을 둔 다양한 신사회운동들이 등장하게 되었다.(Kellner & Best, 1995: 39 -40, 44) 또한 인간중심주의적 발상이 인간의 이성 혹은 합리성을 강조하고 이에 기초한 보편성을 벗어나는 주변적인 것들을 부정, 배제하여 오히려 인간억압의 원인으로 작용했다는 인식이 생겨나면서 반인간주의의 경향이 도래하였다.(Ferry & Renaut, 1995: 26)

보드리야르도 마르크스주의 정치경제학을 비판하고 여기에 기호학을 결합시키면서 마르크스주의로부터 이탈하고 포스트모더니스트로 변화하게 된다. 그러나 전술한 대로 기호가 의미를 나타내지 못하고 그 자체로만 존재한다는 보드리야르의 주장은 결과적으로 지식 혹은 진리의 존재 자체를 부정하는 꼴이 된다. 이런 상대주의적 귀결에 대해 보드리야르는 이러한 상황이 도래했다는 서술만을 제시할 뿐 이를 극복할 수 있는 아무런 대안을 제시하지 않는다. 보드리야르(Baudrillard, 2001: 247) 스스로도 모더니즘의 의미가 무너지고 포스트모더니티의 혁명이 도래했다면서 자신이 허무주의자임을 밝히고 있다. 따라서 보드리야르의 통찰력이 아무리 예리하다 하더라도 궁극적으로 보드리야르의 이데올로기적 지형 자체는 사회에 대한 어떠한 진리와 그에 기초한 변혁의 가능성도 부정하는 것으로 말미암아 보수주의의 색채를 띠게 된다.

리오타르도 교조적인 마르크스주의를 거부하면서 인간중심적인 모더니즘에서 오는 대서사, 총체성, 합의 등의 원리를 부정한다. 그런데 앞서 언급한 바와 같이 리오타르도 보드리야르와 마찬가지로 지식의 정당성을 부여하는 대서사를 거부하고 수행성에 따른 효율성과 배리에 따른 차이에서 지식의 정당성을 찾고자 하기 때문에, 결과적으로 지식과 행위의 타당성 여부를 판별할 수 있는 기준이 붕괴되는 상대주의의 문제를 피할 수 없게 된다. 게다가 총체적인 대서사 자체를 거부하고 차이를 존중한다는 점은 사회에 대한 전체적인 분석을 불가능하게 만든다. 리오타르(Lyotard, 1993b: 228−229) 자신은 오히려 이러한 결과를 보편적 이념의 쇠퇴에 따라 인간이 전체주의적인 고정관념으로부터 해방되는 것으로 해석하고 근대성을 만들어 낸 편집증으로부터 지성을 분리시키는 것이라며 긍정적으로 평가한다. 그러나 그런 낙관론이 지식의 수행성과 상품화를 추동하는 현실의 권력과 지배관계에 대한 분석을 도외시하고 현실을 개선할 수 있는 진보적인 실천의 지침을 이끌어 내지 못한다는 점에서, 결국 리오타르도 보드리야르와 마찬가지로 보수주의적인 지향을 보이고 있다는 결론을 피하기 힘들다.

5) 정보정치경제학

(1) 내부로부터의 고찰: 시장원리화, 불평등구조화, 세계화

정보정치경제학의 모태가 되는 정치경제학은 스미스(Smith), 리카도(Ricardo), 맬서스(Malthus) 등의 고전정치경제학으로부터 출발한다. 고전정치경제학의 한 갈래는 정치경제학을 경제학이라는 수리적 언어로 개념화된, 시장행태의 경험적 연구에 기초한 과학으로 전환시킨 신고전경제학을 거쳐 현재의 정통경제학에 이르고 있다. 다른 한 갈래는 신고전경제학이 고전정치경제학으로부터 배제시킨 역사적·사회적 총체성, 도덕철학, 실천에 대한 관심을 유지하는 입장으로, 보수파, 공상적 사회주의, 마르크스주의를 거쳐 보수주의 정치경제학, 제도학파 정치경제학,

네오마르크스주의 정치경제학으로 발전된다. 여기서 네오마르크스주의 정치경제학은 노동을 분석의 중심에 놓고 독점자본주의, 탈숙련화, 국제적 노동분업 등에 관심을 쏟는다. 정보정치경제학은 주로 이런 마르크스주의 전통하에서 정보와 커뮤니케이션을 분석하려는 입장을 가리킨다.(Mosco, 1998: 22−24) 즉 마르크스주의의 자본주의 분석을 정보와 커뮤니케이션의 영역에까지 확장시켜, 자본주의적 조직화원리의 연장선상에서 정보사회를 바라보는 입장이다. 대표적인 정보정치경제학자로는 스마이드(Smythe), 허버트 쉴러(H. Schiller), 댄 쉴러(D. Schiller), 모스코(Mosco), 맥체스니(McChesney), 골딩(Golding), 머독(Murdock), 웹스터(Webster), 갠디(Gandy) 등이 있다.

정보정치경제학의 접근방식은 다음과 같은 특징을 지닌다. 첫째로 총체적인 접근방식을 취한다. 마르크스가 사회의 각 부분들이 상호연관되어 있기 때문에 사회를 하나의 관련된 총체로 파악하려 했던 것처럼, 정보정치경제학은 정보와 관련된 현상들을 사회경제적 체제의 전체 맥락 속에서 파악하려 하며, 따라서 정보와 미디어의 배후에 연관되어 있는 구조적 특징에 주목하여 미디어의 소유양식이나 광고수입의 원천, 수용자의 지불능력구조 따위에 관심을 갖고 있다. 나아가 전 세계적인 차원에서 조성되는 더 넓은 사회적 총체성의 맥락에서 정보현상을 위치시키려 한다. 둘째, 사회변동과 역사적 변화를 이해하려 한다. 마르크스가 역사적으로 자본주의의 성장과 변동을 초래한 역동적 힘들, 즉 사회의 내적 모순을 연구했다면, 정보정치경제학 또한 특정 시공간, 구체적으로 후기자본주의를 대상으로 사회변동의 역사성을 탐구하고 있다. 따라서 전술한 첫째 특징에 주목하여 모든 것을 전체 체계에 종속적인 방식으로 운영되는 것으로 간주함으로써 사회변화의 여지를 차단한다는 비판을 넘어선다. 셋째, 도덕철학과 관련된 사회가치들의 문제를 다룬다. 마르크스가 특히 초기 저작에서 계급파워가 아닌 인간욕구 충족이라는 인본주의적 가치에 바탕을 둔 사회를 만들려고 했던 것처럼, 정보정치경제학도 정보영역에 있어 기술상의 문제를 넘어 공공의 선이라는 도덕적 가치의 문제를 다루고 있다. 넷째, 실천에 대한 관심을 특징으로 한다. 마르크스가 노동력을 상품으로 환원시키는 데 따른 소외된 노동을 실천, 즉 자유롭고 창조적인 활동으로 전환시키려고 했던 것처럼, 정보정치경제학은 민주적, 개방적 커뮤니케이션을 제약하는 굴절들로부터 벗어나 실천에 이르도록 하는 조건들에 관심을 갖고 있다.(Mosco, 1998: 37-54, 169-170; Webster, 1997: 131-132)[23]

그러나 정보정치경제학이 근본적으로 전통적 마르크스주의와 차이 나는 지점이 있는데, 그것은 정보적 커뮤니케이션을 단지 물적 토대의 단순한 반영에 불과한 것으로 치부하는 전통적 마르크스주의를 거부한다는 것이다. 전통적 마르크스주의는 본질적으로 편협한 노동관을 갖고 있어 노동의 표상적, 구성적인 질적 내용보다는 도구적, 생산적인 본질에 비중을 더 두고 있으며, 그 결과로 노동을 도구적, 생산주의적 임금관계로 협의화하는 자본주의 비판으로 마르크스를 해석하고 있다. 그러나 정보정치경제학은 이런 전통적 마르크스주의를 벗어나 커뮤니케이션을 노동과 마찬가지의 하나의 물적 관행으로 보고, 노동과 커뮤니케이션이 어떻게 상호구성적인지를 보여주고자 한다.(Mosco, 1998: 63-64)[24]

그렇다면 정보정치경제학은 무엇을 주제로 연구하는 담론인가? 이에 대해 모스코(Mosco, 1988: 181)는 정보정치경제학의 3대 연구과제로서 상품화, 구조화, 공간화를 제시하고 있다. 상품화는 사용가치를 교환가치로 바꾸는 과정을 가리키는데 상품화과정은 다양한 방식으로 커뮤니

---

23) 골딩과 머독(Golding & Murdock, 1993: 39)도 이와 유사하게 정보정치경제학의 특징을 첫째 전체적, 둘째 역사적, 셋째 자본주의적 미디어기업과 공적 개입의 적정균형에 대한 관심, 넷째 정의, 형평, 공익이라는 도덕적 기본문제들에 대한 관심으로 서술하고 있다. 이것이 정통경제학과 정보정치경제학의 차이점이기도 하다.

24) 인간의 노동에는 자연을 대상으로 한 생산력과 생산과정에서의 인간관계인 생산관계가 포함되어 있다. 이때 생산관계는 인간들 간의 커뮤니케이션 없이는 불가능하기 때문에, 커뮤니케이션은 생산력과 생산관계로 구성된 물적 토대의 일부라 할 수 있으며 따라서 노동과 마찬가지의 물적 관행이라 할 수 있다.

케이션 생산제품, 수용자, 노동의 장으로 퍼져 들어간다. 구조화는 구조들이 인간의 매개 작용과 더불어 상호구성되는 과정이다. 구조화의 결과는 서로 합일하기도 하고 반대하기도 하는 계급, 성, 인종 등의 다양한 변수들을 둘러싸고 조직화되는 일련의 사회관계 및 권력과정들이다. 공간화는 커뮤니케이션의 세계화, 전 세계에 걸친 다각 거대화, 산업의 재편 또는 다양한 통합 등을 의미한다.

그러나 모스코가 제시한 설명은 상당히 추상적이고 포괄적인데 이것을 좀 더 현실사회에서 나타나는 구체적 현상으로 치환하여 나타내면 다음과 같다. 먼저 상품화는 정보 또는 정보기술을 시장에서 상품으로 유통시킴으로써 이윤의 극대화와 자본의 축적을 추구하는 시장원리로 나타난다. 상품의 판매를 통한 잉여가치의 실현과 축적을 위해 자본은 정보 컨텐츠와 소프트웨어 및 하드웨어에 있어 가장 잉여가치가 높게 산출되는, 즉 시장성이 가장 뛰어난 영역에 투자를 집중하게 되며, 시장원리에서 벗어나는 공공분야에까지 잉여가치창출의 영역을 넓히려 한다. 또 장기적인 차원에서 소비자로 하여금 스스로 자신들의 이윤창출을 돕고 자본주의경제체제에 순응하도록 시장원리를 주입하는 이데올로기적 공세를 취한다.

다음으로 구조화는 정보 또는 정보기술의 분배가 여러 집단 간 불균등하게 벌어지는 정보불평등이 고정적인 구조로 정립되는 불평등구조로 나타난다. 이것은 시장원리에 의해 필연적으로 나타나는 현상으로 시장에서의 지불능력에 의해 불평등구조가 형성되며, 그 외에도 여러 변수들과 정보사회의 특성 자체가 불평등구조를 양산해 내고 심화시킨다. 이런 정보불평등은 집단 간뿐만 아니라 집단 대 개인 간에도 발생하는데 이로 인해 정보가 대규모의 자기감시기제를 구현하여 사람들을 훈육시키고 통제하는 전자감시사회가 형성된다.

끝으로 공간화는 국가 간, 지역 간의 공간적 교류가 선진국과 선진자본의 일방적 파워에 예속되는 제국화의 맥락에서 벌어지는 세계화로 나타난다. 세계화는 앞서 말한 정보불평등이 선진국과 제3세계 간에 국제적 양상으로 나타나 제3세계의 정보와 문화 영역을 침식한다. 그리고 세계적 자본주의의 위기상황이 닥치면서 신자유주의와 정보기술이 접합된 결과, 전술한 자유시장원리의 전 세계판이라 할 수 있는 신자유주의적 세계화가 확산되어 세계 각국을 선진자본에 예속시킨다. 이 과정에서 초국적 기업이 신자유주의적 세계화의 핵심 주체로 부상하면서 세계화의 방향과 지형을 이끌어간다.

물론 이런 세 가지 초점들에 대한 세부적 내용들은 정보정치경제학자들마다 다양하고 때로는 상호모순적이기까지 하다. 그렇지만 포괄적인 차원에서 정보정치경제학의 연구주제는 지금까지 언급한 대로 시장원리화, 불평등구조화, 세계화의 세 가지 차원으로 요약할 수 있다. 그리고 이 모든 주제는 하나의 큰 주제를 관통하고 있는데 그것은 정보사회의 자본주의적 조직화원리이다.

(2) 외부로부터의 고찰: 자본주의적 조직화원리의 비판

정보정치경제학자들이 기술과 사회의 관계를 바라보는 입장은 '사회구조론적 입장' 혹은 '사회문화 결정론'이라 이름붙일 수 있는데,[25] 기술결정론적 입장과 완전한 대척점에 놓여 있다. 이런 입장은 정보기술의 비약적 발전을 부인하지는 않지만, 사회구조가 기술의 발전과정과 이용방식을 결정하기 때문에 그러한 기술을 독립변수가 아닌 일종의 매개변수로 본다.(권태환 외, 2000: 66; 권기헌 외, 1998: 88) 이것이 의

---

25) 이 입장은 기술과 사회의 관계를 바라보는 기술사회학의 조류인 사회적 구성론 및 사회적 형성론과는 학문적 계보가 다르며 다소 입장의 차이도 있다. 사회적 구성론은 기술이 상이한 사회집단들의 이해관계가 개입된 사회적 협상의 결과라고 보는 입장인데,(김환석, 1998: 203; 이영희, 2000: 29) 사회구조론적 입장에서 보면 이는 사회의 거시적, 구조적 영향에 대한 고려가 결여되어 있다. 사회적 형성론은 기술의 형성과 실행에 있어 사회의 구조적 관계에 의해 선택의 폭을 제한받는다는 입장으로,(김환석, 1998: 206-207; 이영희, 2000: 30-31) 사회구조론적 입장과 유사하다. 다만 사회구조론적 입장은 기술에 대한 사회구조의 결정력을 사회적 형성론보다 더 크게 강조하는 것으로 보인다.

미하는 바는 정보기술 또는 정보산업이 하나의 독립변수로서 자체의
내재적 논리에 따라 발전하고 그것이 사회변동을 필연적으로 가져올
것이라는 논리를 부정하는 것이다. 즉 정보기술의 발전과정은 자본주의
적 원리와 거기에서 파생되는 다양한 이해관계가 뒤엉켜 있는 복잡한
구조적 맥락 속에 있으며, 그런 맥락을 무시하고 정보기술에 직접 접
근하려는 시도는 오류라는 것이다. 그래서 정보정치경제학은 정보기술
이 개발·확산되고 제도화되는, 즉 기술이 특정한 사회적 맥락 속에서
구성되는 과정에 관심을 가지며 그러한 과정의 사회적 근거를 설명하
고자 한다.(강상현, 1994: 143)

정보정치경제학이 일관되게 유지하고 있는 이데올로기적 지형은 마
르크스주의로부터 물려받은 자본주의적 조직화원리에 대한 비판적 관
점이다. 이것은 정보사회에 대한 분석에도 그대로 이어져 정보사회를
자본주의의 조직화원리와 관행의 정보화로 바라보고, 정보와 정보기술
이 구현하는 현대사회에 대해 그 배후의 자본주의적 메커니즘을 해부
하고 비판하는 데 주력한다. 그렇지만 오늘날 자본주의가 정보화에 의
해 변모한 만큼 그 비판의 대상과 내용도 달라진다.

그런 점에서 이들의 비판적 문제의식은 다음과 같다. 기본적으로 자본
주의는 지속되면서도 변화한다. 18·19세기 영국의 인클로저(enclosure)
운동에서 공공토지가 사유지로 변하면서 사람들이 시장자본주의로 편입
되기 시작한 뒤로, 이후에도 시장체제는 오랫동안 지속된다. 그리고 마
침내 현대사회에 이르기까지 존속되어 온 자본주의적 사회경제체제는
지속적으로 확산되고 있다. 한마디로 말하면 오늘날 결국 자본주의는
승리했다.26) 그러나 자본주의가 지속되는 것은 엄연한 사실이지만 자본

---

26) 웹스터(Webster, 2001b: 191-192)는 오늘날 자본주의의 승리를 다음과 같
은 자본주의의 특성들로 설명한다. 첫째, 지불능력이 상품과 서비스의 공
급을 결정하는 중요한 기준이다. 둘째, 공급은 공공 공급보다는 사적 공급
에 기초한다. 셋째, 어떤 것이 이익을 낳는가, 손해를 낳는가라는 시장의
기준이 그것을 사용가능하게 해 주는 가장 중요한 요소이다. 넷째, 규제와
반대되는 의미로서의 경쟁이 경제적 활동을 조직하는 데 가장 적절한 메

주의는 상당히 포괄적인 용어이기 때문에 오늘날 자본주의가 승리했다고 했을 때 그것이 무엇을 의미하는지를 좀 더 분명히 할 필요가 있다. 여기서 가장 문제시되는 것은 '역사'이다. 자본주의의 특성을 제대로 평가하기 위해서는 이를 적절한 역사적 컨텍스트에 위치 지어야 한다. 현대사회의 자본주의에 대한 적합한 설명은 그것의 구체적인 현재 특성을 고찰하는 것에서 출발해야 한다.(Webster, 2001b: 191-193) 그 현재 특성의 핵심에는 정보가 있다. 그리고 정보에 의해 자본주의체제가 변모하고 강화된 구체적 특성들을 앞으로 살펴볼 것이다. 결론적으로 마르크스주의에서 출발한 정보정치경제학은 이런 자본주의의 지속성과 역사성을 정보와의 접합 속에서 분석하기 위하여 동원할 수 있는 비판적 담론이다.

그래서 정보정치경제학은 마르크스 본연의 노동중심의 분석에서 벗어나 정보와 커뮤니케이션중심의 분석으로 이행한다. 마르크스는 인간이 동물과 구분되는 유적 본질을 노동으로 봤다. 인간은 동물과는 달리 노동을 통해 자연을 자신의 의지대로 변형·종속시킨다는 것과, 사람들끼리 모여 협력적·집합적 노동을 한다는 점에서 그러하다. 전자에서 생산력의 개념이 도출되고 후자에서 생산관계의 개념이 도출되어 이 둘의 총체가 인류역사를 결정짓는 생산양식이 된다. 우리는 이 생산관계 속에서 노동자와 자본가가 생산과정에서 맺는 사회적 관계를 들여다볼 수 있다. 그런데 기본적으로 이런 사회적 관계가 형성되어 노동이 원활히 이루어지기 위해서는 당사자 간의 정보의 교환, 즉 커뮤니케이션이 전제가 되어야만 가능하기 때문에 생산관계는 커뮤니케이션관계에 포섭될 수 있는 개념이다. 결국 노동은 커뮤니케이션을 필요로 하고 커뮤니케이션은 노동을 통해서 비로소 그 가치가 발현되는

커니즘으로 간주된다. 다섯째, 인간관계를 가격평가에 종속시키는 '활동의 상품화'가 표준이 된다. 여섯째, 재산의 사유화가 국가소유보다 바람직한 것으로 여겨진다. 일곱째, 임노동이 노동을 조직하는 데 가장 중요한 메커니즘이 된다.

것으로 서로가 불가분의 영역이다.(윤병철, 1996: 53, 55−56; 정진홍, 1998: 147−148) 게다가 오늘날 자본주의의 역사는 정보사회를 기점으로 하여 '노동과 생산중심의 문명'에서 '커뮤니케이션과 교통·교류중심의 문명'으로 변모해 가고 있다.(정진홍, 1998: 7−8) 이런 점에서 마르크스의 사상은 자본주의체제의 정보와 커뮤니케이션에 대한 비판적 분석으로 발전될 필요가 있다. 정보정치경제학은 이렇게 마르크스주의의 자본주의에 대한 기본적인 비판적 지형하에서 비판 대상과 내용을 전환시킨다.

3

이데올로기적 지형의 비교와 정보정치경제학

지금까지 살펴본 정보사회담론들은 제각기 다양한 담론들을 펼치고 있다. 정보기술의 발달에 따른 다양한 사회변화를 예측하기도 하고, 노동세계와 산업구조의 변화를 추적하기도 하며, 노동조직이나 생산패러다임의 변화를 들여다보기도 하고, 정보와 지식의 성격변화에 주목하기도 하며, 정보사회의 자본주의적 조직화원리에 관심을 갖기도 한다. 그런데 정보정치경제학을 제외하고 이런 다양한 담론들을 주장하는 많은 논자들의 공통점 중 하나는 이들 중 상당수가 한때는 마르크스주의자였다가 노선을 변경했다는 것이다. 토플러, 벨, 아글리에타, 리피에츠, 리오타르, 보드리야르 등은 원래 마르크스주의로부터 출발하였다. 이들을 마르크스주의로부터 이탈시킨 배경에는 자본주의의 지속과 사회주의국가의 병폐, 기술의 혁신적인 발전, 현실사회주의의 붕괴, 자본주의의 경제적 위기, 탈근대적 사조와 신사회운동의 등장 등 20세기 중엽 이후의 여러 가지 거시적인 사회변화들이 놓여 있다.

마르크스주의로부터의 이탈은 이들로 하여금 결과적으로 담론의 이데올로기적 지형의 변화를 가져왔다. 20세기 자본주의사회에 대한 비판적 담론의 가장 큰 축이었던 마르크스주의로부터의 이탈은 이들에게 제3물결, 탈산업사회, 포스트포디즘, 포스트모더니즘 등 각각의 명칭은 다르더라도 기존의 자본주의사회와는 단절된 새로운 사회상을 상정토록 하였으며, 따라서 신사회에 대한 이들의 분석도 새롭게 달라질 수밖에 없었다. 그 결과 자본주의사회에 저항하고 개혁하려는 담론의 비판적인 이데올로기적 지형은 상당 부분 완화되게 되고, 현실과 미래를 옹호하고 낙관하며 변화의 방향성을 계속 유지하려는 보수적인 성향을 띠게 된다. 요컨대 어찌되었든 현실은 일정방향으로 변동해 가고 있으며 그러한 변화에 인간이 할 일은 적응 아니면 배제의 양자택일밖에 없다는 것이다. 이에 대한 비판과 저항은 단지 적응이라는 선택지 내에서만 가능한 것이다.

그러나 정보정치경제학은 정반대의 이데올로기적 지형 위에 있다. 얼핏 보기에 전술한 정보사회에 대한 단절론적인 담론들이 새로운 사회를 선언하고 있는 만큼 미래지향적이고 발전적인 것처럼 보이겠지만, 실제로 이들은 자본주의적 정보화가 가져온 부조리를 부차적인 것으로 취급한 채 의도했든 그렇지 않든 간에 현실의 조직화원리와 변화의 방향성을 계속 유지하려는 보수적인 지향을 갖고 있다. 그러나 정보정치경제학은 정보사회의 변화에 대한 적응 혹은 배제의 이분법을 거부하며 현실의 변화방향에 대한 재고를 주장한다. 그래서 정보정치경제학은 마르크스주의의 자본주의사회에 대한 비판의 전통을 이어받아 현대정보사회의 자본주의적 조직화원리를 비판적으로 분석할 수 있는 이데올로기적 지형을 유지하는 가운데, 자본주의와 정보사회가 결합되어 나타나는 구조적 모순을 드러냄으로써 현실과 현실의 변동방향을 무조건적으로 수용하지 않고 그것을 비판하고 개선하려는 진보성을 기본적으로 갖고 있다. 이것이 앞서 논의했던 정보사회담론들과 정보정치경제학의 결정적 차이이다. 이런 점에서 정보정치경제학적 관점에서의 정보사회에 대한 분석이 특히 의의를 갖는 것이다.

III

정보정치경제학적 관점에서의 정보사회 분석

1

정보사회의 시장원리화

　정보정치경제학의 정보사회 분석은 시장에서부터 출발한다. 정보사회를 시장에서부터 분석한다 함은 정보 혹은 커뮤니케이션과 관련된 과정들이 여전히 자본주의적 조직화 원리에 지배당한다는 사실을 가리키는 출발점이다. 자본주의의 가장 기초적인 운영방식이자 원리는 생산물을 시장에서 상품으로 유통시키는 상품화에서 시작된다. 상품화는 노동에 의해 창출된 사용가치를 교환가치로 전환시켜 시장에서 유통시킴으로써 이윤을 획득하고 자본을 축적하기 위한 과정이다. 그리고 시장원리는 한마디로 가장 상품성이 있도록 하기 위한 과정, 즉 상품의 교환가치를 최대로 높여 상품판매를 통해 이윤을 극대화하고자 하는 원리를 가리킨다. 정보정치경제학은 이렇게 자본주의경제를 기본적으로 지배하는 시장원리가 정보 혹은 정보기술에도 그대로 적용된다는 시각에서 정보사회 분석을 시작한다. 이것은 결론적으로 정보사회에도 자본주의적 시장원리가 그대로 적용되거나 혹은 더욱 강화됨으로써 거기에서 파생되는 자본주의적 산업사회의 구조적 모순과 부조리가 정보사회에도 지속 혹은 강화됨을 의미한다.

　정보사회에 시장원리가 적용되는 과정은 크게 두 가지 차원에서 벌어진다. 첫째로, 사회 전 부문에서 벌어지는 상품화라는 사회적 관행이 정보에 영향을 미쳐 정보의 상품화를 가져온다. 예컨대 사회 전반의 자유화와 민영화의 추세가 정보의 상품화를 유발할 수 있다. 둘째로, 정보의 발달이 전체 경제의 시장원리화, 즉 이윤극대화를 촉진한다. 예를 들면, 전 세계적인 정보통신기술의 도입이 상품의 생산, 분배, 판매

의 전체 유통과정에 있어 재고관리를 개선하고 맞춤생산을 가능하게
해 준다.(Mosco, 1998: 186) 이들을 다양한 맥락에서 세분화하여 살펴
보면 다음과 같다.

1) 컨텐츠의 시장원리화

(1) 컨텐츠 자체의 시장원리화

오늘날 온갖 미디어가 쏟아내는 정보의 홍수 속에서도 사람들이 대
부분 접하는 것들이 흔해빠진 오락정보뿐인 이유는 무엇일까? 그것은
우선 다음과 같은 이유에서 그러하다. 컨텐츠[27]를 판매하는 기업의 고
객은 크게 정부, 기업, 가정의 세 영역으로 구분할 수 있다. 정부, 기업
영역은 그 구매력은 말할 것도 없이 정치적, 경제적 수요에 따라 다양
하고 가치 있는 컨텐츠를 필요로 한다. 반면에 개별 가정은 기업이나
정부기관 같은 대규모시장에 비해 이윤을 극대화할 수 있는 시장성이
상대적으로 떨어진다. 가정에 제공하는 컨텐츠 차원에서 정보기업이 요
청하는 시장성을 높이기 위해서는 산업사회와 같은 대량생산·대량판
매를 필요로 한다. 즉 일반인들이 컨텐츠를 주로 접하는 가정이 시장
으로서의 매력이 있으려면 개별 가구 하나하나를 대상으로 해서는 시
장성을 확보하기 힘들며, 가급적이면 이들을 반드시 일반적 대중이라는
동질적 집합체로 묶어내야만 대규모 시장을 형성할 수 있다.

이들을 동질적 집합체로 묶어낼 수 있는 최소한의 공통분모는 무엇
인가? 바로 일반인들이 가장 선호하는 말초적 감각을 자극할 수 있는
오락물이 된다.(Webster, 1997: 154) 가정 영역의 다수의 컨텐츠 소비
자, 즉 대규모 시장을 확보하기 위해서 컨텐츠는 외설과 폭력으로 대

---

27) 이 책에서 컨텐츠라 함은 어떤 미디어를 막론하고 미디어가 담고 있는 것,
    즉 내용, 메시지, 정보 등을 가리킨다.

변되는 오락물로 동질화될 수밖에 없는 것이다. 또한 이런 컨텐츠는 대부분 텔레비전을 통해 제공된다. 정보기술이 엄청나게 발전했지만 가정의 영역에서 텔레비전은 여전히 중요한 정보공급원이다.(Webster, 2001b: 202) 가정의 수많은 사람들이 드라마나 쇼프로그램, 스포츠 같은 동질적 오락물에 탐닉하고 환호하는 광경을 쉽게 떠올릴 수 있다. 종합하자면 TV 더하기 오락프로그램이 가정 영역의 대표적인 정보소비형태이고 여기서 기업은 최고의 이윤을 뽑아낸다.

반면에 소위 정보가 널리 퍼질수록 가치가 줄어들거나 혹은 정보의 배타적 독점을 통해 가치가 높아지는 배타적 정보,[28] 즉 진정한 의미에서 가치 있는 정보들은 주로 지불능력(ability to pay)과 분명한 필요성을 갖고 있는 기업고객들을 대상으로 생산, 제공된다. 이들에게 제공되는 전형적인 데이터베이스는 금융, 인수합병, 귀금속, 세계보험 등에 관련된 정보이다.(Webster, 1997: 144)

정보는 증가할수록 좋은 것이라는 정보에 관한 오랜 믿음이 있다. 그러나 위에서 언급한 것처럼 각종 미디어에서 난무하는 오락적, 상업적 정보를 두고 이런 믿음을 유지하기는 힘들 것이다. 이것은 우리가 알고 싶은 정보를 찾아가는 것이 아니라 정보가 인간을 메뚜기 떼처럼 쫓아다니는 꼴이다. 오늘날 미디어의 증가와 함께 정보가 폭발적으로 증가함으로써 사람들이 원하든 원치 않든 상업적 정보가 우리의 은밀한 영역까지도 넘보고 있다. 과거에는 공적인 영역, 즉 생산노동이나 경제적 영역에 치중되었던 정보들이 현재에는 가장 사적인 가정이나 인간신체의 영역에까지 침투하고 있다.(Webster, 1997: 50) 물론 반론의

---

28) 정보는 포섭적 정보(inclusive information)와 배타적 정보(exclusive information)로 나눌 수 있다. 포섭적 정보는 널리 퍼져도 가치가 줄지 않거나 오히려 가치가 올라가는 정보를 가리키는 것으로 예를 들면 광고나 오락정보 등을 들 수 있다. 배타적 정보는 널리 퍼질수록 가치가 줄어들거나 정보의 배타적 독점을 통해 가치가 상승하는 정보를 가리키는 것으로 예컨대 기업 내부정보나 국가정보기관의 정보 등을 들 수 있다.(김용학, 1998: 90-91)

여지가 있기는 하겠지만, 이러한 현상의 원인은 기업들이 이 영역이 시장성이 있다고 판단하고 이윤을 얻기 위해 여기에 정보 컨텐츠를 쏟아 붓기 때문이다. 예컨대 패션·헤어스타일이나 가정의 인테리어 꾸미기, 혹은 오늘날 특히 각광받는 웰빙(well-being)에 대한 상업성과 공공성의 구분이 애매한 정보들이 난무하고 있고, 사람들은 과거의 공적 영역뿐만 아니라 지극히 사적 영역까지도 잘 팔리는 정보, 즉 시장성이 있는 정보에 맞추어 스스로를 재조직화하며, 그런 정보에 따라 관련 재화와 서비스를 구매한다.

문제는 컨텐츠의 증가 자체가 아니라 컨텐츠의 질적인 측면이다. 그렇다면 양적 문제를 넘어 질적으로 우수한 정보란 어떤 것인가? 우수한 정보를 판단하는 기준은 개별 구성원마다 다를 수 있겠지만, 일반적으로 그것은 자신의 삶과 환경을 인식하고 그것을 다른 이들의 삶과 비교해 볼 수 있고 이에 대한 개선을 실천하는 데 도움을 줄 수 있는 정보라 할 수 있다. 그리고 이러한 인식과 실천은 필연적으로 불평등한 사회적 관계망 속에서 작동한다. 다시 말해 질적으로 우수한 정보란 정보를 습득한 사람으로 하여금 불평등한 사회적 관계 속에 처해 있는 자신의 상태를 인식하고 이를 개선하도록 도와주는 정보란 것이다. 그러나 전술한 대로 컨텐츠에 시장원리가 작동하는 한 지불능력이 부족한 일반대중들이 가치 있는 정보를 얻기란 쉬운 일이 아니다. 일반대중들은 양적으로는 포섭적 정보의 과부하상태에 있으면서도 동시에 질적으로는 배타적 정보의 부족상태에 빠져 있다.

(2) 컨텐츠의 이데올로기적 역할

컨텐츠와 관련하여 더욱 중요한 문제는 컨텐츠가 담고 있는 당파성의 문제이다. 일반가정의 소비자들에게 컨텐츠가 갖고 있는 문제는 단지 그것이 말초적인 오락프로그램중심이라는 것만은 아니다. 이것은 다음의 두 가지 문제를 안고 있다.

첫째, 모든 컨텐츠는 그 존재론적인 특성상 이데올로기적 당파성을 갖고 있을 수밖에 없다. 이것은 이데올로기를 어떻게 정의하든 간에 필연적으로 따라오는 이데올로기의 속성이다. 가정 영역에 컨텐츠를 제공하는 것은 바로 미디어기업이다. 그렇다면 필연적으로 미디어기업이 갖고 있는 개별적인 이데올로기적 지향성이 가정 영역에 제공되는 컨텐츠에 반영될 수밖에 없다. 이들 컨텐츠를 생산, 보급하는 기업체는 개별 기업체의 입장에서 자신들의 당파성에 기반을 두어 컨텐츠 이미지를 생산한다. 여기에 장기적으로 노출되었을 때 가정의 소비자들은 자신들이 늘 접하는 컨텐츠 이미지 속에서 자신의 의지와는 관계없이 일정한 당파성을 띠게 된다.

둘째, 자본주의체제 속의 삶이라는 사회경제적 차원을 고려했을 때 모든 기업들은 자신들의 당파성에 기반을 두어 자본주의체제 내의 지속적인 생존과 발전을 위해 시장원리와 자유기업체제라는 자본주의의 핵심 메커니즘을 지지하는 정보와 문화를 생산하고, 반대로 불필요한 개혁의 소지를 만들거나 기존 체제를 손상시키는 정보와 문화는 배제시키려 한다. 이처럼 현재의 거대기업의 영향력하에 있는 정보·문화적 질서는 인간의 사회적 의식을 시장원리를 달성키 위한 이념적 공격의 주요 목표로 만들고 있다. 그래서 자본주의체제 내에서 미디어 컨텐츠의 이데올로기적 역할이 우리가 컨텐츠의 상품화의 질곡, 즉 오락프로그램과 포섭적 정보의 홍수 속에 빠져 있다는 사실 자체를 망각하게 하고, 그 실태에 대해서는 고려해 보지 않은 채 이를 자연스럽게 여기도록 만든다. 컨텐츠를 생산, 보급하는 기업체는 그 결과 기업체로부터 검열된 정보내용이 사회의 갈등이나 모순, 그리고 변화요구를 왜곡시켜 표현하거나 배제함으로써 일반인들의 사회적 의식을 시장순응적, 체제순응적인 것으로 만드는 역할을 한다.(H. Schiller, 1990: 82 − 86) 결국 자본주의적 이데올로기에 길들여진 일반인들이 자본주의적 원리와 체제 자체를 스스로 재생산하는 것이다.

가정 영역의 컨텐츠 소비자들에 비해 거대기업의 파워가 월등히 크기 때문에 가정의 소비자는 그들에게 투여되는 컨텐츠 이미지가 일정한 이데올로기적 지향성을 갖고 특정한 방향으로 편향되어 있음을 깨닫기 쉽지 않다. 거꾸로 가정의 컨텐츠 소비자들은 미디어기업에 감사할지도 모른다. 가정의 편안한 소파 앞에 다양한 오락적 정보들을 제공해 주는 것은 바로 미디어기업이기 때문이다. 소비자가 일차적으로 관심을 갖는 것은 그 컨텐츠가 갖고 있는 이데올로기적 편향보다는 그것들을 안방에까지 가져다준 기술적 발전과 이를 마련해 준 거대기업의 노력이다. 가정의 소비자는 끊임없는 오락적 정보의 홍수 속에서 자신이 누리고 있는 정보의 성격과 여기에 관계된 삶의 변혁에 대해 생각하기 어렵다. 우리는 흔히 아무런 거리낌 없이 친구들을 불러 모아 놓고 TV의 스포츠중계에 몰두하고 환호하는 이미지를 쉽게 떠올릴 수 있다. 이런 양상이 일상적인 실천 속에서 반복되다 보면 결국 일반인들은 미디어기업에 동조하여 시장원리와 소비주의29)를 스스로 재생산하는 주체가 된다.

물론 그렇다고 해서 마치 대중문화론의 무기력한 대중처럼 컨텐츠 소비자 혹은 수용자가 일방적으로 자본에 포섭되는 것만은 아니다. 전체적으로 이들이 이데올로기적 효과에 의해 컨텐츠의 상업화라는 질곡에 빠져 있더라도 저항가능성을 완전히 상실하는 것은 아니다. 중요한 것은 많은 소비자들이 그런 상품화의 질곡 속에 빠져 있더라도 일부는 그것이 잘못된 관행임을 깨닫고 있고 거기에 의문을 제기하려 한다는 점이다. 나아가 미디어기업의 이데올로기에 오염되지 않은 컨텐츠에 대한 진정한 해석을 시도한다. 달리 말하면 미디어기업의 자본주의적 헤게모니에 저항하여 대항헤게모니를 형성하고 컨텐츠에 작동하는 상품화의 질곡을 개선하려고 노력하는 것이다.

(3) 특수한 컨텐츠: 광고의 역할

많은 사람들이 갖고 있는 상식 중에 하나로 미디어들이 제공하는 더

---

29) 소비주의에 대해서는 이 책 Ⅲ-1-4)-(1)의 '소비주의'를 참조할 것.

욱 가치 있는 컨텐츠들을 접하기 위해서는, 광고란 어쩔 수 없이 참고 넘어가야 하는 부산물이라는 생각이 있다. 광고는 미디어 컨텐츠의 제작비를 제공함으로써, 어떤 목적을 달성키 위한 수단이라고 생각한다. 그러나 실상은 그 반대일 수 있다. 미디어의 요란하고 관심을 끄는 컨텐츠들은 소비자들로 하여금 광고에 노출케 하는 유인수단에 불과한 것이다. 결국 미디어의 목적은 광고이고 광고를 통한 상업적 이득이다. 광고주들은 이런 이유로 미디어 컨텐츠의 비싼 제작비를 부담할 용의가 있다.(Prarenti, 1990: 334)

광고의 목적은 크게 두 가지로 나누어진다. 첫째, 광고는 상품과 서비스를 판매하기 위한 것이다.[30] 둘째, 광고는 자본주의의 소비주의적 생활양식 자체를 판매하기 위한 것이다. 오늘날 현대사회로 올수록 광고는 두 번째 목적을 위한 것이 되고 있다. 현대사회에서 광고는 구체적으로 소비자가 특정제품을 사도록 안달하지 않는다. 오히려 광고가 선전하는 제품이 제품소비자의 삶의 질, 명예, 매력, 성공, 로맨스 등에 길을 터준다고 기약한다. 이것은 물질적 풍요를 통해 현존하는 자본주의 체제 자체를 정당화시켜 주면서 '행복한 미국식(선진국식) 생활방식'을 도매급으로 팔아넘기는 일종의 상징조작이다. 광고는 '펩시를 사라'고 말하기보다는 '펩시 세대에 합류하라'고 말한다. 당연히 여기에는 그렇지 않을 경우 주류의 자본주의적 생활양식에 뒤쳐져 낙오할 것이라는 뉘앙스가 담겨 있다. 왜냐하면 이 무진장의 풍요로운 세계에 한몫 끼지 못하는 것은 다름 아닌 소비자들의 불찰이기 때문이다. 풍부한 재화들을 살 능력이 없다면 그것은 소비자 자신의 잘못이지 시스템의 잘못은 아니라고 광고는 암묵적으로 말해 준다.(Prarenti, 1990: 336, 338)

---

30) 그런데 광고지면·시간대의 가격, 광고의 종류도 광고대상자의 지불능력에 따라 달라진다. 예컨대 "뉴욕 타임즈(New York Times)"의 온라인 신문은 독자들의 신상명세에 따라서 광고지면의 광고료를 다르게 책정하며, "스타 게이저(Stargazer)"라는 TV시스템에서는 서비스가입자의 소득수준, 직업에 따라 광고의 종류가 달라진다.(강미은, 2001: 248-249)

정보사회의 광고가 주장하는 바도 기본적으로 이와 유사하다. 광고는 정보기술에 첨단성과 높은 지위, 선민의식 등의 상징적 의미를 투사한다. 예컨대 광고는 "정보사회의 선두주자가 되기 위해(혹은 뒤쳐지지 않기 위해) 우리 제품을 구매하십시오", 또는 "우리의 제품이 곧 정보엘리트로서의 품격을 말해 줍니다" 따위의 카피로 소비자를 유혹한다. 이는 상품과 서비스를 판매하는 동시에 거기에 투사되어 있는 상징적 이미지를 판매함으로써 소비자를 자본주의적 소비주의사회의 일원으로 호명하는 것이다. 그 결과 중 극단적인 사례로 기업체에서 기업의 선진이미지를 유지하기 위해 굳이 필요도 없는 최신 컴퓨터 시스템을 설치한 후 놀리고 있거나, 혹은 가정에서 자녀들에게 정보사회에서 최소한 남에게 뒤쳐지지 않도록 하기 위해 구매해 준 PC가 대형오락기로 전락하는 사태가 벌어진다. 이처럼 광고의 자본주의적 생활양식을 찬양하는 상징조작에 노출되고 길들여진 사람들은 재화를 사는 것이 아니라 제품이 갖는 상징 자체를 구매하는 것이 된다.

정보사회가 진행될수록 광고의 상징조작은 점점 심화된다. 정보사회의 많은 기업들은 제품 자체를 판매하기 위한 광고가 아니라 기업이미지 자체를 높이는 브랜드광고를 많이 시행한다. 브랜드광고는 해당기업이 영리를 목적으로 특정상품을 판매하는 것을 넘어 이 사회와 시민 전체의 삶을 책임지고 있다는 것을 보여주기 위한 것이다. 즉 시민들이 누리고 있는 안전하고 평안하고 일상성을 깨트리지 않는 자본주의체제 자체를 팔고 있다는 것이다. 모빌 석유회사(Mobil Oil)는 수많은 '일자리 창출자'의 이미지를 보여주면서 자선연금을 기부하고 지역사회들에 번영을 가져왔다고 선전한다. 미국 국방성 무기조달회사들은 타임지나 뉴스위크지 등에 사회의 '위대한 수호자'의 이미지를 심어준다. 예컨대 원자탄 탄두 플루토늄 기폭제 생산업체인 록웰(Rockwell)사는 자기업을 '과학이 일하는 곳'으로 묘사한다. 많은 기업체들은 환경보존에는 한 푼도 쓰지 않으면서 '환경보호'의 이미지를 광고에 싣는다.(Prarenti, 1990: 339-344) KT & G(구 한국담배인삼공사)의 광고는 담배와 인삼을 전혀 등장시키지 않고 '상상예찬'이라는 광고를 통해 '젊음'과 '창의성'의 이미지를 팔았다.

2) 하드웨어 및 소프트웨어의 시장원리화

(1) 하드웨어 및 소프트웨어의 신화와 시장원리화

일반적으로 정보의 내용, 즉 컨텐츠에 대해 비판을 하는 사람들도 정보의 하드웨어 및 소프트웨어 자체에 대해서는 논의하지 않는 경향이 있다. 왜냐하면 많은 사람들은 컨텐츠 자체가 오락물에 집중되어 있거나 어느 한쪽의 입장으로 치우쳐 있다고 생각하더라도, 하드웨어와 소프트웨어 자체는 사회적 영향으로부터 벗어나 있는 가치중립적인 것이라고 생각하는 것이다.(Webster, 1997: 141) 이것은 기술 자체는 비인간적이고 중립적인 것으로 자체의 내재적 원리에 의해 발전하며, 단지 기술을 이용하는 인간들에 의해서 기술이 선용될 수도 악용될 수도 있을 뿐이라는 믿음에서 나온 것으로, 일종의 변형된 기술결정론이라 할 수 있다.[31] 여기서 일부분은 틀렸고 일부분은 맞다. 기술이 내재적 논리에 따라 독자적으로 변화하는 것은 아니지만, 인간의 개입이 작동한다는 것은 명백한 사실이다. 인간이 개입해서 하드웨어와 소프트웨어의 기술발전의 방향이 결정되는 것이다. 그런데 중요한 것은 그런 개입에 따른 기술발전이 사회구조의 특성상 특정한 방향에 따라 움직인다는 것이다.

정보의 하드웨어와 소프트웨어를 생산하는 기업들의 연구개발 우선순위에도 이윤극대화를 위한 시장원리가 적용된다. 먼저 하드웨어와 소프트웨어 기업들은 가장 시장성이 큰, 즉 시장규모가 큰 영역을 대상

---

31) 이런 이데올로기를 가진 입장에 대한 중요한 비판 중 하나는 여기서 말하는 인간이 구체적으로 누구인가를 묻는 것이다. 그 답은 지배층이라고 할 수 있으며, 따라서 이 쟁점 자체가 권력과 지배의 문제와 연결되어 있다.

으로 하드웨어와 소프트웨어를 개발함으로써 이윤을 극대화하고자 한다. 그 결과 분산되어 있고 이질적이며 구매력이 부족한 가정 영역보다는 구매력과 필요성을 모두 갖춘 대규모 기업시장을 최우선적으로 고려하여 하드웨어와 소프트웨어를 개발하게 된다. 기업 영역이 가정 영역보다 구매력이 높다는 것은 두말할 나위가 없다. 다음으로 기업 영역의 정보의 하드웨어와 소프트웨어에 대한 필요성은 몇 가지를 들 수 있다. 우선 산업사회에서부터 추진되어 오던 자동화에 정보기술을 활용하여 더욱 근본적인 생산, 사무, 판매관리 등의 자동화를 달성함으로써 노동자를 줄이거나 압박할 수 있다. 또한 현대 기업의 최고의 덕목으로 꼽히는 유연성을 확보하는 데 정보의 하드웨어와 소프트웨어를 활용할 수 있다. 즉 급변하는 시장변화에 대처하기 위해 정보기술을 활용하여 다품종생산을 가능하게 하는 범용기계설비나, 역시 정보기술을 활용한 자동화된 물류관리체계 등을 이용함으로써 기업조직의 유연성을 확보할 수 있다. 나아가 오늘날 전국적, 초국적 단위로 확장된 거대기업들은 분산된 조직을 조정하고 관리하기 위해 정보통신기술의 활용이 거의 필수적으로 되어 버렸다. 게다가 정보통신기술은 초국적 기업으로 하여금 개별 국가의 간섭이나 제약으로부터 탈피하여 자율적인 활동을 가능하게 해 줄 수 있다.(Webster, 1997: 156−157) 이러한 기업시장의 정보의 하드웨어와 소프트웨어에 대한 필요성은 막강한 자금력과 결합되어 하드웨어와 소프트웨어 연구개발의 일차적 방향을 결정해 준다. 나머지는 이 '메가트렌드'에 따라갈 수밖에 없다.

(2) 하드웨어 및 소프트웨어의 발전과 관성

정보의 하드웨어와 소프트웨어의 개발은 발전과 관성의 양면성을 띠고 있다. 하드웨어와 소프트웨어의 발달은 당연히 기술의 발전이라고 봐야 하겠지만, 여기에는 기술의 관성에 따른 제약이 따르게 되는데, 이 중 중요한 측면은 이미 과거로부터 시장성이 입증된 분야를 중심으로 하드웨어와 소프트웨어가 발전하게 된다는 것이다. 단적으로 가정용 정보하드웨어의 발전을 살펴보면 이점은 명백해진다. 가정용 정보하드웨어는 한마디로 말하면 TV수상기의 지속적인 개선이다. 이미 대부분의 가정마다 보급되어 시장성이 널리 인정받은 TV수상기에 더하여 비디오, 케이블TV, DVD, 위성방송, 비디오게임, 컴퓨터 따위가 계속 추가되는 것이다.(Webster, 1997: 143) 가정용 정보하드웨어가 TV수상기를 중심으로 발전되어 가는 현상이 어찌 보면 당연하게 보일 수도 있겠지만 정보하드웨어가 오직 TV수상기기반의 기술밖에 없는가 하는 점을 생각해 보면 여기에 의문을 제기할 수 있을 것이다. 예컨대 건강, 의료, 가사, 가족공동체 활성화를 위한 기술발전의 경로를 생각해 볼 수 있을 것이며 이런 방면에서의 하드웨어 기술발전이 TV수상기기반의 기술발전에 비해 뒤쳐지는 것은, 기술의 발전도 시장성이라는 테두리 내의 관성에 따를 수밖에 없기 때문이라고 할 수 있다. 그렇다면 기술은 과연 내재적인 논리에 따라 지속적으로 발전한다고 말할 수 있는 것인가? 이와 관련하여 보다 복잡한 쟁점들이 다음에 있다.

정보사회에서는 여러 성공신화가 널리 퍼져 있다. 우리는 대표적인 정보사회의 신화인 마이크로소프트(Microsoft: MS)사를 창시한 빌 게이츠(Bill Gates)와 실리콘밸리의 산학협력업체들의 성공사례와 소기업들의 정보산업에서의 약진을 지켜봐 왔다. 예컨대 빌 게이츠는 하버드대를 중퇴하고 오직 컴퓨터소프트웨어산업에 대한 아이디어와 영세자본만을 기초로 성장하여 오늘날 굴지의 MS의 경영자가 되었다. 오늘날 정보사회에서는 이처럼 창의적인 아이디어로 중무장하고 최소한의 자본만으로 새로운 정보산업에 성공한 경우가 유독 두드러지게 보이며 이것이 정보사회에 대한 낙관론의 대표적인 증거로 자리매김하고 있다.

이것이 의미하는 바는 무엇일까? 과거에 비해서 신규사업을 창업하는 것이 쉬워졌다는 것을 의미한다. 정보사회에서는 정보 혹은 아이디어 자체가 하나의 상품이 되기 때문에 소유한 정보의 상품가치가 높다면 다른 자원이 없더라도 새로운 시장에 진입할 수 있다. 이런 조건을 충족시키는 것은 굳이 대기업이 아니더라도 특출한 개인, 소기업, 그리고 그들의 네트워크에 의해서도 가능하다. 게다가 오늘날 정보사회에서 급속하게 변화하는 시장환경에 대처하기 위해서는 경직된 거대기업보다 이들이 훨씬 더 유연한 전략을 구사할 수 있기 때문에 이 점에서도 개인이나 소규모 기업이 장점이 있다. 그런 이유로 과거 거대자본을 기반으로 하여 소수가 지배하던 시장의 독점을 깨트리는 것이 일정 정도 가능해질지도 모른다.

이 논쟁적인 문제는 두 가지 이슈를 중심으로 논의할 수 있다. 하나는 정보상품에도 과연 일반 재화와 마찬가지로 규모의 경제(economy of scale)가 존재하느냐 하는 점이고, 또 하나는 이 규모의 경제를 뛰어넘을 수 있는 진입장벽에 관한 문제이다. 왜냐하면 자본주의적 산업사회에서 대기업이 독점적 지위를 유지하게 되는 핵심적 이유 중의 하나는 대량생산체제가 갖고 있는 규모의 경제와 그에 따른 신규산업의 높은 진입장벽 때문이다. 규모의 경제란 생산량이 일정규모 이상일 경우 산출증가에 비해 비용이 상대적으로 덜 증가하는 것, 즉 생산량이 증가할수록 생산단가가 낮아지는 것을 의미한다. 기존 산업을 기준으로 봤을 때 대규모 기계설비에 드는 비용과 원료의 대량구매에 따른 비용 등이 산업진입초기에 많이 들지만, 시간이 지날수록 단위생산당 비용은 점차 줄어들고 분업의 심화에 따른 생산요소의 전문화가 이루어지기 때문에 규모의 경제가 형성된다.

그렇다면 정보산업에서는 과연 규모의 경제가 적용되지 않는가? 이에 대해 정보산업에서는 규모의 비경제(diseconomy of scale)가 적용된다는 주장이 있다. 정보사회에서는 정보 자체가 중요성을 갖게 되고 이를 바탕으로 창의성을 요구하는 소규모 회사들이 경쟁력을 갖기 때문에 기존 산업과 같은 규모의 경제를 넘어선다는 것이다. 그러나 초창기에는 정보산업에 규모의 비경제가 맞아 들어갈지 몰라도 점차 시간이 지나 그 덩치가 커지게 되면 대량생산체제와 마찬가지로 동일한 '규모의 경제'가 작동하게 된다. 여기 단적인 예가 있다. MS의 윈도우 프로그램의 소스코드[32)는 보조프로그램을 제외한 본 프로그램만 100만

줄이 넘는다고 알려져 있다. 이를 완성하는 데 있어서는 소수의 천재 프로그래머가 전체 프로그램구조를 만들고, 나머지는 마치 산업사회에서 단순노동자들이 나사를 조이고 절단하고 기름칠하듯 단순반복작업을 하는 것이다. 다시 말해 규모의 경제가 적용되며 생산규모가 클수록 경쟁에 유리해지는 것이다.(김용학, 1998: 93)

연결된 문제로 진입장벽에 대해 얘기해 보자. 정보산업이 태동한 초기에는 창의성과 아이디어로 무장한 개인과 소기업의 신규산업 진입장벽이 낮은 것이 사실이었다. 그러나 시간이 지날수록 정보산업도 기존산업과 마찬가지로 특정기업이 정보산업을 독점하게 되고 점차 진입장벽이 높아지게 된다. 여기에 작동하는 중요한 원리가 네트워크 외부효과(network externalities)이다. 네트워크 외부효과는 상품가치가 상품에 내재하는 가치 외에 상품이용자들의 연결망에 의해서 좌우되는 법칙을 가리킨다.33) 환언하면 더 많은 사람이 그 상품을 사용하고 있을 때 그 상품의 가치가 높아진다는 것이다. 이럴 경우 단순히 기술경쟁에서의 승자가 개별 제품의 효용만으로 결정될 수 없게 된다. 예컨대 MS의 윈도우를 대다수 사용자가 쓰게 되면 호환성이나 관련정보의 습득문제 때문에 설사 기술적으로 더 뛰어난 프로그램이 등장하여도 계속해서 윈도우를 쓰게 된다. 이렇게 되면 이용자들이 많이 사용하는 프로그램이 시장에서 점점 더 인기를 얻게 되어 독점화가 가속화되고 결국에는 특정제품이 업계표준이 되어 시장을 독점하는 승자독식(Winner Takes It All) 시스템을 초래할 수 있다.(홍성욱, 1999: 385－386)

---

32) 컴파일러나 어셈블러를 써서 0과 1의 기계어로 변환하기 전의 바탕이 되는 프로그램을 가리킨다.

33) 이와 관련된 법칙으로 메트칼피(Metcalfe)의 법칙과 카오(Kao)의 법칙이 있다. 메트칼피의 법칙은 네트워크의 가치가 사용자 수의 제곱에 비례한다는 법칙이고, 카오의 법칙은 창조성이 네트워크에 접속되어 있는 다양성에 지수함수로 비례한다는 법칙이다.(홍성욱, 2002a: 31) 수확체증효과를 비롯해서 이 모든 법칙들은 정보사회에서 네트워크의 중요성을 강조하는 법칙들이다.

진입장벽과 관련된 문제로 잠금효과 혹은 고착화(lock-in)라는 현상도 있다. 잠금 효과는 일단 하나의 기술이 안정화되면 새로운 변이를 거부하는 관성을 가리키는 것인데, 대표적인 예로 데이비드(David)가 제시한 영문키보드자판을 들 수 있다. 영문키보드자판의 맨 윗줄은 'QWERTY'로 시작한다. 이런 복잡하고 비능률적인 문자배열이 여태 남아 있는 이유는 컴퓨터 키보드가 타자기를 그대로 물려받았기 때문이다. 최초의 타자기는 타자가 엉키는 것을 방지하기 위해 자주 쓰이는 글자들을 멀리 배치시켜 놓았는데 그것이 그대로 컴퓨터 자판기로 이어진 것이다. 이러한 기술의 관성법칙은 경로의존성(path-dependency)을 낳게 되어, 이전의 기술이 이후의 기술발전에 제약으로 작용하게 된다. 즉 신기술이 아무리 우월한 것일지라도 그 이전에 시장을 지배하고 있던 기술과 호환성이 없으면 개발될 수 없다.(김용학, 1998: 94-95; 홍성욱, 1999: 386-387; 이광석, 2000: 107)

네트워크 외부효과, 잠금효과 등을 포괄해서 수확체증(increasing return)의 경제34)라고 부른다. 수확체증의 경제는 기존 산업과는 달리 특히 정보기반산업에 두드러지게 나타난다. 그 이유는 초기투자가 엄청남에 비해 한계생산비용이 저렴하고, 기술개발과정의 노하우가 상승효과를 가져오며, 사용자의 네트워크가 막강한 힘을 행사하고, 초기시장의 선점이 중요하다는 점 등 때문에 그러하다.(홍성욱, 1999: 390)

정보의 하드웨어 및 소프트웨어 기술은 발전과 관성의 모순된 속성을 동시에 갖고 있다. 시장은 과거를 기억하는 관성과 구조를 유지하려는 관성을 지니고 있다. 과거의 시장성이 기술의 발전을 제한된 방향으로 몰고 가고 현재의 단단한 시장구조가 기술이 발전하는 테두리를 설정해 준다. 기술은 무제한적으로 발전한다는 소박한 기술진보의 신화는 이 지점에서 모순에 직면한다.

---

34) 수확체증의 경제학이 처음 등장했을 때는 자유시장경쟁이라는 자본주의의 근간을 무너뜨리는 이단으로 간주받았지만, 나중에는 지식기반산업의 일반적인 특성으로 부각받게 된다.(홍성욱, 1999: 389-390)

3) 공공분야의 시장원리화

(1) 정보사회에서의 공공분야의 위치

공공분야는 국가가 담당하는 비영리적 활동의 영역이다. 공공분야는 단일한 사회적 기능을 가진 통일체가 아니라 여러 관료기구의 조합이며 사회적 기능들의 집합체이자 강제력의 장치이다. 이 공공분야는 항상 자산소유계급과 피고용계급 간의 경쟁적 역학관계 속에서 자리잡고 있다. 따라서 공공분야는 사회적 투쟁의 결과로 나온 범주로 역사적으로 변천하는 것이다. 자본주의국가도 초기에는 많은 활동들이 국가의 몫이었는데, 이것은 그런 활동이 사기업에 이윤을 보장해 주지 않기 때문이기도 하고, 또는 그런 활동이 신생국가 자체의 발전과 지위를 위해서 매우 중요한 것이기 때문이었다. 그러나 분명한 것은 공공분야가 자본주의적 경제 속에서 배양된 이질적인 영역이기 때문에 전체 대중의 이해와 보호를 목적으로 하는 한 그것은 결코 절대적이고 불변의 것이 될 수 없다. 즉 공공분야는 자본주의사회의 사회적 힘들 간의 역사적 균형을 반영하고 있는 사회적으로 규정된 범주인 것이다.(H. Schiller, 1990: 66-68)

정보의 공공분야는 정보사회를 시장원리로부터 보호하는 최후의 보루이다. 완전한 시장원리에 정보산업을 맡겨두게 되면 지불능력이 현저히 떨어지는 사람은 정보서비스를 누릴 수 없게 되어 정보사회와는 아무 관련 없이 정보사회의 공허한 슬로건 속에서 소외받게 된다. 정보의 공공분야는 공공의 이익을 위해 국가가 개입하여 이런 집단들을 포함한 모든 국민들이 무비용 또는 일정하게 낮은 비용으로 정보에 접근할 수 있도록 하기 위한 것이다.

2차대전이 끝난 직후 원래 미국의 정보분야의 위상은 시장원리의 차원에서 볼 때 매우 낮은 것이었다. 특별한 경우를 제외하고 정보분야에서 수익을 올리는 것은 힘들었으며, 그래서 이 분야는 비영리적이고 사회복지의 성격을 띠고 있었고 산업의 주변부에 머물렀다.(H. Schiller, 1995: 106－109) 그러나 오늘날에 와서 정보분야가 시장에서 차지하는 위상은 엄청나게 높아졌다. 전쟁 중과 전쟁 이후 장기간에 걸쳐 미국은 정부부문과 민간부문의 막대한 연구개발투자를 통해 사회 각 분야에 대한 엄청난 규모의 과학적, 기술적 정보를 생산해냄으로써 정보의 홍수를 맞게 된다. 이러한 정보폭발의 문제에 대한 해결책으로 마침 컴퓨터 기술이 급속도로 발달하게 되고 이제 모든 정보는 전산화되게 된다. 정보는 새로운 성격을 갖게 되는데 엄밀히 말해 정보 그 자체로 가치를 창출하는 것이 아니라 정보가 잘 정리되어 쉽게 접근가능하고 응용가능한 단위로 제공될 때 높은 가치를 갖게 되는 것이다. 정보가 이렇게 컴퓨터기술의 도움으로 상품으로서의 가치를 갖게 되자 1970년대 이후 정보산업이라는 것이 본격적으로 등장하게 된다. 정보산업체들은 다른 산업체들과 마찬가지로 수익성을 제일원리로 사업을 추진하는 주체들이며, 따라서 이들 업체의 논리는 정보가 완전히 상업적 체제에서 생산되어야 한다는 것이다.(H. Schiller, 1995: 109－113) 당연하게도 정보산업에서 이런 자유시장의 원리는 정보의 공공분야를 위협하고 침식하게 된다. 그런 위험에 심각하게 노출되어 있으며 사회의 민주주의의 기본토양이 되는 대표적인 분야로 도서관과 교육기관을 들 수 있다. 오늘날 자본주의는 도서관과 교육기관 같은 앎의 수단이 되는 소위 '의식산업'의 영역에 깊이 침투하고 있다.(Webster, 2001b: 201)

(2) 도서관과 교육기관의 시장원리화

정보의 공공분야로서의 도서관 제도는 사용자에게 정보에 대한 평등하고 자유로운 접근을 보장함으로써 민주주의를 지탱하는 하나의 보루로서 역할 해 왔다. 민주주의의 양대 전제조건은 사회의 공적인 문제를 파악할 수 있는 교양 있는 시민의 양성과 그런 시민들의 적극적인 정치참여를 들 수 있다. 도서관은 기본적으로 시민들로 하여금 무료로 자유롭게 지식에 접근하게 함으로써 교양 있는 시민의 양성에 결정적 역할을 해 왔으며, 이를 기반으로 시민들이 민주적 의사결정을 하고 국가정책에 참여하는 데 기여함으로써 대의제정치의 문제점을 일정 정도 상쇄해 왔다.

그러나 정보에 대한 시장원리의 관철은 결국 정보의 공공분야인 도서관에 압력을 가하게 된다. 1977년 당시 NSF(National Science Foundation: 미국 국립과학재단)의 버치널(Burchinal)은 도서관에서 벌어지고 있는 변화의 동인인 정보의 배포수단이 비인쇄매체로 대치되고 있으며 필요한 정보를 원거리에 위치한 데이터베이스로부터 얻는 것은 도서관의 관할 영역 밖에 있다고 주장하면서, 이 변화의 주체는 미국경제를 이끌어 가는 정보산업의 구성요소라 주장하였다.(H. Schiller, 1995: 116) 이 주장은 도서관의 앞날과 운명을 잘 대변해 준다. 변화의 주체가 정보산업이기 때문에 정보의 상업화라는 외부로부터의 자극에 도서관은 수동적으로 대처할 수밖에 없다.

상업적 목적으로 고안된 정보기술이 도서관에 적용되면서 도서관은 정보관리의 효율성을 위해 전산화를 시행하였다. 그러나 그 경비를 충당하기 위해서는 사용자에게 수수료를 받을 수밖에 없게 된다. 결국 도서관은 점차 영리적 성격을 띠기 시작했고 그 결과로 지불능력에 따라 도서관의 정보를 팔 수밖에 없게 된다. 그 결과 도서관에서 생산되는 정보의 혜택을 누구에게 주고 누구를 제외시킬 것인가 하는 것이 지불능력에 따라 결정된다. 이제 이 분야의 주도권은 영리적 산업으로 이전되며 도서관은 점차 공공분야로서의 위상을 잃고 상업적 정보산업을 위한 보조자나 촉진자 역할을 하게 된다. 나아가서는 완벽한 시장원리에 기반을 둔 채 도서관을 완전히 우회하여 최종 정보사용자에게 직접 정보가 전달될 수도 있다.(H. Schiller, 1995: 126) 이제 도서관은 공민성과 학습의 상징이기보다는 세금의 낭비로 간주되면서 예산이 줄어들어 도서량이 줄어들고 있으며, 책의 대여 횟수로 운영을 평가하고 대중적인 책을 우선시하는 블록버스터형 도서관이 등장하고 있다.(Webster, 2001b: 201) 이렇게 되면 정보에 대한 평등하고 자유스러운 접근을 보장하기 위한 최후의

보루가 무너지고 결국 민주주의의 최소한의 토대는 심각한 손상을 입게
된다.

도서관의 시장원리화는 또 다른 문제를 야기한다. 도서관이 정보화
되면서 도서관은 전통적인 도서관학자보다 정보시스템전문가를 채용하
게 되었고, 1980년대 이후 컬럼비아대학을 비롯한 미국의 유수한 도서
관학과들이 폐과되었다. 도서관학과의 퇴조가 '도서관학과'라는 명칭
대신에 '정보', '과학', '문헌정보학' 따위의 시대에 걸맞은 용어를 갖다
붙이고 도서관교육을 거의 정보처리도구에만 열중시킨다고 해결되지는
않는다. 그렇다고 도서관학과의 어려움이 기술적 후진성이나 사서들의
기술공포증에 기인하는 것도 아니다. 실제로 도서관의 문제는 경제 전
반의 구조 변동, 즉 정보기능의 민영화 때문에 발생한다. 공공영역인
도서관이 담당하던 정보처리가 민간의 손에 넘어가고 있는 것이다. 사
실 도서관의 퇴조는 정보기술의 발전과 도입이 중요한 원인이기도 하
지만, 더욱 근본적인 것은 도서관의 정보화가 시장원리화를 촉진하게
되고 민간정보산업과 경쟁할 수밖에 없게 된 것이다. 많은 사서들은
이러한 방향전환에 저항하고 있으며, 이는 민주주의를 수호하려는 투쟁
의 중요한 한 부분을 구성하고 있다.(H. Schiller, 2001: 78－81)

공공분야의 시장원리화는 교육기관에서도 마찬가지이다. 교육기관도
도서관과 마찬가지로 민주적인 시민을 양성할 책임이 있는 공공분야임
은 두말할 나위도 없다. 그리고 결과의 균등이 아닌 기회의 균등의 원
칙이 지배하는 자본주의사회에서 사람마다 교육의 질적인 차이는 있을
수 있지만 최소한의 교양을 얻고 실천할 수 있는 기반이 공공교육이다.
그러나 미국의 경우 중등교육에서 공공교육을 책임지는 공립학교들 중
빈곤지역과 도심지역 학교들은 매우 열악한 상태에 놓여 있다. 이런
열악한 조건이 공공교육의 이념이 퇴조하는 직접적인 이유는 아니다.
실제 이유는 첫째로 이들 중등학교가 현실적으로 졸업생들에게 일자리
를 제공할 수 없는 현재의 사회질서 때문이기도 하고, 둘째로 더 중요
한 이유는 현대사회의 시장원리화가 중등교육에서 새로운 수입의 원천

을 찾고 있기 때문이다. 현재 미국의 공립학교 체제는 낙후된 시설과 교사들에 대한 낮은 처우가 가져오는 교사의 자질저하, 그리고 이민자와 극빈층 자녀들의 문제 등 극도의 자원부족과 혼란에 놓여 있지만,(H. Schiller, 2001: 66－67) 기업가들은 여기서도 최소의 자원으로 최대의 이윤을 끌어내려고 이 혼란한 공공분야에 뛰어들고 있다.

그중 첫 번째 방법은 '민간임대학교(charter schcool)'라고 해서 지역학교조직과의 계약을 통해 공립학교의 경영을 맡는 것이다. 기업가들은 공립학교에 갈 기금을 대신 받고 '효율적'인 학교경영을 도입하고 남은 돈을 챙겨간다. '효율적'인 경영에는 교사에 대한 저임금착취, 교사노조에 대한 공격, 가난한 학부모들의 불만스런 '학교봉사활동' 등이 포함된다. 두 번째 방법은 학교에 정보기술을 도입해 비용을 줄이고 이윤을 챙기는 것이다. 그러나 정보기술장비가 중등교육을 보조할지언정 전체를 대신할 수는 없으며, 그 와중에는 기업가의 이윤추구활동이 도사리고 있다. 기업가들은 교묘한 방법으로 정보기술을 제공하고 이윤을 챙긴다.(H. Schiller, 2001: 68－69) 예컨대 K－Ⅲ커뮤니케이션이라는 회사는 학교에 무료로 VCR 따위의 전자장비를 제공하고 학생들로 하여금 강제적으로 2분 분량의 광고를 시청하도록 만들었다. 이쯤 되면 학교공간은 마구잡이식 마케팅 장소가 되고 신성한 학교에서의 조기 마케팅에 따라 상품선택으로서의 소비민주주의[35]의 길을 일찍부터 아이들의 머릿속에 각인시킨다. 이 밖에도 중등학교 교실을 기업매장 옆에 세우거나(mall school) 학교공간·버스·교지 등에 광고공간을 만들고 판매하기도 한다.(H. Schiller, 2001: 71－73)

고등교육의 실태도 다를 바 없다. 대학이 냉정한 시장원리에 놓이게 되면 대학의 선택지는 세 가지다. 하나는 학비를 올리는 것, 둘은 비용을 줄이는 것, 나머지 하나는 기업에 의존하는 것이다. 이미 1994－1995학년도에 아이비리그를 포함한 명문대학의 학위과정비용이 10만

---

35) 소비민주주의에 대해서는 이 책 Ⅲ－1－4)－(2)의 "민주주의와 소비주의의 접합"을 참조할 것.

달러를 넘어섰고 이는 다른 주립대학에도 영향을 미쳤다. 이제는 대학교육이 납세자가 충당하는 공공분야가 아니라 개인과 가족의 책임영역이 되어 버렸기 때문에 교육의 격차는 시장원리의 강화와 발맞추어 점점 심화된다. 다음으로 비용을 줄이면 강의와 선생이 줄어들어 학생들은 강의를 제대로 이수하기가 더욱 힘들어져 재학기간이 길어지고 결과적으로 수학비용이 증가한다.(H. Schiller, 2001: 74) 남은 길은 기업에 의존하는 것이다.

예로부터 미국의 고등교육은 기업의 지배를 일정 정도 받고는 있었지만 그것은 느슨한 관계였다. 다시 말해 고등교육과 기업의 영역이 어느 정도 상대적 자율성을 갖고 나름대로 발전해 나갔다. 그러나 1970년대에 와서는 교육과 기업의 구분이 사라지기 시작하였다. 먼저 기업들은 사내에 학교나 기관을 만들어 노동자들에게 대학을 대신하는 교육과 훈련프로그램을 제공했다. 나아가 기업 내부의 사내 교육기관들이 학사부터 박사학위까지 제공하게 되고, 주요 고등교육기관들과 파트너십을 맺어 교육프로그램을 대학에까지 확대시켰다. 또한 이들이 교육프로그램의 범위를 일반대학과 비슷한 수준에까지 넓힘으로써 결과적으로 정규대학교육의 영역을 침범하여 비영리교육기관과 기업교육기관 간의 경계가 점점 더 애매해져 버렸다. 정규대학교육과 사내교육이 상호침투하면서 교육에 대한 평가는 전통적 기준이 아니라 실적에 기반을 둔 교육개념이 선호되게 되고 결국 이것은 이전에는 더욱 자율적이던 교육방식이 기업의 경영관리라는 계산방식에 따르게 되는 결과를 가져왔다.(D. Schiller, 2001: 255−266)

한편으로 대학들은 정부의 지원이 점점 줄어들면서 새로운 후원자를 찾아야만 하는 상황에 직면하게 된다. 새로운 산학협력관계를 통해 대학은 기업으로부터 자원, 기자재, 실험시설, 실험실습공간을 받아들이고, 기업이 자신들의 이익창출에 필요한 결과물을 만들어 낸다. 이젠 대학과 산업을 구분하기가 점점 어려워지고 있으며, 이렇게 학문과 산업의 세계가 연결되는 고리는 바로 정보이다.(H. Schiller, 1995: 133−

134) 학문세계는 정보를 생산하고 기업세계는 정보를 관리하고 상품화한다.

새로운 산학협력관계는 대학을 점점 시장원리 속으로 몰아갔다. 간단히 말해 이윤을 높이고 비용을 절감하는 방향으로 대학행정의 우선순위가 매겨진다는 것이다. 대학의 구조조정 또는 대학개혁의 방향이 바로 이런 쪽이다. 먼저 기초학문분야에 대한 투자는 줄어들고 연구결과의 소유권을 통해 로열티를 받을 수 있는 응용학문 위주로 투자가 이루어진다. 쉽게 말해 이윤을 극대화할 수 있는 분야에 지원이 집중된다는 것이다. 이윤을 늘리기 위해서 또 다른 조치도 취해진다. 젊은 학생들의 숫자가 줄어들자 이를 보충하기 위해 대학은 성인재교육에 뛰어들어 이윤을 벌어들이면서 '평생교육'이라는 슬로건을 내세우기도 한다. 평생교육은 배우는 사람의 책임이 가장 크다는 논리로 현재의 높은 직업불안정성을 신자유주의적으로 정당화하는 수단이 되었다. 또한 비용을 줄이기 위해 교수들을 계급화하여 극소수 엘리트 교수를 제외한 일반 교수들의 실질임금을 낮추고 시간강사를 대거 고용하며 임시직 직원들을 늘려나간다.(D. Schiller, 2001: 276-282) 또한 대학에서 정보를 이윤이 남는 상품으로 판매하게 되면서, 학술지나 복사물에 엄격한 지적 재산권을 적용하고, 수업용 자료와 교수들의 발명·특허에 법인자격의 소유권을 주장하기도 한다. 학생, 독자, 연구자 모두 사용하는 정보에 대해 수수료를 내야만 하는 것이다.(Webster, 2001b: 202)

4) 소비자의 시장원리화

(1) 소비주의

소비자의 시장원리화는 시장원리에 길들여진 소비자들이 시장원리를 얼마나 충실히 재생산하는가 하는 문제이다. 그러나 미디어의 소비자는 대중사회론의 무기력한 수동적 대중도 아니고 문화적 다원주의론의 능동적 수용자도 아니다. 정보정치경제학에서 보는 소비자의 활동은 노동자와 유사하다. 노동자와 자본은 다양한 역학관계를 이루고 있지만 기본적으로 자본이 노동자의 활동조건들을 결정짓는 사회적인 장 내부에서 그 역학관계가 형성되듯이, 소비자의 경우에도 마찬가지이다. 그래서 소비자는 자본이 원하는 대로 미디어에 접하되, 첫째 컨텐츠를 반대 입장에서 해석하거나, 둘째 대안의 길로 해석하거나, 셋째 전혀 접하지 않거나 하는 선택지를 가진다. 즉 소비자들도 일정 정도 파워를 행사하지만 대체로 자본에 의해 정해진 조건과 한계 내에서 그 힘을 행사하는 것이다.(Mosco, 1998: 196－197)

정보사회에서 시장원리의 확산이 소비자들에게 가져다준 의식은 소비주의이다. 소비주의는 단지 소비에 대한 관심이 증가하는 것만을 가리키는 것이 아니라 소비 자체가 개인의 정체성을 표현하고 자아를 실현한다는 믿음을 의미한다. 그러기 위해 사람들은 개성적, 차별적, 가변적인 소비행태를 보여준다. 소비주의는 소비자중심주의라고 부를 수도 있다. 이 말의 의미는 소비를 통해 개인들이 자신을 능동적 주체인 것으로 오인하도록 만들기 때문이다. 소비를 통해 구매한 재화와 용역을 개인적으로 소유함으로써 자신의 복지를 향상시키는 것이야말로 어떤 다른 가치, 예컨대 사랑이나 우정, 공동체의식 따위보다도 현대사회에서 개인이 절대로 빼앗길 수 없는 신성불가침한 능동적 가치가 된다. 사람들은 겉으로는 이런 의식을 잘 표현하지 않지만 실제로는 광범위하게 이런 윤리를 공유하고 있을 것이다. 이런 소비주의 의식은 서유럽의 사회구조를 개혁하려던 급진적 운동의 퇴조와도 관련이 있다. 급진적 운동이 무기력해진 까닭은 상당 부분 소비재 상품과 사소한 이익의 소유와, 그리고 그것에 대한 희망을 잃고 싶지 않은 대부분의 사람들의 의식으로 설명될 수 있다.(H. Schiller, 1990: 165)

소비주의는 역사적으로 포디즘과 관련이 깊다. 포디즘은 대량생산·대량소비의 시스템하에서 소비에 대한 관심을 증가시켰다는 단순한 의미를 넘어 다른 몇 가지 이유에서 소비주의를 양산해낸다. 포디즘이 갖고 있는 특징은 첫째, 일상생활의 영역인 노동력의 재생산에까지 적극적으로 개입한다는 것이다. 그래서 포디즘은 여가, 가족까지 관리하여 매일매일 건강한 노동력을 끊임없이 재생산하고자 한다. 둘째, 포디즘적인 사회관리에 국가의 개입이 증대한다. 그래서 작업장의 규율이 사회 전체에 대한 국가의 관리로 확장되고, 개인에 대한 국가의 사회관리와 감시가 확산된다. 셋째, 시간적 차원에서 포디즘은 노동시간과 여가시간의 구분을 점차 제거하여 생산과 재생산의 시간을 모두 포디즘의 시간규율에 지배받도록 만든다. 넷째, 공간적으로 포디즘은 권력의 효율적 작용을 보장키 위해 집중적인 사회구조를 만들어 낸다. 결론적으로 포디즘은 사회생활을 생산성과 규율의 이중적 지배하에 두게 된다. 처음에 생산의 원칙으로 시작된 포디즘의 지배는 점차 '생활양식'에 대한 지배로 변화하였다. 이것이 의미하는 바는 자본이 만들어 낸 포디즘의 규율이 생산뿐만 아니라 생활양식 속의 소비에까지 영향력을 행사하였다는 것이다.

그러나 이후 포디즘은 위기와 저항을 맞게 된다. 이런 위기는 전술한 바에 따르면 경제적인 위기이기도 하지만 한편으로는 생활양식으로서의 위기이다. 자본은 이러한 위기와 저항을 흡수하기 위해 투쟁하였고 결국 '정보혁명'이 이를 정확히 수행하게 된다. 이렇게 보면 정보혁명은 생활양식으로서의 포디즘의 강화이며 변형이다.(Webster & Robins, 1994: 71-75) 정보혁명을 거치면서 포디즘의 지배가 작업장을 넘어서 생활양식에까지 더욱 광범위하고 체계적으로 확산, 활용된다. 정보기기들은 지금까지 가장 사적이었던 가정의 영역에 쉽게 침투하여 소비자를 길들임으로써, 이제 여가와 재생산의 영역은 포디즘식 규율에 더욱 복종하고 자본의 지배에 더욱 순응하게 된다. 이런 식으로 사람들은 자유로운 여가시간을 점차 '소비노동'에 종사하게 된다. 게다가 정보단말기는 작업과 여가, 소비의 기능이 혼합되어 있기 때문에 작업시간과 자유시간 간의 엄격한 구분을 사라지게 할 수 있다.(Webster & Robins,

1994: 78 - 79) 결국 정보혁명은 포디즘에서 더 나아가 소비주의를 구축할 수 있는 발전된 물적 환경을 구축한다.

포디즘의 번영이 끝났을 때 현재의 경제적 위기와 정보기술혁명의 상황은 완전고용을 불가능하게 하고 대량실업을 가져왔다. 이 문제를 두고 고르(Gorz, 1993: 364)는 노동시간보다 여가와 자유시간이 많아지기 때문에, 노동에 기초하고 경제에 중요성이 부여되는 생산주의적 사회에서 문화와 사회활동에 더 커다란 중요성이 부여되는 문화사회로의 이행이 이루어져야 할 것이라고 주장한다. 그러나 자본이 준비한 것은 여가와 그 속의 자유의 영역마저도 소비주의의 지배에 포섭하는 것이다. 정보사회에서 더욱 발전된 문화산업은 강요된 여가를 넘쳐날 정도로 제공하여, 상품화된 오락과 서비스를 정기적이고 축적된 형태로 개별 가정에 퍼부을 것이다. 사람들은 더욱 개인적이고 수동적인 오락과 소비로 여가를 보낼 가능성이 높으며, 여기에는 가정에의 정보기기 보급이 핵심적 역할을 할 것이다. 정보혁명을 통하여 자본은 일상생활의 틈새를 비집고 들어온다. 정보사회에서의 사람들의 여가는 바로 이런 가능성에 노출되어 있다.(Webster & Robins, 1994: 76 - 78)

이는 조금 다른 방식으로도 설명가능하다. 마르크스(Marx, 2001: 685 -686)는 노동일의 연장을 절대적 잉여가치의 생산과정으로 보고, 잉여노동을 연장하기 위해 필요노동을 단축시키고 이를 위해 노동의 기술적 과정과 사회의 인적 편성을 변혁시키는 것을 상대적 잉여가치의 생산과정으로 보았다. 그리고 절대적 잉여가치의 생산에서 자본주의체제는 일반적 토대를 이루어 '자본에 대한 노동의 형식적 종속'이 발생하며, 상대적 잉여가치의 생산은 진정한 자본주의적 생산방식을 요구하는데 이 발전과정에서 '자본에 대한 노동의 실질적 종속'이 발생한다.

그런데 이런 자본의 노동에 대한 지배는 노동의 재생산이란 축을 통하여 생활영역에까지 확장된다. 생산영역의 상호관계와 지위에 따라 임금이 주어지고 그것이 생활환경과 수준을 결정하는 일차적 요인으로 작용하는 것을 두고 '생활에 대한 자본의 형식적 포섭'이라 할 수 있을 것이다. 초기의 자본은 작업장에서는 노동자를 완전하게 제어할 수 있지만 노동력의 재생산과 생활에 대해서는 전면적 통제권을 갖지 못하고 단지 휴식과 임금을 통한 간접적 포섭만이 이루어진다. 반면, '생활에 대한 자본의 실질적 포섭'은 소비행태, 가치관, 생활방식 자체가 자본의 재생산틀에 부합하는 방식으로 조정되고 그것이 일상의 생활의식으로 자리잡으면서 이루어진다. 처음에는 이데올로기적 국가기구를 통한 국가의 역할이 중요하지만 자본주의가 고도화될수록 그 주도권이 자본으로 이전되는데, 이때 문화산업이 실질적 포섭의 역할을 담당하게 된다. 즉 상품에 내재된 소비주의와 미디어를 통해 전달되는 소비주의 문화가 생활에 대한 포섭의 도구로 활용되는 것이다. 생산현장에서 기계에 의한 노동과정의 포섭이 자본에 의한 노동의 자동적인 통제를 보장한 것과 마찬가지로, 생활현장에 도입된 정보기기는 생활시간을 관리하고 자본의 재생산에 적합한 소비주의의 규범과 생활방식을 주입하는 역할을 담당하는 것이다.(백욱인, 1996)

이처럼 소비주의를 둘러싸고 노동과정의 원리가 노동과정 밖의 생활양식에도 유사한 방식으로 확대적용되는데, 이는 다음과 같은 현상에서도 마찬가지이다. 자본주의적 노동과정의 핵심적 특징은 노동과정에 대한 정보·지식을 자본이 전유하는 것이다. 달리 말하면 이는 육체노동으로부터 정신노동이 분리되는 노동의 탈숙련화이다. 자본은 생산성을 높이고 통제를 확고히 하기 위해 노동과정의 지적 부분을 독점화하려고 일찍부터 애써왔다. 이것이 발전하여 체계화된 것이 테일러리즘과 포디즘이다. 테일러리즘에서 구상과 실행이 분리되고, 포디즘에서는 지식·정보가 사람에서 기계로 이전되었다. 이처럼 탈숙련화된 노동은 노동과정에 대한 자율성을 갖지 못한다.

유사한 방식의 기술, 지식, 정보의 수집이 정보사회에서도 발생한다. 정보사회에서는 노동 밖의 사회적 차원에서 지식이 적극적으로 수집되고 중앙화되고 집중화되는데, 이를 사회적 차원의 탈숙련화인 '사회적 테일러리즘'이라 할 수 있다.[36] 사회적 테일러리즘은 일상생활에서 이루어지는 사회구성원의 지식·정보가 문화산업체로 수렴되어, 그곳에서 일방적인 규칙과 법칙을 만들어 내고 대중의 여가와 취미를 일률적으로 조작하는 방식이다. 테일러리즘이 작업장에서 작동한다면, 사회적 테일러리즘은 문화와 의식의 영역에서 작동한다. 이렇게 '약탈'된 지식과 기술은 상품형태로 재판매되거나, 아니면 관료기구를 통해 전문적으로 관리된다. 사회적 테일러리즘을 촉진시키는 데 크게 기여하는 것은 다름 아닌 새로운 정보기술이다. 시간이 지날수록 모든 기술과 지식이 인간으로부터 탈숙련화되어 가장 기초적인 교육이나 건강 같은 정보도 정보상품형태로 구매해야 할지도 모른다. 하지만 그것도 소위 자료은행에서 구매할 지불능력이 없다면 타인들에게 그것을 빼앗기게 될 것이다.(Webster & Robins, 1994: 88-98; 백욱인, 1996)

(2) 민주주의와 소비주의의 접합

소비자의 시장원리화의 문제는 여기서 끝나지 않는다. 더욱 큰 문제는 자본주의사회의 소비주의가 전혀 친화성이 없어 보이는 민주주의와 연결된다는 것이다. 한마디로 소비자가 슈퍼마켓에 잔뜩 쌓여 있는 제품 중에서 하나를 선택하는 것은 유의미한 정치적 선택과 동등하게 취급된다. 자본주의사회와 연루된 민주주의는 시장과 가장 깊은 연관성을 갖는다. 개인들은 대의민주주의 사회에서 정치적인 의사결정에 참여할 기회가 별로 없다. 대신 개인들에게 주어진 구매행위는 자본주의사회에서 개인의 자율적인 민주적 선택행위요, 하나의 민주적 훈련이다. 그런 의미에서 슈퍼마켓은 고객들에 의해 소비주의적인 민주주의의 수많은 판단과 선택이 연습되는 민주적인 장이다. 개인들은 대형쇼핑매장의 끝없이 펼쳐진 진열대, 청결하고 가지런히 배열되어 있는 상품들, 분위기 있는 인테리어, 제품 자체보다는 디자인으로 시선을 끄는 상품들, 귀찮게 물건을 강매하

---

36) 사회적 테일러리즘과 테일러리즘의 차이는 사회적 테일러리즘의 경우 테일러화된 공장처럼 단일한 중심이 없다는 것이다. 즉 권력의 중심이 다수이며 다양하고 분산되어 있다.(Webster & Robins, 1994: 98)

지 않는 점원들, 쇼핑을 도와주는 도우미들의 서비스 속에서 '자기가 원하는' 물건을 '자기가 원하는' 가격에 구매하는 자신을 보고 다음과 같이 생각할 것이다. "나는 자유로운 소비행위를 통해 민주주의적 생활양식을 실천하고 민주주의 국가의 시민으로서 살고 있다."

오늘날의 정보사회에서의 사정은 더욱 심각하다. 홈쇼핑과 온라인쇼핑을 통해 개인들은 외출하지 않고서도 수많은 상품의 홍수 속에서 제품을 구매할 기회를 갖게 된다. 이제 민주주의 국가의 시민이 되는 것은 더욱 쉬운 일이 되었다. 단말기의 버튼 하나를 누르는 행위 자체가 개인적이고 자율적이고 민주적인 선택행위인 것이다. 홈쇼핑을 하는 폐쇄된 공간에서 행위자는 실제 매장에서와는 달리 절대 간섭받거나 침해받지 않는 상품선택의 권리를 느끼면서 이것이야말로 민주적 선택의 최첨단형태라고 생각할지 모른다. 그들이 느끼는 희열감은 마치 고대 아테네의 직접민주주의를 가정에서 구현하는 사이버민주주의와 유사할 것이다. 이야말로 카우치 포테이토 민주주의(couch-potato democracy)[37]의 자본주의적 형태가 아닌가?

이러한 소비민주주의의 이념은 진정한 민주주의, 즉 유의미한 정치적 참여와 선택이 밀려나고 무시될 수 있는 근본적인 이유가 된다. 특히 소비주의가 가장 만연하고 있는 미국에서 이런 식의 사고가 급속히 진전되고 있다.(H. Schiller, 1990: 165-166, 192) 하지만 소비민주주의의 상황은 지극히 불안정하다. 소비민주주의는 전적으로 소비수요를 보장할 수 있는 경제적 성장에 의존하고 있기 때문에, 성장이 유지될 수 없다면 소비자들은 점점 불만에 쌓이게 되고 결국 소비민주주의도 붕괴하게 된다. 게다가 거시적으로 볼 때 가용자원이 제한되어 있다는 점을 감안하면 성장기조의 경제정책은 필연적으로 언젠가는 한계에 직면하게 된다. 이러한 상황은 제3세계에서 더욱 열악한 형태로 재생산

---

37) 가정에서 긴 소파에 누워 감자칩을 먹으면서 가장 편리한 환경에서 정보기술을 이용해 민주주의 정치과정에 참여하는 정보사회의 민주주의 형태를 비유한 표현이다.

된다. 현대의 제3세계 국가들은 정보기술에 의해 초국적 기업의 세계시장 속으로 급속히 편입되고 있으며 초국적 기업들은 소비주의의 메시지를 제3세계에 전파하고 있다. 제3세계 국가들의 엘리트들은 소비주의의 메시지를 수용하고 실천할 수 있지만, 대다수의 나머지 사람들은 소비주의를 실천할 수 있는 지불능력은 없으면서 소비주의적 제품들의 자극에 둘러싸여 있다. 결국 서구식의 소비주의는 소수의 사람들에게만 향유가능한 반면, 대다수의 사람들에게 실질적으로 필요한 생필품의 생산은 감소한다. 결국 세계적인 차원에서 자연자원은 낭비와 불평등을 조장하는 소비주의에 의해 약탈되고 최종적으로 소비민주주의를 붕괴시켜 엄청난 정치적 불안을 가져올 수 있다.(H. Schiller, 1990: 166－167, 193) 이쯤 되면 소비자의 시장원리화가 가져오는 결과는 재앙의 수준이다.

한편, 허츠(Hertz)는 전혀 다른 각도에서 소비주의를 민주주의적 실천과 결합시키려고 한다. 어차피 현재의 정보화된 자본주의사회에서 소비주의가 민주적 실천과 혼동되고 있다면, 소비를 제대로 민주적 실천에 연결해 보자는 것이다. 허츠(Hertz, 2003: 179)에 따르면 정치인이 기업에게 무제한적인 자유를 점차 허용하고, 기존의 투표권이 정치적 표현수단으로서의 효력을 잃어감에 따라 '쇼핑'은 새로운 정치적 의사표현수단이 되고 있다. 즉 쇼핑과 관련된 불매운동, 선택적 구매, 소비자시위, 소비자항의 등은 정부와 기업에게 일정 정도의 책임을 부과시키는 효과적인 무기가 된다. 이런 사회운동의 대상은 유해제품제작, 환경오염, 노동자착취, 미성년노동착취[38] 등을 행한 기업과 그들의 제품이다. 예컨대 1999년 유전자조작 식품 및 농산물에 대한 금지 조치를

---

[38] 노동자착취와 미성년노동착취는 세계화와 연관되어 있다. 기업은 값싼 노동력을 찾기 위해 제3세계를 돌아다니고 그렇게 찾은 노동자들에게 1세계의 노동자들과는 비교할 수 없을 만큼 열악한 임금과 복지상태에서 노동력을 착취한다. 쇼핑을 통한 사회운동은 이런 전력이 있는 기업의 상품을 놓고도 투쟁한다.

정당화할 만한 과학적 증거가 없다고 주장하던 블레어 영국 총리는, 이런 운동의 노력으로 2000년에 건강과 환경에 잠재적 피해가 있다는 사실을 인정하였다.(Hertz, 2003: 171)

분명 이것은 오래전부터 있어 왔던 일이지만 민주주의와 소비주의 간의 관계에서 중요한 발상의 전환이다. 사람들이 민주적 실천행위라고 착각하는 개인적 차원의 무의미한 소비행위를 집단적 차원의 소비로 묶어내어 정치적 운동으로 승화시킨 것이다. 그러나 이런 방식의 사회운동은 몇 가지 문제를 안고 있다. 우선, 해당 사회운동 자체를 주변화시킬 우려가 있다. 쇼핑을 통한 의사표현이 모든 사회정책과 권력에 대한 정치적 의사표현을 대신할 수는 없다. 그렇다면 이 운동은 본격적인 정치적 운동이 아니라 주변적인 단순소비자운동으로 자리매김될 수 있다. 또한, 이런 운동이 기업에 대해 일정 정도 영향력을 행사할지는 모르지만, 국가권력과 사회정책에 미치는 실천은 별개의 문제이다. 쇼핑을 통한 실천은 자칫 사회정책의 형성과 국가권력의 실행에 대한 유의미한 정치적 참여로부터 사람들을 배제시키고 에너지를 분산시킬 우려가 있다. 요컨대 중요한 것은 이런 운동이 소비 외의 정치참여를 배제하고 소비 자체에 함몰되느냐, 혹은 그 밖의 다양한 민주주의적 정치참여의 일환으로서 활용되느냐 하는 점이다. 후자의 경우라면 소비주의가 민주주의를 침식하는 것이 아니라 민주주의와 소비가 전략적으로 결합될 수 있을 것이며 소비자의 시장원리화를 극복하고 주체적인 소비자가 형성될 수 있는 방안이 될 것이다.

(3) 정보기술의 소비주의 조장과 소비자감시

정보기술은 소비주의 조장에 중심적 역할을 담당한다.(Webster, 1997: 161-162) 첫째, 다양한 미디어의 지속적인 정보공세가 자본주의적 시장원리가 바람직하고 불가피한 생활양식이라는 것을 사람들에게 설득시키는 수단을 제공한다. 미디어 컨텐츠 자체는 끊임없이 소비주의적 생활양식과 가치를 찬양하고 조장하는 이미지를 제공하여 소비자로 하여금 허위욕구를 창출케 하고 결국 그런 욕구를 시장에서 해소하도록 부추긴다. 둘째, 정보기술의 발전은 구매자들에게 다양하고 새로운 방식의 광고와 구매방식을 제공한다. 예컨대 인터넷을 통한 상호작용적 광고방식이라든지 홈쇼핑을 통한 구매방식 따위를 들 수 있다. 이런 방식이 갖는 특징은 구매자들이 고립되어 있다는 것이다. 그들은 자신의 생활양식에 대한 가치판단을 타인 대신 미디어에 의존할 수밖에 없고, 결국 상업적으로 오염된 컨텐츠에 내맡겨진다. 셋째, 정보기술은 시장이 자아와 공동체적 조직을 대체시키는 경향을 강화한다. 즉 사람들이 자신의 욕구와 즐거움을 스스로 혹은 공동체적 연대 속에서 관리하던 것을 새로운 미디어기계에 대한 의존성으로 대체시키게 되고, 그 미디어들은 사람들을 자율적 자아와 공동체적 연대로부터 끄집어내 시장으로 불러들이는 역할을 한다.

끝으로, 정보기술은 정보의 디지털화와 통신네트워크기술로 인해 소비자들을 더 잘 감시할 수 있게 해 준다. 소비자를 감시하는 것은 소비자의 개인정보를 축적하여 상품판매에 활용하고 소비를 조장하기 위한 것이다. 이런 소비자감시는 포디즘의 문제점에 대한 대안으로서도 작용한다. 포디즘의 문제점 중 하나는 시장환경의 급속한 변화에 적응하지 못한다는 것인데 이것은 결국 소비자의 욕구가 다양화되고 급변하기 때문에 발생한다. 따라서 과거에 기업 내부의 노동과정에 집중되었던 감시가 이제는 기업 외부의 사회에 대한 감시, 즉 소비자감시로까지 확대될 필요가 생긴 것이다. 여기에 정보기술이 작동하여 소비자감시의 기술적 기반을 제공하고 소비자의 욕구를 충족시킬 수 있는 생산방식의 유연성을 확보케 해 줌으로써 소비자감시가 완성된다. 소비자감시는 처음에는 시장이 소비자의 욕구를 충족시키는 형태를 만들어내지만 결국에는 기업이 이를 역이용한다. 즉 시장에서의 욕구충족경험이 이어질 것이라는 소비자의 습관적 기대를 이용해 새로운 욕구를 창출해 내고 소비자를 시장에 순응시키게 된다.

발달한 감시기술은 기업들로 하여금 개인들의 신상정보, 구매정보,

신용정보, 금융정보 등을 통합된 데이터베이스로 만들어 소비자를 감시하고 그에 따른 효과적인 마케팅을 가능하게 해 준다. 아예 데이터베이스 수집과 분류를 주업으로 하는 기업들도 번창하고 있다. 예컨대 미국의 엑스페리언(Experion)사는 40여 가지 정보서비스를 제공하는 자산규모 14억 달러의 정보기업이며, 액시엄(Axiom)사는 약 2억 명의 미국인에 대한 자료를 수집, 분류하여 다른 기업에 판매한다.(홍성욱, 2002b: 84) 이런 전문 데이터베이스기업이 아니더라도 정보수집을 통한 소비자감시는 만연해 있다. 은행업체·신용카드사·보험사·신용정보집중기관[39] 같은 금융기관, 인력정보기관·신용정보조사업자[40]·인력용역회사 같은 인력정보 및 인력 제공업체, 대형판매업체·레저서비스업·호텔서비스업 같은 상품 및 서비스 판매업체 등 수도 없이 많은 기업들에서 소비자감시가 이루어진다.(고영삼, 1998: 212－226) 이 와중에 개인정보들은 여러 종류의 정보가 연동되고, 고객의 동의 없이 유통되고, 타 기업으로 유출·판매되고, 개인을 차등화시켜 자격·조건심사에 활용된다.

오프라인에서도 정보기술은 소비를 장려하기 위해 여러 가지 이벤트를 마련하기도 한다. 조선시대에 여러 가지 구경거리를 보여주면서 판촉행사를 하며 시장이자 축제의 역할을 했던 5일장이 있었다면, 정보사회에는 대표적으로 엑스포(Expo: 박람회)가 있다. 엑스포는 현대판 5일장처럼 축제와 상술이 어우러져 있다. 차이가 있다면 엑스포는 최첨단기술의 시연장이 되어 기업가, 얼리어댑터(early adopter),[41] 단순관광객 등을 끌어 모아 놓고 신기술을 선전하고 소비를 선도한다는 점이다. 엑스포는 점차 거대화, 국제화되어 가고 있으며 규모가 점점 커지고

---

39) 금융기관이 보유하고 있는 신용정보를 집중시켜 체계적으로 관리하여 신용정보업자 상호 간에 교환, 활용할 수 있도록 설립한 기관을 가리킨다.
40) 고객의 의뢰를 받고 개인·조직에 관한 신용정보조사를 대행하는 업체를 말한다.
41) 신제품이 나왔을 때 가장 먼저 구입하여 제품에 대한 정보와 평가를 타인에게 공유하는 소비자를 가리킨다.

있다.(이광석, 2000: 117-118) 예컨대 오락산업의 가장 큰 엑스포인 E3(Electronic Entertainment Expo) 2004에서는 450여 개 업체가 1500여 종의 신작게임을 선보였으며 87개국에서 65,000명의 관람객이 다녀갔다.(디지털타임스, 2004년 5월 17일자) 이 거대한 하이테크의 경연장 속에서 수많은 사람들이 구경하고 즐기면서 무의식적으로 잠재적인 소비자가 되어 돌아간다.

엑스포의 목적은 국가경쟁력을 강화하고 산업을 활성화시키려는 전통적인 의도도 있지만, 무엇보다도 중요한 목적은 신기술과 신제품에 대한 소비마인드를 확산시키는 데 있다. 이벤트가 내세우는 '정보마인드 확산', '국민인식 전환' 따위의 홍보용 슬로건은 어디까지나 소비주의를 학습시키기 위한 것이다. 그렇지 않다면 기업이 이 이벤트를 후원해 줄 리가 없기 때문이다. 과거의 사람들이 5일장을 중심으로 생활을 꾸려갔듯이, 오늘날 정보사회에서는 엑스포와 같은 스펙터클(spectacle)이 오프라인에서 사람들에게 새로운 소비문화와 라이프스타일을 판매하고 있다.(이광석, 2000: 123)

5) 인터넷의 시장원리화

(1) 인터넷 컨텐츠의 시장원리화

인터넷에서 일어나는 컨텐츠의 시장원리화는 일반적인 미디어와는 조금 다른 방식으로 작동한다. 인터넷 컨텐츠 공급업자들이 이득을 얻는 수단은 일반적 미디어와 같이 광고와 직접 판매, 혹은 가입료·사용료 등에 있다. 그러나 웹상에 공짜 컨텐츠가 널려 있는 상태에서 사용자들은 비용을 잘 지불하려 하지 않는다. 이런 상황에서 컨텐츠 상품을 직접 판매하는 것은 당장은 쉽지 않은 일이고, 단기적으로 가장 높은 수입을 가져올 것으로 기대되는 것은 바로 광고다.(McChesney &

Herman, 1999: 248) 그래서 배너광고와 기업의 홈페이지 같은 것들이 웹상의 광고효과를 노리고 급속도로 구축되고 있다. 광고주와 미디어의 관계는 주지하다시피 광고주가 미디어 내용의 성격을 규정할 수도 있고 광고주에게 해가 되는 내용을 배제하는 것인데, 웹미디어에서도 이러한 현상이 똑같이 발생할 수 있다.

그런데 특이한 문제는 웹상에서는 상업적 프로그램과 독립적 프로그램을 구분하기가 상당히 어렵다는 것이다. 다시 말해 광고와 기사의 경계선이 무너지는 현상이 발생한다. 오늘날 웹상에서의 내용물은 인쇄미디어나 방송미디어에서는 상상할 수 없을 정도로 광고와 내용물이 뒤섞여 구분이 되지 않는다. 그리고 웹미디어의 수용자들은 그것이 광고인지 사실인지 구분하기가 어려워진다. 따라서 웹에서의 상업성에 따른 광고효과는 그 특성상 다른 미디어를 능가한다. 이것은 미디어에서 광고주가 특정내용을 넣고 빼는 검열의 문제보다 더 심각한 사이버공간의 상업화를 가져올 수 있다.(D. Schiller, 2001: 216, 223 – 224)

현재 수익성이 높은 웹광고는 전체 수익의 상당 부분을 가장 인기 있는 극소수의 웹사이트가 가져가고 있다.(D. Schiller, 2001: 223) 그리고 거대미디어기업들은 당장의 이익보다는 잠재적 이익을 위해 웹사이트에 적자를 보면서까지 상당한 투자를 하고 있기 때문에, 새로 생겨난 상업적 웹사이트들은 거대미디어기업의 웹사이트와 경쟁하는 데 상당한 돈과 시간이 필요하게 된다.(McChesney & Herman, 1999: 239) 결과적으로 웹광고와 웹사이트에 있어서도 일반적 미디어와 같이 시장의 독점화현상이 발생하고 있는 것이다.

그러나 광고 외에 인터넷에는 가입료·사용료와 직접판매를 통해 이윤을 벌어들이는 수익 모델도 존재한다. 이런 대표적인 컨텐츠가 포르노그래피와 게임이다. 포르노그래피는 인터넷기술의 태동부터 발전까지 결정적 동인을 제공한 컨텐츠인데 유료의 포르노그래피 사이트들이 성행 중이며 때로는 특정국가의 국내법을 피해 다른 나라에 서버를 두고 영업을 하기도 한다. 게임 또한 포르노그래피만큼 성행하고 사람들이 즐기는 컨텐츠인데 최근에는 온라인 게임으로 발전하여 수천 명이 함께 게임을 즐길 수 있다. 이들은 초창기 무료게임에 사람들을 끌어들인 후 나중에 유료화시켜 이용료를 받음으로써 수익을 창출하고 있다.

한편 인터넷 컨텐츠는 '미적 혁신'이라는 원리에 따르는 또 다른 특징을 보인다. 하우크(Haug, 1991: 65-67)에 따르면 소비재의 내구성 때문에 발생하는 수요부족을 해결하기 위한 하나의 방법으로 미적 혁신이 있다. 이를 통해 기존의 소비재를 미적으로 노화시키고, 제품의 사실적인 사용가치에는 아무런 변화를 주지 않은 채, 제품의 외양에 대한 정기적인 새로운 연출을 통해 새로운 수요를 발생시키게 된다. 쉽게 말해 제품의 실질적 혁신을 통해 새로운 수요를 만들어내는 것이 아니라 제품에 새로운 미를 부여함으로써 기존 제품과 차별화시켜 신상품을 판매하는 것이다. 이러한 미적 혁신이 특히 인터넷에서 두드러지게 나타난다. 인터넷은 기본적으로 사이버공간에서 존재하는 것이기 때문에 현실공간과는 달리 미적 혁신을 수행하는 것이 훨씬 용이하다. 즉 본질적으로 동일한 컨텐츠에 대해 보기 좋은 그림, 아이콘, 소리, 동영상, 전체적 디자인 등을 첨가해 다양한 미적 혁신을 쉽게 이룰 수 있는 것이다. 이용자는 세련되게 포장된 인터넷 컨텐츠를 서핑하는 중에 컨텐츠의 본질적 가치와는 점점 멀어지면서 미적 혁신 그 자체에 유혹당하기 쉽다. 이때 미적 혁신은 컨텐츠 자체의 사용가치와는 전혀 무관하며, 미적 혁신을 잘 이루어낸 보기 좋은 웹사이트가 사람들을 불러 모으게 되고 수익을 올릴 가능성이 높다. 이런 현상이 가장 극대화된 형태가 바로 '아바타(abatar)'[42]이다. 아바타는 그 자체로 사용가치가 제로이다. 하지만 이용자는 아바타에 옷을 입히고 치장을 하면서 웹사이트에 비용을 지불한다.[43] 이것이야말로 미적 혁신에 따른 수익

---

42) 사이버공간에서 자신의 분신을 의미하는 이미지를 가리킨다.

43) 사이버공간에 익숙하지 않은 세대들은 아바타를 치장하는데 비용을 지불한다는 사실 자체를 쉽게 납득하기 어렵다. 왜냐하면 그것은 사용가치가 전혀 없는, 즉 아무짝에도 쓸모없는 것이기 때문이다. 그러나 한국에서 아바타를 장식하기 위하여 청소년들이 저지르는 해킹이나 절도 등의 범죄가

성 모델의 최첨단이 아니겠는가?

공짜 컨텐츠로 가득 찬 인터넷에서 광고는 일반미디어에서와 마찬가지로 인터넷의 상업성을 부추기고 있고 게다가 인터넷의 특성상 그 강도를 더 높이고 있다. 그런가 하면 공짜의 천국인 인터넷의 틈새시장을 찾아 최고의 수익성을 발견할 수 있는 분야는 역시 많은 사람들이 즐기는 포르노그래피나 게임 따위의 오락물이다. 이런 컨텐츠에 대해 일반인들은 휴식과 오락의 마인드로 접근하지 정보의 개념으로 접근하지 않는다. 또한 인터넷은 가상공간이라는 특성상 미적 혁신이라는 원리가 크게 작용하면서 소비주의를 부추긴다. 결국 광고와 오락물, 그리고 미적 혁신에 기인한 컨텐츠를 통해 일반인들이 얻을 수 있는 정보란 역시나 현실의 삶 및 실천과는 괴리된 무가치한 정보일 가능성이 높다. 그리고 이런 현상이 일어나는 것은 인터넷 또한 시장원리의 지배를 받고 있기 때문에 다름 아니다.

(2) 인터넷 인프라의 시장원리화

정보인프라로서의 인터넷에 있어서도 시장원리는 마찬가지로 작동한다. 인터넷의 미래는 아직 불분명하지만 수익성의 차원에서 전자상거래 및 기업고객들에 대한 사적 인트라넷(intranet) 제공의 모델이 가장 중요하다. 인터넷 상거래(e-trading)에 있어 가장 폭발적인 성장은 기업과 소비자 간보다는 기업과 기업 간(B2B: Business To Business) 매출로부터 온다. 여기서 인트라넷은 전 세계의 직원들을 상호연결하는 기업 내부네트워크로 작동하면서 동시에 인터넷 접속까지 제공하며, 당연히 수익성이 높은 만큼 초고속의 통신네트워크를 제공받는다. 전자상거래와 더불어 정보하드웨어기업에게 수익이 되는 것이 바로 이 분야이다.(McChesney & Herman, 1999: 254-255) 시간이 지나면서 인터넷 상거래는 소매시장에도 상당한 영향을 미쳐 온라인 사업이 오프라인 사업을 잠식하고 있다.

사회문제화되기도 한다.

점차 컴퓨터 소프트웨어, 오락물, 정보서비스 및 금융서비스의 국제무역도 인터넷으로 이루어지고 있다.(Thussu, 2004: 340)

이런 와중에 1996년 중반에 이르러 인터넷은 급속한 트래픽(traffic: 데이터전송량)의 부하 때문에 위기에 처하게 되고, 이에 따라 상업적 네트워크와 비상업적 네트워크를 분리시키려는 구상이 나오고 있다. 결국 이런 상업적인 방향으로 인터넷이 발전해 가면 인터넷 업계는 3분절화하여 돈을 지불할 용의가 있는 기업고객 혹은 상업적 고객에게는 초고속 대역폭을, 그리고 다른 사람에게는 저속의 낡은 인터넷을, 그리고 나머지에게는 아무것도 주지 않을 것이다.(McChesney & Herman, 1999: 256−258)

트래픽의 과부하는 또 다른 방식의 논란을 불러일으키고 있다. 한국에서는 국내 최대통신사업자인 KT가 초고속 인터넷 요금 체계를 종량제로 전환한다는 계획을 갖고 있다. 이미 외국에는 정액제가 많기는 하지만 종량제나 혼합형이 도입된 곳도 있다.(전자신문, 2005년 3월 11일자) 인터넷 사용요금을 정액제에서 사용한 만큼 받는 종량제로 바꾸게 되면 트래픽만큼 요금을 내게 된다. 인터넷도 지불능력만큼 트래픽을 구매하고 사용할 수 있는 것이다. 또 다른 종량제의 문제점은 웹페이지를 서핑할 때 웹페이지에 나타나는 자신이 원하지 않는 수많은 정보와 광고 등도 트래픽에 포함되어 요금을 지불해야 한다는 것이다. 이 상황을 보면 인터넷 강국으로서의 한국이라는 명분보다는 인터넷 인프라의 상품화라는 자본의 실리적 이윤이 더욱 중요하게 작용하는 듯하다. 인터넷 종량제는 컨텐츠도 정보도 아닌 트래픽이라는 새로운 인터넷 상품을 창출해 냄으로써 결국 인터넷의 시장원리화를 가중시키고 이용자의 부익부 빈익빈 현상을 초래할 것이다.

정보의 하드웨어를 이용하는 방식은 중립적이지 않다. 인터넷의 하부구조를 어떤 방식으로 이용하느냐 하는 데에도 자본주의적 원리의 관성이 따라붙는다. 이런 중립적이라는 이념 자체가 하드웨어는 인간이 이용하기에 따라서 선이 될 수도 악이 될 수도 있으며, 따라서 정보사

회의 미래는 인간의 손에 달려 있고 인간이 하기 나름이라고 생각하게
한다. 정보사회의 미래가 인간의 손에 달려 있는 것은 엄연한 사실이
다. 인간이라는 유적 존재는 미래를 자신의 뜻대로 변형시키는 자율적
능력과 의지를 갖고 실천하는 존재다. 그러나 분명한 것은 자본주의적
시장원리의 관성에서 벗어나지 않고서는 민주적인 인터넷 인프라를 구
현하기 위한 인간의 자율적 실천의 의미가 퇴색되어 버릴 것이다.

(3) 공공분야와 인터넷의 접합

앞에서 공공분야의 대표격인 도서관과 교육기관의 시장원리화를 설
명하였다. 그런데 한편으로 생각하면 이들의 시장원리화의 완성은 인터
넷과의 접합에 의해 이루어질지도 모른다. 그것은 바로 사이버도서관과
사이버학교라 불리는 인터넷 가상공간 속의 도서관과 학교이다.

도서관영역에서는 현재 빠른 속도로 종이로 된 책들이 전자책(e-book)
으로 전환되어 가고 있다. 지금 인터넷을 접속하면 서점에서 책을 사듯
이 전자책을 구매해서 전용소프트웨어를 통해 컴퓨터로 책을 읽을 수
있다. 물론 전자책은 플로피 디스켓, CD-ROM 등 다양한 기록장치에
저장되어 유통될 수도 있지만, 인터넷을 통한 전자책의 활용이야말로
진정한 전자책의 도서관화다. 게다가 전자책에는 동영상이나 소리, 음악
을 첨가해 멀티미디어기능을 갖출 수도 있으며, 검색이 가능해 원하는
부분을 찾아가기도 쉽다. 종이책이 전자책으로 전부 대체되고 사이버도
서관이 구축되고 나면 수많은 종이책들을 보관하던 거대한 도서관 건물
은 더 시장성이 있는 곳으로 활용되기 위해 민간부문에 매각될 것이고,
사서들은 정보처리전문가로 바뀔 것이며, 도서를 정리하는 보조원들, 관
리인, 단순서비스직들은 해고됨으로써 도서관의 유지비용이 감소할 것
이다. 이것이야말로 도서관영역에서의 시장원리의 완성이 아니고 무엇
이겠는가?

가상학교의 원리도 이와 마찬가지다. 현재 주로 가상대학중심으로
가상학교가 논의되고 있고 실제로 우리나라에서도 여러 가상대학이 운

영되고 있다. 가상대학은 교육서비스의 범위와 다양성을 확대하고 고등교육의 사회적 비용을 절감하기 위해 도입되었다. 수업은 인터넷상에서 동영상과 음성강좌를 통해 이루어진다. 초기에는 평생교육기관의 성격을 띠었으나 시간이 지날수록 정규교육기관으로서의 위상을 갖추고 있다. 가상대학에서는 이전에는 교수라고 불리어지던 프로그래머가 고안한 정보를 받고, 학생은 각자의 가정의 컴퓨터를 떠나지 않은 채 수업과 시험을 받는다. 가상대학에서는 더 이상 대부분의 행정직원들과 교수진들이 필요 없게 되고 캠퍼스는 기업에 팔려 적절한 투자처를 찾게 된다.(Whitaker, 2001: 127)

굳이 가상대학의 경우가 아니더라도 대학의 시장원리화는 인터넷의 발달로 절정을 이루게 된다. 기본적으로 인터넷은 저비용으로 많은 장소에서 기업에서 필요로 하는 표준화된 기능교육을 제공할 수 있는 수단을 제공해 준다. 만약 대학들이 이 새로운 정보기술을 적극적으로 받아들이지 않으면 사적 교육기관들이 재빠르게 이를 이용하여 대학들을 앞질러갈 것이다. 따라서 대학의 평가는 그 내실과는 무관하게, 컴퓨터와 통신네트워크의 존재여부, 온라인 숙제, 홈페이지를 가진 교과수업, 인터넷 사용수업 등과 같이 인터넷을 얼마나 잘 이용하고 있느냐 하는 외형적 기준에 따라 이루어진다.(D. Schiller, 2001: 319-320) 결국 인터넷은 더 적은 교수진으로 더 많은 학생들을 가르칠 수 있게 만들어 대학의 시장원리 추구의 튼튼한 하부구조가 되며, 또한 대학은 인터넷상에서 똑같은 이점을 지니고 있는 사적 교육기업과 심각한 경쟁을 할 수밖에 없는 상황이다.

2

정보사회의 불평등구조화

　정보정치경제학에서의 구조의 개념은 구조를 마치 완성되고 결정된 실재로 보는 구조기능주의, 제도주의, 구조주의의 입장과는 다르다. 구조는 사회생활을 통제하고 형식을 부여하는 견고한 골조물이 아니라 행동을 구성하고 거꾸로 행동에 의해 재생산되는 것으로, 구조와 행동은 사회생활의 지속적인 유형화에 상호연계되어 있다.(Mosco, 1998: 284) 따라서 사회는 빈틈없이 잘 봉합된 전체가 아니라 여러 과정들이 사회관계들을 상호구성해 가는 장으로서 존재한다. 이런 의미에서 정보정치경제학은 사회적 관계, 과정, 실천 등을 불평등구조와 연결시키게 되며, 이때 주로 초점이 맞추어지는 것은 바로 사회적 관계속의 계급이다. 계급에 초점을 맞추는 것은 자본주의구조를 분석하는 데 있어 계급이 모든 요인들을 환원시킬 수 있는 본질적인 것이기 때문이 아니라, 여전히 구조화의 분석을 위한 중요하고 실질적인 범주이기 때문이다.(Mosco, 1998: 289)

1) 구조적인 정보불평등

(1) 지불능력에 따른 불평등구조

　계급 개념은 범주적, 상관관계적, 구성적 의미로 구분할 수 있다. 첫째, 범주적 계급은 자산과 소득을 기준으로 사회 내에서 한 경제적 위치를 차지하게 되는 사람들의 범주를 의미하는 것이다. 둘째, 상관관계적 계급은 사회적 생산과 재생산의 기본과정들에 대한 상관관계에 기초한 사람들 사이의 관계를 가리킨다. 셋째, 구성적 계급은 사람들이 계급지위를 의식하고 계급의식을 가지며 그것에 따라 행동하는 계급을 말하는데, 마르크스적 전통에 따른 것이다.[44] 정보정치경제학적 분석에는 각각의 세 가지 계급개념을 기초로 한 연구가 모두 포함되어 있다. 또한 정보정치경제학에서 사용되는 계급개념은 마르크스가 말하는 생산수단의 소유여부를 가리키는 것보다는 경제적 자산의 소유여부를 가리키는 더욱 느슨한 의미로 사용되는 경우가 많다. 이 계급변수로부터 지불능력의 여부가 결정되고 이 지불능력에 따라 정보사회에서 불평등구조가 형성된다.

기본적으로 전술한 시장원리화가 작동하는 한 정보사회에서는 경제적 자산의 소유여부에 따른 자본주의적 계급불평등이 그대로 유지 혹은 강화될 수밖에 없다. 이것은 정보사회에서 또 다른 형태의 불평등을 낳는데 이를 정보불평등 혹은 정보격차라고 한다. 정보불평등이란 말 그대로 정보의 접근, 이용이 여러 사회집단 간 동등한 수준으로 진행되지 않는 현상, 즉 정보분배의 불평등을 가리킨다. 이것이 구조화되었다 함은 자원의 불평등한 배분 현상이 일회적으로 나타나는 것이 아니라 반복적으로 실현되어 개인 간, 집단 간 상호관계에서 하나의 유형 혹은 질서가 고정적으로 출현함을 말한다. 사람들은 불평등의 구조화가 발생하면 그것을 인정하게 되고, 사회구성원이 불평등의 위계구조에서 차지하는 위치에 따라 그의 행동과 태도를 예측하게 된다. 요컨대 불평등구조는 반복적이고 유형화된 불평등한 자원분배의 질서를 의미한다. 그러나 불평등구조는 완전한 고정불변의 질서가 아니며, 어느 한 시점에서 구조를 들여다보면 그것은 성원들의 관계와 행동에 의해 구성되는 하나의 과정이라 할 수 있다.

모스코(Mosco, 1994: 16)는 정보사회의 기술을 미화시키려는 이데올

---

44) Miliband, Ralph, *Divided Societies*, London: Oxford University Press, 1989.(Mosco, 1998: 290-291에서 재인용)

로기적 지형 위에 있는 탈산업사회, 정보시대, 컴퓨터시대, 제3물결 등의 표어를 대체하는 새로운 표상을 제시하고 있는데 그것은 '페이퍼 사회(pay per society)'45)라는 것이다. 역시 모스코의 표현으로 좀 더 정보사회에 그럴싸한 표현으로는 '페이퍼 비트(pay per bit)'가 있다. 물론 정보란 자본주의 초기부터 상품으로 존재했지만, 새로운 기술은 정보를 판매가능한 형태로 포장하는 데 갖는 시공간적 한계를 초월시킴으로써 정보를 상품화할 기회를 확장, 심화시킨다.(Mosco, 1994: 21) 결국 '페이퍼 사회'가 의미하는 것은 정보의 접근에 있어 지불능력이 중요한 결정인자가 된다는 것이다. 경제적으로 지불능력이 있는 상층계급은 가치 있는 정보상품을 구매하여 정보부자(information rich)가 될 수 있지만, 지불능력이 없거나 부족한 하층계급은 정보상품에 아예 접근하지 못하거나 무가치한 정보상품에만 접근할 수 있는 정보빈자(information poor)가 된다. 요컨대 지불능력에 따라 정보부자와 정보빈자의 불평등 구조가 형성된다. 이 점이 정보사회에서 일차적으로 계급개념을 통해 불평등을 바라볼 수밖에 없는 이유이다.

지불능력이 정보상품의 생산과 접근에 중요한 결정인자라는 것은 두 가지 의미를 갖는다. 첫째는 정보상품을 거기에 걸맞은 지불능력 보유자만이 취득할 수 있다는 것이고, 둘째는 각각의 계급의 지불능력을 기준으로 정보상품이 생산, 제공된다는 것이다. 이 의미를 음미해 보면 결국 특정계급의 지불능력이 높다면 거기에 합당하게 그들의 이익을 높여 줄 수 있는 높은 가치를 지닌 정보상품이 생산, 제공된다는 것이고, 반대로 지불능력이 낮은 대다수 소비자를 대상으로는 단순한 오락이나 쾌락만을 주는 생산비용이 적게 드는 싸구려 정보상품이 생산, 제공된다는 것을 가리킨다. 이렇게 보면 지불능력이 낮은 하층계급은 결국 장밋빛 미래상으로 포장된 정보혁명의 혜택을 온전히 누리지 못하게 된다. 계급불평등

---

45) 모스코(Mosco, 1994: 16)에 따르면 이것은 종이(paper)에 대한 말장난에 기인하고 있다. 첨단기술옹호론자들이 보기에 종이가 사라져가고 있는 정보사회에서 아직도 종이가 중요한 역할을 하고 있는 것처럼 말장난을 한 것이다.

은 결국 '정보고속도로'를 '자유이용도로(freeway)'가 아니라 현실의 고속도로처럼 '유료도로(toll road)'로 만들어버린다.(강미은, 2001: 251)

여기에는 빈곤층의 악순환이 존재한다. 전술한 대로 계급불평등은 정보불평등을 만들어 낸다. 이 정보불평등에 의해 정보에의 접근 및 이용을 제한받는 정보빈자들은 경제적 부가가치의 창출기회를 제약받게 되므로 다시금 경제적 빈곤층으로 확대재생산된다. 결국 계급불평등은 정보불평등을 낳고 정보불평등은 계급불평등을 낳는 악순환이 반복되는 것이다.(김선엽·이홍재, 2002: 179)

(2) 정보불평등의 원인과 실제

정보불평등을 결정하는 중요한 변수가 계급이긴 하지만 정보불평등은 그 밖에도 다양한 변수를 기준으로 나타난다. 그것은 계급이 더 이상 변수로서의 설명력이 없기 때문이라기보다는 사회가 복잡다양화되면서 여러 추가적인 변수가 개입하기 때문이다. 중요한 것은 그런 새로운 변수들을 피상적으로만 바라보지 말고 기존의 계급변수와의 관계를 음미해 보는 일이다. 즉 정보불평등의 원인변수로 학력, 연령, 성별, 인종, 거주지, 직업, 장애 정도 등의 다양한 변수를 고려할 수 있지만, 가장 중요한 원인변수는 지불능력이라 볼 수 있을 것이며, 이 변수가 나머지 변수들의 매개변수로 작용하는 측면을 숙고해야만 할 것이다.

정보불평등의 주요 발생원인으로 가장 주요한 두 가지는 경제적 자산과 교육수준이라 할 수 있다. 그다음 이차적으로 경제적 자산과 교육수준의 차이에 따라 정보기술에 대한 동기부여와 사용능력이 달라진다.(전석호, 1999: 312-316) 이를 도식으로 나타내면 <그림 3-1>과 같다.

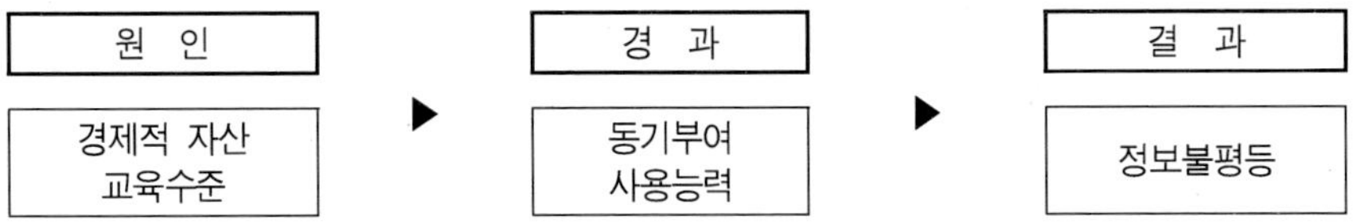

원 인		경 과		결 과
경제적 자산 교육수준	▶	동기부여 사용능력	▶	정보불평등

<그림 3-1> 정보불평등의 발생원인과 결과의 경로

먼저 동기부여의 차원에서 보면 4가지 유형의 집단을 분류할 수 있는데 이들의 특징은 <표 3-1>과 같이 나타난다.

<표 3-1> 정보기술에 대한 동기부여 차원에서의 집단분류

집 단	포용자 집단 (the embracers)	거부자 집단 (the rejectors)	무관자 집단 (the indifferent)	무기력 집단 (the inadequate)
경제적 자산 및 교육수준	높 음	높 음	중 간	낮 음
특 징	개방적·미래지향적이면서도 보수적, 정보기술발전의 선도집단	러디즘(Luddism), 타인과의 교제와 참여 부족	정보기술에 대한 관심·시각 없음, 수동적인 정보기술 수용	정보환경 적응능력 결여, 정보사회의 소외집단

자료: Michael, D., "Enriched or Impoverished? Master or Servant?" in *Information Technology*, New York: The Conference Board, 1972를 인용한 전석호(1999: 313-314)의 내용을 표로 재구성.

다음으로, 사용능력은 정보기기를 다루는 데 필요한 정보처리력과 이를 통해 얻어낸 정보를 해석할 수 있는 정보해독력으로 구성된다. 정보처리력과 정보해독력은 우선적으로 교육을 통한 정보기술지식을 필요로 하고 그 밖에도 정규교육을 통한 일반지식을 필요로 한다. 교육수준이 높을수록 사용능력도 높아지게 되는데, 그것은 일차적으로 정보기술지식이 정보기기를 능숙하게 다루는 정보처리력과 그 정보의 의미와 가치를 해석하는 정보해독력을 높여주면서, 부가적으로 높은 일반적 지식수준이 새로운 정보를 해석하는 데 활용되어 정보해독력을 더욱 향상시켜 주기 때문이다. 또한 교육을 받고 정보기기를 사용하는 데 경제력이 필요할 수밖에 없기 때문에 경제적 자산도 사용능력에 영향을 미친다.

현대사회의 정보불평등현상은 직접적으로 정보기술의 가장 핵심적,

대중적인 형태인 컴퓨터와 인터넷을 중심으로 나타난다. 2004년 하반
기를 기준으로 볼 때, 한국의 컴퓨터에 관련된 정보격차 현실은 <표 3
-2>와 같이 나타난다.[46)

〈표 3-2〉 컴퓨터 정보격차

(단위: %)

	컴퓨터보유[1)	컴퓨터사용가능[2)	월 1회 이상 컴퓨터이용[3)
전 체	77.8	74.8	72.8
가구소득			
100만 원 미만	35.7	36.2	33.9
100-200만 원 미만	80.3	74.8	72.2
200-300만 원 미만	94.7	84.1	82.3
300-400만 원 미만	98.1	85.9	84.4
400만 원 이상	99.6	88.4	87.1
학력[4)			
무학		6.9	6.5
초등졸		15.7	14.4
중졸		31.6	29.2
고졸		74.6	70.7
대졸 이상		95.6	94.4
가구주연령			
20대	91.5		
30대	92.8		
40대	92.5		
50대 이상	52.8		
본인연령			
6-19세		98.1	97.1
20대		98.5	96.9
30대		92.2	90.3
40대		68.0	65.8
50대		41.9	37.4
60세 이상		15.3	13.3
성별			
남자		80.3	78.4
여자		69.4	67.2

---

46) 인터넷에 관한 정보격차 현실은 별도로 다룰 것이다.

	컴퓨터보유[1]	컴퓨터사용가능[2]	월 1회 이상 컴퓨터이용[3]
거주지규모			
대도시	83.8	77.2	75.4
중소도시	76.7	76.1	73.9
군단위	54.3	56.5	53.8
직업			
전문 / 관리직		97.9	97.6
사무직		97.1	96.6
서비스 / 판매직		72.6	69.4
생산관련직		45.2	41.5
무직 / 기타		75.4	73.7

주 1) 가구단위로 조사하였음.
주 2), 3) 6세 이상 개인을 조사대상으로 하였음.
주 4) 중퇴는 포함되고 재학생은 제외됨.
자료: 한국인터넷진흥원(2005b)을 재구성.

<표 3-2>에서 보면 특히 소득별 정보격차가 두드러지게 나타나는데, 가구소득이 100만 원 이상인 경우에는 소득이 높을수록 컴퓨터보유율이 완만히 높아지지만, 100만 원 미만의 저소득층의 보유율은 지나치게 낮아 100-200만 원 미만 소득가구보다 44.6%나 낮다. 아직도 저소득층에게는 컴퓨터가 사치품임을 보여주는 것이다. 컴퓨터사용가능과 월 1회 이상 컴퓨터이용도 역시 100만 원 미만의 저소득층이 다른 소득계층과 월등한 차이를 보이고 있다. 다음으로 교육수준이 컴퓨터사용가능과 월 1회 이상 컴퓨터이용의 중요한 원인변수가 되고 있는데 무학에서 대졸 이상에 이르기까지 엄청난 격차를 보이고 있으며 특히 중졸 이하와 고졸 이상의 차이가 심각하다. 그 밖에 연령변수가 소득과 학력변수만큼이나 중요하게 작용하고 있는데 가구주연령별로는 50세를 기점으로 컴퓨터보유율이 현격히 떨어지고 있으며, 본인연령별로는 40세를 기점으로 컴퓨터사용가능 여부 및 월 1회 이상 컴퓨터 이용 여부가 현저한 차이가 나고 있다.[47] 성별은 남자가 다소 우세하지만

---

47) 그러나 소득, 학력변수를 통제하면 순수한 연령변수에 의한 정보격차는 그다지 크지 않다고 할 수 있다. 즉 고연령층일수록 소득과 학력이 낮기 때문에 고연령층의 정보격차가 큰 것은 상당 부분 소득과 학력변수에 기인

큰 격차는 보이지 않고 있으며, 거주지규모에서는 도시와 군 간의 보유율 격차가 상당함을 알 수 있다. 직업별로는 전문·관리직과 사무직이 월등히 수치가 높고 생산관련직의 수치가 매우 낮게 나타났다.

〈표 3-3〉 컴퓨터 이용목적(복수응답)

(단위: %)

	인터넷	자판연습	게임	멀티미디어	업무처리	정보관리	교육	그래픽동영상	프로그램작성	기타
전 체	83.1	7.8	45.5	23.2	16.6	32.1	17.8	1.7	1.4	1.3
가구소득										
100만 원 미만	82.9	8.3	47.6	29.5	6.2	20.0	14.6	2.0	1.4	1.5
100-200만 원 미만	82.9	8.7	46.5	22.6	14.3	29.4	14.8	1.5	0.9	1.2
200-300만 원 미만	83.8	7.7	46.0	22.3	16.8	32.8	17.7	1.5	1.2	1.4
300-400만 원 미만	82.2	7.0	44.5	22.3	20.3	35.8	21.4	1.8	1.8	0.9
400만 원 이상	82.9	6.5	40.7	26.0	22.2	38.6	21.0	2.3	2.4	1.3
학력[1]										
무학	52.1	36.4	92.4	0.0	2.0	3.5	0.0	0.0	0.0	0.0
초등졸	56.5	16.4	67.6	5.5	13.7	22.5	1.9	1.0	0.0	0.3
중졸	68.4	14.8	52.5	8.9	16.5	32.3	2.2	0.0	0.2	1.1
고졸	80.4	8.8	45.2	20.6	17.9	34.5	8.9	1.0	0.6	1.1
대졸 이상	85.5	3.4	29.9	23.2	33.3	47.5	15.2	2.7	3.3	1.4
연령										
6-19세	85.1	11.2	62.5	25.3	0.1	12.9	31.0	0.8	0.1	1.4
20대	89.8	2.5	39.7	34.6	15.6	34.5	15.2	3.8	1.7	1.2
30대	83.8	4.8	37.1	20.8	26.1	40.3	15.0	1.7	2.6	1.0
40대	77.1	9.7	34.5	13.7	31.5	48.4	8.9	0.7	1.4	1.5
50대	68.5	14.6	43.6	10.3	20.7	39.5	5.6	0.1	0.7	1.7
60세 이상	59.7	22.1	68.6	4.0	8.0	20.2	4.4	0.2	0.9	0.5
성별										
남자	81.5	6.9	47.7	21.9	21.5	35.2	14.7	1.6	2.0	1.1
여자	85.0	8.8	42.9	24.7	10.9	28.5	21.3	1.7	0.7	1.4

한 측면이 있기 때문이다. 또한 저연령층에는 재학생이 다수 포함되어 있기 때문에 이들이 학생이 아닌 사람에 비해 컴퓨터에 대한 접근가능성이 훨씬 크다는 점도 생각해야 한다. 이런 점들을 고려할 때 연령변수에 따른 정보격차가 소득이나 학력변수만큼 큰 것이 정보정치경제학적 설명에서 크게 벗어나는 것은 아니다. 이런 점들은 나중에 살펴볼 인터넷관련 정보격차에도 마찬가지로 적용된다. 그러나 어쨌든 연령은 여전히 매우 중요한 정보격차의 원인변수이다.

	인터넷	자판 연습	게임	멀티 미디어	업무 처리	정보 관리	교육	그래픽 동영상	프로그 램작성	기타
직업										
전문 / 관리직	83.8	1.2	16.5	20.2	51.4	53.4	17.6	5.2	6.7	1.4
사무직	78.4	2.5	28.1	19.7	51.2	56.0	9.6	2.0	2.9	1.1
서비스 / 판매직	80.0	12.1	34.0	20.3	30.5	52.0	7.3	1.3	1.2	1.9
생산관련직	80.6	4.5	55.6	14.4	10.4	20.1	4.2	1.1	0.9	0.5
무직 / 기타	85.5	9.2	55.2	26.4	0.0	19.1	24.7	1.4	0.5	1.2
거주지규모										
대도시	80.8	8.3	47.3	26.6	16.5	34.8	19.4	1.9	1.9	1.3
중소도시	85.8	7.0	43.2	20.8	17.3	30.1	17.2	1.5	1.0	1.3
군단위	82.2	9.1	46.8	14.2	12.7	25.9	8.9	0.4	0.4	0.6

주 1) 중퇴는 포함되고 재학생은 제외됨.
자료: 한국인터넷진흥원(2005b)을 재구성.

　　<표 3-3>을 보면 앞서 정보불평등의 매개변수로 설명했던 동기부여
와 사용능력의 차이가 드러나고 있다. 기본적으로 현대에는 통신네트워
크에 연결되어 있지 않고 단독으로 존재하는 컴퓨터란 무의미한 것이
기 때문에 인터넷이용을 가장 큰 목적으로 삼는 것은 자명한 일이다.
그럼에도 상당수는 아직도 게임용으로 컴퓨터를 이용하고 있으며 특히
학력, 연령이 낮거나 생산관련직 혹은 무직·기타에 종사하는 사람들에
게 이런 현상이 두드러진다. 이것은 전술한 대로 경제적 자산이나 교
육수준이 낮을수록 동기부여와 사용능력이 낮아져,[48] 무관자 집단 혹
은 무기력 집단이 되고 열악한 정보처리력과 정보해독력을 갖게 되어,
결국 컴퓨터를 가치 있는 지식의 보고로 활용하지 못하고 아직도 단순
히 게임을 위해 이용하고 있음을 의미한다. 그 밖에 자판연습의 목적
이 낮게 나타난 것은 컴퓨터의 대중화가 매우 진행되었다는 것을 의미

---

48) 표를 보면 컴퓨터를 게임용으로 이용하는 사람들의 비율이 가구 소득별로
　　는 별 차이가 없게 나타난다. 그렇다면 경제적 자산이 컴퓨터에 대한 동
　　기부여나 사용능력에 미치는 영향이 없다고 해석해야 되는가? 그러나 소
　　득을 가구별로 조사하다 보니, 소득이 상이한 어떤 가구에서라도 가구원
　　중 게임친화적인 저학력층, 저연령층, 생산관련직층, 무직·기타직업층이
　　존재할 수 있고 이들이 컴퓨터를 게임용으로 활용할 가능성이 많기 때문
　　에, 가구소득에 관계없이 사람들이 게임용으로 컴퓨터를 이용하는 비율이
　　높게 나타날 수 있다.

하며, 생산관련직을 제외한 다른 직종들이 업무처리와 정보관리용으로
컴퓨터를 많이 사용한다는 것은 컴퓨터가 현대사회에서 직업세계와 정
보처리에 필수품이 되었음을 나타낸다.

(3) 정보사회의 특성과 불평등구조

정보불평등현상은 정보사회에서만 나타나는 것이 아니라 매스미디어
에 기반을 둔 산업사회에서도 이미 존재해 왔다. 매스미디어의 정보불
평등에 대한 대표적인 논의로는 타이치너(Tichenor), 도너휴(Donohue),
올린(Olien) 등의 공동작업(Tichenor et al., 1970: 160－163)으로 나온
지식격차가설(knowledge gap hypothesis)이 있다. 이들은 미디어를 이용
할수록 지식격차가 증가하는 원인을 다섯 가지로 설명하는데, 첫째 교
육수준에 따른 커뮤니케이션기술, 둘째 매스미디어 혹은 교육을 통해
축적된 정보량 및 지식, 셋째 사회적 접촉의 정도, 넷째 교육수준과 태
도에 따른 정보의 선택적 노출·수용·보유, 다섯째 사회경제적 지위
가 높은 사람들의 흥미와 취향에 맞춰 생산되는 매스미디어체제의 본
성이 있다. 이 원인에 따라 시간이 지날수록 교육수준과 사회경제적
지위가 높고 미디어상의 쟁점에 대해 잘 아는 집단일수록 더 많은 지
식을 얻게 되어 결국 지식격차가 계속 증가하게 된다. 다시 말해 동일
정보를 접하고도 교육수준과 사회경제적 지위가 높은 사람들과 그렇지
못한 사람들 간의 정보의 수용 정도가 달라져 지식격차가 확대된다는
말이다. 정보사회에서도 미디어가 존재하는 한 지식격차가설은 여전히
의미 있는 것으로 작동한다.

그러나 정보불평등현상은 산업사회보다 정보사회에서 더욱 심각하게
나타나는데 몇 가지 원인을 지적하면 다음과 같다. 첫째, 정보불평등은
미디어의 특성상 매스미디어보다 뉴미디어에서 더욱 심각하게 나타난
다. 전통적 매스미디어인 TV와 뉴미디어의 대표격인 컴퓨터를 비교해
보면 쉽게 알 수 있다. TV는 크기, 성능, 가격의 차이에도 불구하고 제
공되는 서비스는 기본적으로 동일한 내용과 속도를 보인다. 크고 비싼

TV를 통해서나 최소한의 비용으로 살 수 있는 TV를 통해서나 기본적으로 동일한 서비스를 누릴 수 있다. 따라서 기본적인 서비스를 누리는 데 있어서는 비교적 저렴한 비용으로도 가능하다. 그러나 컴퓨터는 TV처럼 가격에 따라 서비스내용이 동일하지 않고 사양에 따라 서비스의 차이가 크게 발생한다. 즉 사양이 얼마나 뛰어나느냐에 따라 이용 가능한 소프트웨어의 차이, 정보처리속도의 차이, 컴퓨터통신속도의 차이 등이 발생하는 것이다. 게다가 컴퓨터는 수시로 업그레이드를 하고 소프트웨어를 구입하고 상업적 통신서비스에 비용을 지불해야 하는 등 높은 유지비용이 든다.(Golding & Murdock, 1990: 172) 결론적으로 지불능력의 차이가 미디어가 제공하는 서비스의 차이에 미치는 영향이 TV보다 컴퓨터에서 훨씬 심각하다. 이는 컴퓨터중심의 정보사회의 미디어에서 지불능력에 따른 정보불평등의 심각성이 매스미디어중심의 산업사회보다 더 높다는 의미가 된다.[49]

둘째, 일반적으로 신기술에 의한 미디어가 도입된 초기에는 그것이 사회 내의 정보격차를 확대시키다가 시간이 경과하면 점차 광범위하게 대중화되어 정보격차는 줄어든다. 그러나 이것은 하나의 신기술만을 놓고 봤을 때의 얘기이다. 둘 이상의 정보기술을 놓고 논의를 했을 때는 기존 정보기술이 광범위하게 채택되어 정보격차가 줄어들게 되면 또 다른 새로운 정보기술이 등장하여 새로운 형태의 정보격차를 발생시키게 된다. 다시 말하면 미쳐 구기술에 의한 정보격차가 완전히 해소되기 이전에 신기술이 등장하여 새로운 정보격차가 발생하여 정보격차가 유지·확대된다는 것이다. 이렇게 되면 새로운 정보기술의 보급 간격이 좁아질수록 정보격차는 점점 확대되게 된다.(Rogers, 1988: 217−219) 이를 정보사회의 정보격차에 대입시켜 보면 산업사회에 비해 정보사회의 기술개발 및 보급간격이 훨씬 빨라졌기 때문에 정보사회에서 뉴미디어에 의한 정보격차는 점점 빠른 속도로 확대되는 것이다. 예컨대

---

49) 최근에는 인터넷통신과 TV방송의 융합으로 등장한 IPTV(Internet Protocol TV) 따위로 인해 이런 현상이 줄어들 것으로 예상하기도 한다.

PC의 경우 8비트 컴퓨터가 대중화될 무렵 16비트 컴퓨터가 등장하고 계속해서 32비트, 64비트 컴퓨터 등 신기술이 점점 더 짧은 주기로 등장하게 됨으로써 정보격차를 계속 확대시킨다.

셋째, 새로운 기술에 의한 정보서비스를 제공하기 위해서는 초기단계에서 기업들의 대규모 투자가 요구되는데 기업으로서는 장기간을 필요로 하는 자금회전이 어려울 때가 많기 때문에 최대한 단기간에 이익을 회수하고자 노력한다. 따라서 기업은 단기간에 이익을 회수할 수 있는 고소득층을 상대로 하는 사업에는 경쟁적으로 참가하려 한다. 결국 이 과정에서 많은 수의 저소득층들은 이러한 새로운 정보기술서비스의 시장에서 배제되는 것이다.(Golding & Murdock, 1990: 176)

넷째, 정보사회에서는 개인을 사회경제적 등급에 따라 분류하고 특정한 계급으로 묶어두는 것을 선호한다. 산업사회를 지탱하던 대중사회는 점차 분할되고 차별화되고 있다. 이와 같이 정보기술의 긍정적 특성이자 산업사회의 질곡으로부터 벗어난 속성으로 회자되는 탈대중성 혹은 탈획일성은 실제로는 정보불평등의 다른 명칭일 수 있다. 정보사회의 탈대중적인 기술적 기반은 결국 기업의 입장에서는 타겟마케팅, 또는 인구통계학적 마케팅으로 구현된다. 그러나 이것이 사회구성원 모두를 평등하게 마케팅 대상으로 하여 각각의 집단에게 필요한 정보적 욕구를 충족시켜 주려는 것은 결코 아니다. 이것은 지불능력이 높은 계급·지역과 그렇지 못한 쪽을 세분화하여 전자에 대한 마케팅을 강화하고 후자를 배제함으로써 더 많은 이윤을 얻겠다는 의미이다. 결국 정보기술의 탈대중성이 시장원리와 결합하여 나타나는 결과는 '사회적 다원주의'가 아니라 '디지털 단층(digital divide)'이다.(D. Schiller, 2001: 243－245) 정보기업의 입장에서는 '2단계 마케팅 전략'을 세워 지불능력이 높은 사람과 낮은 사람을 나누어 제품과 가격을 양극화한다. 특히 정보기업은 정보서비스에 많은 지출을 하는 사람, 소위 '파워유저(power user)'에 대한 마케팅에 집중한다. 그래서 고성능 정보네트워크를 건설함에 있어 부유한 도시거주자와 사업체들에게 투자하기 위해 가난한 지역들

을 의도적으로 피하기도 한다.(D. Schiller, 2001: 109-110)

그 밖에도 국가의 개입하에 사회복지의 차원에서 저소득층을 위해 정보서비스를 제공하던 교육기관, 도서관, 미술관, 박물관, 소비자단체, 무료법률단체 등의 정보의 공공분야에 대해 국가의 지원이 점점 감소하고, 심지어는 이들이 민영화되기도 한다. 또한 상업적인 정보기업의 각종 규제가 완화되면서 정보의 공공분야를 침식하게 되고 공공분야는 나름대로 상업적 정보기업과의 경쟁을 위해 점차 시장원리를 도입하기 시작한다. 명분상으로는 시장의 자율에 맡겨 경제적 효율성을 높이기 위한 시도이지만 그 결과는 정보의 공공서비스가 쇠퇴하고 결국 지불능력이 낮은 저소득층의 그나마 남은 정보접근기회마저도 심각하게 위협받게 된다.

2) 감시와 불평등구조

(1) 관료조직과 개인 간의 불평등구조

정보사회의 불평등구조는 특이하게도 감시사회라는 체제로 나타나기도 한다. 모스코는 전술한 페이퍼 사회의 회원이 되는 것이 쇼핑이나 문화상품의 소비 이상의 것을 의미한다고 말한다. 이것은 개인의 사생활에 대한 엄청난 양의 정보를 민간기업과 정부에게 제공한다는 것이다.(Mosco, 1994: 27-28) 이제 프라이버시의 개념은 남에게 간섭받지 않고 혼자 있을 수 있는 개인의 권리라는 의미에서 자신의 개인정보에 대한 통제권의 의미로 변모하였다.

갠디(Gandy, 1989)는 정보시대의 주요 불평등은 계급 간에 나타나는 것이 아니라 개인과 관료조직 간에 나타나며, 이로 인해 기업관료조직이나 국가관료조직이 개인을 감시하는 감시사회가 나타난다고 본다. 관료조직과 개인 간의 불평등이 나타나는 이유는 관료조직이 개인에 비해 훨씬 강력하고 정교하며 통합된 감시시스템을 보유하고 운영할 수 있는 경제적, 지적 능력이 있기 때문이다.

이처럼 관료조직은 적은 비용으로 고립되어 있는 소비자와 시민의 정보를 획득할 수 있지만, 반대로 개인들은 관료조직의 정보수집·사용을 감시하는 데 높은 비용이 들고 전체적인 감시체제 자체의 다음과 같은 관성 때문에 개인들의 이해를 보호하기가 쉽지 않다. 실제로 개인들은 어떤 계약에 동의하면서, 또는 어떤 서비스를 받기 위해서 자신의 개인정보를 제공해야만 하는 경우가 많고 그것이 당연시되기 때문에 여기에 저항하지 않는다. 감시에 대한 판결이 내려질 때는 감시를 통해 질서를 유지하려는 법 집행의 이익이 시민의 자유나 사회세력의 이익보다 더 중요하게 고려된다. 또한 감시를 시행하는 데 있어서 개인의 이해보다는 경제적, 사회적 효율성에 우선권이 주어진다.(Mosco, 1994: 153－154)

새로운 정보기술은 양면성을 갖는다. 새로운 정보기술은 개인에게 힘과 권한을 주기도 하지만, 그 사용자로 하여금 감시와 조작에 취약하게 만들기도 한다.(Whitaker, 2001: 186) 감시시스템의 비약적 발전에는 역시 정보기술의 발달이 원동력이 되었다. 첫째로, 정보의 디지털화가 이루어짐으로써 정보처리능력이 획기적으로 발전하고, 정보저장·이동능력이 극대화되었으며, 정보의 변형이 없는 정보의 정확성이 구현되고, 정보의 호환성으로 인해 정보가 무제한 결합, 연동되게 되었다.(고영삼, 1998: 40－43) 둘째로, 통신네트워크기술의 발달은 감시의 시공간적 제약을 극복시켜 원거리 감시와 실시간 감시가 결합된 실시간 원격감시를 가능하게 만들었다. 이로써 감시의 집중성과 효율성이 극대화되면서 감시의 편재화가 초래되어 일상생활의 전 영역이 감시의 대상이 되고 말았다. 인간의 사적 영역과 공적 영역의 경계가 파괴되어 버린 것이다. 게다가 이런 연동된 정보가 거대한 중앙집중적 데이터베이스로 모여 관료조직의 개인감시에 활용될 수 있다. 셋째로, 이는 현재 진행 중이고 다소 미래의 일이 되겠지만 인공지능(AI: Artificial Intelligence)과 인터페이스(interface)[50]가 강화되고 있다. 이들이 발달하면 감시기술이 인간의 사고, 감성까지도 인식가능하게 되어 감시효과가 극단적으로 증대하게 된다. 즉 인간의 외형뿐만 아니라 정신 속을 들여다보게 되는 것이다. 예컨대 미국 텍사스 주 오스틴의 '사이크(cyc)' 프로그램이 내장된 컴퓨터는 낮 동안 프로그래머가 지식을 주입하고 밤에는 컴퓨터가 스스로 자신의 지식을 연관시켜 새로운 지식을 창출해 낸다. 또한 호주에서는 뇌파로 작동하는 스위치인 마인드 스위치(mind switch)를 개발하였는데 이것이 오용되면 인간뇌파 탐지를 이용한 감시기술도 등장할 수 있을 것이다.(고영삼, 1998: 50-54)

그렇다면 정보사회에서 관료조직에 의해 벌어지는 감시는 어떤 형태로 나타나는가? 첫째, 컴퓨터와 컴퓨터 데이터베이스의 확산으로 인해 '데이터감시(dataveillance)'가 이루어진다.(홍성욱, 2002b: 75) 관료조직에 의해 개인정보는 다양한 방법으로 수집·축적되고, 쉽게 상호 교환·연동되며, 그 수집범위가 지속적으로 확산된다. 일단 정보통신기술에 의해 관료조직의 네트워크와 컴퓨터화된 데이터베이스가 구축되면 추가적인 정보수집의 한계비용은 감소하게 되고 따라서 조직은 더 많은 정보를 쉽게 수집할 수 있게 된다. 개별 정보가 특정목적을 위해 당장엔 필요 없을지 몰라도, 이런 감시 모델의 본질은 더 많은 정보가 데이터베이스에 축적되어 더 많은 변수가 추가될수록 더욱 효율적이고 높은 예측능력을 가질 수 있기 때문에 거의 무제한적인 정보수집이 이루어진다. 보다 중요한 것은 수집된 정보가 원래의 목적 외의 용도로 광범위하게 사용된다는 것이다. 이렇게 관료조직이 수집·활용하는 방대한 데이터베이스를 분류하여 나타내면 <표 3-4>와 같은데, 관료조직은 개인정보의 거의 전부를 수집, 활용하고 있으며, 개인은 이런 데이터베이스의 구현사실을 잘 모르거나 무관심하거나 막연한 공포를 느끼면서 수동적으로 대처한다.

---

50) 정보기기와 사용자인 인간을 연결해 주는 매개체를 가리키는 말로, 예컨대 키보드나 디스플레이 따위가 있다.

〈표 3-4〉 컴퓨터화되고 네트워크화된 개인 데이터파일

개인의 신분 및 자격정보	출생증명서, 운전면허증, 여권, 투표인등록증, 자동차등록증, 학교기록부, 결혼증명서
재정정보	은행기록, 저축통장, 현금카드, 신용카드, 신용 보고서·파일, 세금정산, 주식·주식위탁 계좌, 여행자수표
보험정보	건강보험, 자동차보험, 주택보험, 사업보험, 일반 및 특수 책임보험, 단체 및 개인 보험증권
사회복지정보	사회보장, 건강관리, 고용연금, 실업연금, 장애, 양로연금, 구호식량카드 및 정부의 다른 지원, 재향군인연금, 노인 연금·보조금
공공설비정보	전화, 전기, 가스, 케이블TV, 위생, 난방, 쓰레기, 보안, 배달
부동산정보	구입, 매각, 임대, 임차
오락·여가 정보	여행안내, 레크리에이션안내, 자동차 및 기타 임대·임차, 숙박예약, 항공·선박 예약, 공연 티켓, 예약, 신문·정기간행물 구독, TV·케이블TV 시청률
고객정보	상점 신용카드·계정·예약할부구매, 임대 및 임차, 구매품, 구매문의, 신청자명단, 옷·모자·신발 사이즈
고용정보	입사지원, 건강검진, 보증인, 업무평가, 고용이력, 직업소개소지원
학력정보	학교지원, 학업성적, 보증인, 과외활동, 과외활동회원, 상벌, 석차
법률정보	재판기록, 변호사기록, 신문보도, 법률서비스 색인 및 요약

자료: Gandy(1993: 63).

둘째, 전자기기를 통한 감시가 이루어진다.(홍성욱, 2002b: 78-81, 88-92) 이는 1960년대 말부터 확산되었는데 포토스캔(Photoscan)사의 CCTV(폐쇄회로TV)가 가장 대표적이다. 도시 중심가나 우범지대에 범죄·테러 예방을 위해 CCTV를 설치한다. CCTV의 감시하에 있는 곳이 다른 곳에 비해 안전해지자 결국 거의 모든 길에 마구잡이로 설치하게 되었고, 사람들은 이를 공공의 안전을 위한 필요악이라 생각해서 별로 거부감을 보이지 않는다.

CCTV는 작업장에도 노동감시를 위해 설치된다. 노동현장에서 CCTV가 하는 일은 노동량, 노동강도, 태업, 부정행위, 자리비우기 등을 감시하는 것이다. 작업장에서 CCTV보다 더 강력한 전자적 감시장치는 RF(Radio Frequency)카드[51)가 있다. 이 카드는 판독기에서 50미터 이내에서 반응하기 때문에 이를 소지한 종업원의 움직임을 전부 모니터링할

수 있다. 노동자가 노동의 시작, 휴식, 식사, 퇴근시마다 자신의 움직임을 터치패드에 기록하는 DAS(Data Acquisition System)를 설치하기도 한다.

그 밖에도, 생물통계학(biometrics)이 발전하면서 생체측정시스템을 통한 감시도 이루어진다. 이것의 대상은 지문, 홍체, 얼굴, 망막, 목소리, 걸음걸이 등 다양하다. 생체측정시스템은 기업과 정부의 보안을 위한 새로운 대안으로 각광받고 있다. FBI는 매직 랜턴(Magic Lantern)이라는 소프트웨어를 개발했는데 이는 PC에 설치된 후 키보드활동을 자동적으로 FBI에 보고하는 프로그램이다. 이를 통해 암호화된 전자 메일까지도 열어볼 수 있다, 또 스펙터(Spector)는 직원이 보고 있는 컴퓨터 화면을 캡처(capture)해서 수 초 간격으로 전송함으로써 노동자의 컴퓨터 이용을 전면적으로 감시한다.

지금까지 논의한 감시기술들은 국소적인 감시체계이지만 감시를 기동력 있고 세계적인 것으로 만든 기술이 있으니 그것이 바로 인공위성이다. 위성과 통신함으로써 위치를 알려주는 GPS(Global Positioning System)는 택시 같은 이동하는 작업장에 장착시켜 노동자를 추적, 감시하는 데 이용되며, 혹은 휴대폰에 장착하여 위치추적을 가능하게 하고 있다. 나아가 엄청나게 강력한 위성감시체계로 미국의 국가안보국(NSA: National Security Agency)에서 관장하는 에셜론(Echelon) 시스템52)이 있다. 에셜론은 전 세계 어느 지역에나 깔려 있는 120개 이상

---

51) RF카드는 RFID칩을 장착한 카드를 말하며, RFID(Radio Frequency Identi-fication)는 물체에 소형칩을 부착해 사물의 정보나 주변 환경정보를 무선 주파수로 전송하여 인식하는 기술을 가리킨다.
52) 에셜론 시스템은 우리에게 영화 "에너미 오브 스테이트(Enemy of State)"로 잘 알려져 있다. 이 영화에서 주인공은 에셜론의 감시활동과 공작을 통해 언제 어디서나 추적당하며 모든 신용거래가 중지되고 주변사람들과 단절되어 사회의 완전한 이방인 또는 무적자로 낙인찍히게 된다. 에셜론 시스템은 1947년 미국과 영국이 공동개발하고 그 후 캐나다, 호주, 뉴질랜드가 합류하였다. 원래 목적은 소련 공산주의의 확산을 저지하는 것이었지만, 동구권 공산주의의 붕괴 후 미국·영국의 우방국들의 기업활동과

의 위성을 기반으로 전 지구적인 감시, 감청을 수행한다. 문제의 심각성은 에셜론이 처음에는 냉전시기의 군사적 목적에서 시작되어 군사정보만을 수집했었지만, 나중에는 개인과 기업의 활동을 감시했다는 점이다.(Hertz, 2003: 104)[53]

그리고 전자기기에 의한 감시와 데이터감시는 서로 연동되어 있다. 전자기기에서 수집한 텍스트, 음향, 음성, 영상, 동영상, 위치기록, 시간기록 등은 모두 데이터베이스화되어 데이터감시에 활용된다. 반면에 데이터감시를 기초로 감시에 이용될 전자기기의 선택과 용도, 배치, 사용시간, 사용방식 등이 결정된다.

산업기밀을 감시했다는 것이 2000년에 밝혀졌다. 이 정보들을 NSA를 거쳐 재무부를 통해 얻은 미국 기업들은 세계의 기업경쟁에 활용하였다.(Hertz, 2003: 103 – 105) 전 세계의 인공위성을 통해 지구규모의 통신감청을 수행하는 에셜론은 1990년대 기술발전에 힘입어 시간당 2백만 건, 매달 1억 건의 전화, 팩스, 텔렉스, 전자 메일을 모니터링할 정도로 강력한 정보수집과 독해 능력을 갖고 있다. 또한 '납치', '핵무기' 등의 특정 키워드가 담긴 통신내용을 자동적으로 검색하여 분석하며, 이 키워드는 필요에 따라 언제든지 변경될 수 있다.(홍성욱, 2002b: 82 – 83) 현재 에셜론은 감시망을 자국 국민에게도 돌리기 시작했다. NSA에 협조하는 CIA, FBI, DIA(미국 국방정보국)는 NSA를 위해 내국인 감시명단을 제출했다. 이 명단들은 매우 다양해서 급진정치그룹부터 반정부시위에 가담한 일반 시민까지 포함하고 있다. 또한 감시명단에 들어 있던 사람과 접촉한 사람이나 단체도 감시대상에 포함되기 때문에 감시 대상은 점점 넓어진다.(신동아, 2000년 4월호)

53) 홍성태(2004: 83 – 84)에 따르면 에셜론 시스템은 사이퍼(cypher)전쟁의 일환이다. 현대는 정보전쟁의 시대인데 정보전쟁은 사이퍼전쟁, 미디어전쟁, 사이버전쟁으로 구분된다. 사이퍼전쟁은 단순기술에서 위성까지 이용해 적의 통신을 도·감청하고 암호를 해독하는 활동이다. 미디어전쟁은 미디어를 이용한 정보조작과 선전활동을 가리킨다. 사이버전쟁은 사이버공간에서 벌어지는 적대적 활동 전반을 가리킨다. 이 중 사이퍼전쟁은 CIA, FBI와 함께 물밑에서 NSA와 NRO(미국 국가정찰국) 등이 수행한다. 사이퍼전쟁은 국가관료조직의 감시체계를 군사적 용어로 표현한 것에 불과하며, 세계를 특정한 국가관료조직이 완벽히 통제, 지배하려는 활동이다.

(2) 파놉티콘적 감시기제

이러한 정보사회의 감시기제는 마치 벤담(Bentham)이 일찍이 주창했고 푸코(Foucault)에 의해서 유명해진 '파놉티콘(panopticon)'과 같은 형태를 띤다. 파놉티콘은 원래 벤담이 제도적인 권력과 통제를 끊임없이 자동적으로 작동시키기 위해 고안한 것으로, 이를 통해 일탈행위를 감시와 담화로 사전에 차단하고자 했던 사회개혁 차원의 유토피아적 공상의 산물이었다.(Lyon, 1994: 91-92; Foucault, 1991: 189) 벤담의 파놉티콘은 이러한 의도의 건축형태이다. 그 원리는 주위에 원형의 건물이 에워싸여 있고 그 중심에는 탑이 하나 있다. 탑에는 원형건물의 안쪽으로 여러 개의 큰 창문들이 뚫려 있고, 주위의 건물은 원형의 독방들로 나뉘어져 있다. 독방에는 두 개의 창문이 있는데, 하나는 안쪽을 향하여 탑의 창문에 대응하는 위치에 나 있고, 다른 하나는 바깥쪽을 보고 있어서 이를 통하여 빛이 독방의 구석구석까지 스며든다. 이때 중앙의 탑 속에는 감시인을 한 명 배치하고, 각 독방 안에는 광인이나, 병자, 죄수, 노동자, 학생 등 누구든지 한 사람씩 감금할 수 있게 되어 있다. 감시인은 역광선의 효과를 이용하여 독방 안에 감금된 사람의 윤곽을 정확하게 파악할 수 있는 반면, 감금된 사람들은 목재 블라인드 시스템과 광선의 조작에 의해 감시인을 볼 수 없게 된다.(Foucault, 1994: 295; Lyon, 1994: 98)[54]

파놉티콘은 단순한 건축물이 아니라 하나의 독특한 감시기제로서 중요한 상징적 의미를 띠고 있다. 푸코의 설명을 따라가다 보면 이를 다음의 <표 3-5>와 같이 크게 3단계로 분석할 수 있다.

---

54) 재미있는 사실은 벤담의 파놉티콘과 같은 감옥구조가 실제로 건축될 수 있느냐 하는 논란이 있다는 점이다. 예컨대 벤담의 건축구조에 가장 가깝게 지어진 미국 스테이트빌 교도소의 경우, 중앙 감시탑에서의 간수의 움직임이 죄수에게 포착되어 죄수들이 간수에게 야유를 보내곤 하였다.(홍성욱, 2002b: 41) 파놉티콘의 상징적 의미와는 별개로 현실적, 역사적으로 파놉티콘은 하나의 공상이라 볼 수 있을 것이다.

<표 3-5> 파놉티콘의 감시기제로서의 특성

기제	1단계 봄과 보임의 불균형	2단계 감시의 자동화	3단계 감시주체의 이동
특성	• 감시자의 가시성과 피감시자의 비가시성 간의 불균형 • 피감시자 간의 비가시성이 통제를 저해하는 요소를 사전 차단 • 집합적 군중이 아닌 개인으로서의 피감시자	• 피감시자의 비가시성으로 인한 상시적 감시대비 • 피감시자는 감시자를 볼 수는 없지만 감시의 가능성을 막연히 인식 • 감시기제의 자동화로 감시작용이 중단되어도 효과는 계속됨 • 감시의 자동화로 인해 감시자의 존재 불필요	• 피감시자 스스로 감시기제 유지 • 감시자에서 감시기제 혹은 감시장치 자체로 감시주체의 이동 • 강제력대신 피감시자의 자발성에 의존하는 감시기제 형성 • 피감시자가 권력의 대상이자 창출자·유지자의 역할을 동시에 수행

자료: Foucault(1994: 295-299)의 내용을 표로 재구성.

벤담의 18세기의 파놉티콘 모델이 오늘날 다시 논쟁거리가 되는 이유는 이것이 정보사회의 감시기제의 본질과 친화성이 있기 때문이다. <표 3-5>와 같은 3단계의 파놉티콘의 감시기제는 <표 3-6>처럼 정보사회의 노동감시에도 유사하게 적용된다.

<표 3-6> 정보사회의 노동감시의 기제와 특성

	1단계	2단계	3단계
파놉티콘의 기제	봄과 보임의 불균형	감시의 자동화	감시주체의 이동
정보사회의 노동감시기제	정보증가 및 정보불평등증가	노동감시의 자동화와 일상화	감시주체의 소멸과 자기감시

	1단계	2단계	3단계
특 성	• 정보기술에 의한 노동과정정보와 노동자정보의 수집 • 노동과정정보의 기계로의 이전으로 인해 노동자의 생산에 대한 통제력 상실 • 정보는 증가한 반면 관리자로의 정보집중과 독점은 더욱 심화 • 정보기기를 매개로 한 감시를 통해 감시의 비가시성 형성	• 감시의 비가시성과 노동자의 막연한 감시인식으로 인한 감시의 자동화 • 노동자의 일상적 영역에까지 감시 작동 • 감시자동화로 인해 노동자의 노동과정에 대한 육체적 반응을 넘어선 강박적 몰입	• 감시주체가 인간에서 전자적 감시장치로 이동 • 감시주체 및 감시자－피감시자 관계의 소멸 • 노동자의 저항을 방지하는 비조직적이고 경제적인 감시 • 노동자 스스로 규율에 따라 행동을 조정하는 자기감시의 구현

이와 같이 파놉티콘의 감시기제의 핵심논리는 피감시자가 감시자를 볼 수 없기 때문에 피감시자로 하여금 항상 바람직한 행동을 하도록 만드는 데 있다. 마찬가지로 정보사회의 감시기제 또한 감시자가 노출되지 않는 원거리 인식의 형태로 작동하며, 감시정보는 자료에 대해 어떤 직접적이고 개인적인 지식이나 관심을 갖고 있지 않은 익명의 얼굴 없는 기술자와 전문가에 의해서 처리된다. 그러나 벤담의 파놉티콘과 현대의 컴퓨터화된 감시기제의 차이는, 벤담의 파놉티콘이 작은 지역단위에서만 효과적으로 작동했다면 현대의 컴퓨터체제에서는 일상적인 대규모 검열이 가능해졌다는 것이다.(홍성욱, 2002a: 203) 이것은 감시의 메커니즘이 파놉티콘의 시선에서 컴퓨터체제의 정보로 진화했기 때문이다. 시선에는 한계가 있지만 컴퓨터를 통한 정보수집은 국가적이고 전지구적이다. 이러한 정보사회의 새로운 파놉티콘적 감시체계를 '정보파놉티콘' 또는 '전자파놉티콘'이라고 부른다.(홍성욱, 2002b, 96－97)

정보파놉티콘은 소위 대규모의 '사회적 관리(social management)'를 가져오는데, 사회적 관리란 기술이 실제로 개인의 행동을 감시하거나 않거나 간에, 기술이 행동을 감시할 수 있다는 사실을 개인이 알고 있기 때문에 개인의 행동을 변화시켜 순응케 하는 것을 말한다.(Mosco, 1994: 29) 또한 정보사회의 감시는 이미 일어난 범죄를 감시하기보다는 앞으로 일어날 손실이나 위해를 막는 방식으로 작동한다. 그래서 범죄행위를 미리 규정하고 잠재적인 범죄자들을 하나의 유형으로 분류하여 감시함으로써 사람들을 규율에 따라 훈육시키고 통제한다. 정보가 규율과 통제의 기제로 작동하는 것이다.

요컨대 감시사회의 도래라는 것은 정보불평등의 차원에서 볼 때 기업관료조직이나 국가관료조직과 개인 간의 불평등현상으로 볼 수 있으며, 이것은 계급변수와 함께 중요한 정보불평등의 차원으로 작동한다. 계급 간 정보불평등과 관료조직 대 개인 간의 정보불평등은 한 가지 유사한 맥락 속에 있다. 즉 계급 간 정보불평등이 지불능력의 차이에 의해 발생한다면, 관료조직과 개인 간의 정보불평등 또한 이들 간의 상이한 지불능력에 크게 기인하기 때문이다. 관료조직의 막강한 경제적 자원과 그에 따른 지불능력은 일개 개인과는 비교할 수 없을 만큼 강력하다. 결국 관료조직에 의한 감시사회와 불평등구조도 시장원리의 영향권에서 크게 벗어나 있지 않다.

3) 인터넷의 불평등구조화

(1) 인터넷의 접속과 용도에 따른 정보불평등

앞서 살펴보았듯이 정보불평등은 정보사회의 시장원리화에 의해 나타나는 대표적인 모순이다. 정보불평등이 가져오는 결과는 특정인의 사회적 관계 내의 위치에 따라 그 사람이 정보사회에 진입하느냐 마느냐 하는 매우 중요한 것이다. 정보불평등은 과거부터 줄곧 존재해 온 것이지만 전술한 대로 특히 산업사회에 비해 정보사회에서 더욱 심각하게 나타나며, 정보불평등은 계급불평등을 확대재생산하는 악순환을 발생시킨다. 그런데 정보사회의 정보불평등을 감소시키는 데 있어 상당한 희망을 주는 미디어가 있으니 그것이 바로 인터넷이다.

현대사회가 '정보의 홍수'를 겪는 데 가장 큰 원인을 제공한 것이 인터넷이며 그만큼 인터넷은 다양하고 급변하는 정보를 쏟아내고 있다. 인터넷이 다른 정보기기와 다른 특성은 다음과 같은 것들이 있다. 첫째, 인터넷은 매스미디어와 달리 중심이 존재하지 않는 그물형 네트워크구조이다. 따라서 중심으로부터 통제받거나 오염되지 않은 가치 있는 정보를 접할 수 있다. 둘째, 개방형 시스템으로 인터넷을 규제하는 장치가 없다. 정보의 흐름을 규제하는 장치가 없기 때문에 자유로운 정보의 교환이 가능하다. 셋째, 탈경계적 성격을 띠고 있어 현실영토의 한계나 규제와는 무관하게 탈공간적이고 전 세계적인 커뮤니케이션이 가능하다. 넷째, 외형적으로 보이는 사회적 단서가 노출되지 않기 때문에 더욱 평등하고 민주적인 커뮤니케이션이 가능하다. 다섯째, 반드시 커뮤니케이션의 당사자가 동시에 존재할 필요가 없기 때문에 시간적 제약으로부터 자유롭다. 여섯째, 가장 획기적인 속성으로 매스미디어의 일방향적 커뮤니케이션과는 달리 쌍방향적 커뮤니케이션을 가능하게 한다. 그럼으로써 자신이 원하는 정보를 능동적으로 선택할 수 있게 된다. 일곱째, 앞의 쌍방향성의 결과로 획일적인 커뮤니케이션을 넘어 개인의 다양한 욕구를 충족시킬 수 있는 탈대중적인 커뮤니케이션이 가능해진다.

이상에서 설명한 인터넷의 특성대로라면 인터넷, 구체적으로 우리가 현재 대중적으로 쓰고 있는 월드와이드웹은 정보불평등을 감소시키는 데 획기적인 기여를 할 뿐만 아니라 사회의 민주화와 개인의 풍요를 가져다 줄 것이 분명하다. 그러나 문제는 앞서 서술했던 정보불평등의 쟁점으로 돌아가서 인터넷을 활용하는 데에도 반드시 경제적 능력과 지적 능력이 필요하다는 점이다. 컴퓨터를 구매하고 인터넷 접속비용을 감당할 수 있는 경제적 자산과, 인터넷을 접속하고 이용할 수 있는 정보처리력, 그리고 인터넷의 정보를 걸러내고 해석할 수 있는 정보해독력을 필요로 한다. 그 밖에도 일반적인 정보불평등의 변수가 되는 연령, 성별, 인종, 거주지, 직업, 장애 정도 등도 인터넷의 정보격차를 결정하는 인자가 된다. 이것이 바로 인터넷의 정보불평등이며, 이 문제가 해결되지 않는 한 인터넷의 탈중심성, 탈규제성, 탈경계성, 민주성, 탈시간성, 쌍방향성, 탈대중성 등을 활용하면서 현대사회에서 가치 있는 정보를 획득하고 실천하는 정보소비자로 살아가기는 어려운 일이다.

우리나라의 인터넷에 따른 정보불평등현상은 2004년 하반기를 기준으로 다음의 <표 3−7>과 같이 나타나고 있다. 표에 따르면 인터넷 정보격차도 전술한 <표 3−2>의 컴퓨터 정보격차와 대체로 유사한 양상을 보이고 있다. 인터넷 정보격차에서도 소득별 정보격차가 두드러지는데, 가구소득이 100만 원 미만인 경우 인터넷가능가구가 1 / 4 정도밖에 되지 않아 100만 원 이상의 소득을 버는 가구 중 인터넷가능가구가 약 3 / 4 이상인 것에 비해 격차가 매우 크다. 인터넷이용경험도 100만 원 미만의 가구소득을 보인 경우 34.8%로 100만 원 이상 소득의 가구보다 훨씬 낮게 나타났다. 이는 인터넷이용에서도 정보취약계급이 있음을 보여주는 것이다. 교육수준에 있어서는 대졸 이상자의 대부분이 인터넷 이용 경험이 있는 반면, 중졸 이하자의 인터넷이용경험률은 매우 낮아 격차가 심각하게 나타나고 있다.

그런데 인터넷의 정보격차는 접속 자체가 문제가 아니라 무엇을 접속하느냐가 더 큰 문제이다. 인터넷을 가지고 할 수 있는 일은 매우 다양하다. 어떤 사람은 인터넷의 신속한 정보탐색과 저장, 배포기능을 잘 이용해서 인터넷으로부터 고급정보를 취합하고 결합시켜 부가가치가 높은 새 지식을 만들지만, 또 어떤 이들은 게임과 오락을 즐기고 음란물을 찾아 돌아다니면서 시간을 보낼 수 있다. 둘 다 인터넷에 접속하지만 전자가 정보시대의 새로운 권력층으로 부상하는 반면, 후자는 새로운 종류의 빈민으로 전락한다. 따라서 인터넷의 정보격차는 접속 자체도 중요하지만 인터넷에서 무엇을 하는가를 고려해야 한다.(홍성욱, 2002a:

199) 이와 관련된 인터넷 이용목적을 나타낸 것이 <표 3-8>이다.

〈표 3-7〉 인터넷 정보격차

(단위: %)

	인터넷가능가구[1]	인터넷이용경험[2]
전 체	72.2	73.2
가구소득		
100만 원 미만	27.5	34.8
100-200만 원 미만	73.0	72.6
200-300만 원 미만	90.2	82.7
300-400만 원 미만	95.5	84.3
400만 원 이상	98.8	86.8
학력[3]		
무학		4.0
초등졸		11.7
중졸		27.8
고졸		72.6
대졸 이상		95.2
가구주연령		
20대	87.7	
30대	88.4	
40대	88.2	
50대 이상	44.8	
본인연령		
6-19세		97.2
20대		98.2
30대		91.3
40대		66.7
50대		36.5
60세 이상		12.2
성별		
남자		78.8
여자		67.6

	인터넷가능가구[1]	인터넷이용경험[2]
거주지규모		
대도시	78.6	75.9
중소도시	71.2	74.2
군단위	45.5	53.6
직업		
전문 / 관리직		97.0
사무직		96.0
서비스 / 판매직		70.4
생산관련직		42.0
무직 / 기타		74.1

주 1) 가구단위로 조사하였음.
주 2) 6세 이상 개인을 조사대상으로 하였음.
주 3) 중퇴는 포함되고 재학생은 제외됨.
자료: 한국인터넷진흥원(2005b)을 재구성.

〈표 3-8〉 인터넷 이용목적 (복수응답)

(단위: %)

	정보검색	전자우편	쇼핑예약	채팅메신저	게임	금융거래	학습	오락	동호회	홈페이지(블로그)	전자민원	신문뉴스	기타
전 체	70.7	30.2	15.2	17.6	53.6	6.7	13.2	20.8	6.7	3.6	0.7	12.2	1.2
가구소득													
100만 원 미만	66.4	29.3	11.9	21.5	58.4	3.4	12.2	25.3	8.7	6.2	0.9	9.9	2.0
100 – 200만 원 미만	68.4	28.5	15.4	16.4	58.4	5.3	11.9	22.2	6.4	2.9	0.7	10.1	1.4
200 – 300만 원 미만	71.0	28.7	15.8	16.8	55.1	6.6	12.9	19.8	6.0	3.7	0.6	13.1	1.2
300 – 400만 원 미만	73.0	32.7	14.1	19.5	48.7	6.9	14.6	19.1	7.5	3.3	0.8	12.4	0.9
400만 원 이상	74.7	36.9	16.9	17.6	40.9	13.1	15.9	21.3	7.2	3.8	0.7	15.5	1.4
학력[1]													
무학	15.6	13.7	0.0	0.0	73.1	0.0	7.2	1.9	0.0	0.0	0.0	9.7	6.0
초등졸	42.0	20.5	5.7	4.2	53.1	3.8	4.5	7.9	0.8	1.4	0.0	7.0	7.9
중졸	45.9	17.5	5.9	4.8	51.2	3.0	2.3	11.7	1.8	0.4	1.1	12.3	6.3
고졸	71.7	24.5	18.1	8.6	53.1	6.8	6.2	20.7	5.9	2.3	0.7	14.5	1.6
대졸 이상	83.2	43.3	23.6	12.0	35.8	13.8	7.2	16.5	8.3	4.5	1.3	20.2	0.9
연령													
6 – 19세	57.6	21.3	3.9	32.1	75.2	0.1	27.4	26.8	5.1	3.4	0.1	2.4	0.5
20대	78.2	39.3	22.7	23.8	49.7	6.4	9.2	23.2	10.9	6.6	0.4	8.2	0.7
30대	79.0	34.2	23.1	6.9	43.3	11.8	7.7	19.1	6.0	2.6	1.1	19.4	0.9
40대	74.6	26.9	14.7	5.1	40.3	10.4	6.0	13.4	5.8	2.0	1.4	21.0	2.1
50대	68.3	31.5	10.2	4.7	42.4	9.3	4.2	11.3	3.6	1.8	1.3	22.4	4.3
60세 이상	38.2	23.6	3.7	0.5	51.4	6.6	3.9	6.4	2.3	0.3	0.3	18.3	9.2

	정보검색	전자우편	쇼핑예약	채팅메신저	게임	금융거래	학습	오락	동호회	홈페이지(블로그)	전자민원	신문뉴스	기타
성별													
남자	73.8	30.8	9.5	16.9	59.4	6.9	11.2	19.6	7.2	2.6	0.9	14.7	1.1
여자	67.1	29.6	21.9	18.6	46.8	6.5	15.5	22.1	6.0	4.7	0.4	9.3	1.4
직업													
전문 / 관리직	86.2	53.1	21.1	12.5	21.7	13.7	11.1	11.8	8.9	5.5	1.8	23.7	1.7
사무직	88.0	40.4	17.7	11.7	38.6	13.5	4.4	16.7	7.8	3.6	1.7	21.7	0.7
서비스 / 판매직	79.5	24.2	13.6	8.3	46.6	8.2	4.4	18.9	6.1	2.5	1.2	15.5	2.7
생산관련직	60.9	36.6	10.5	5.5	56.6	5.6	2.5	19.5	5.7	1.2	0.5	14.5	1.5
무직 / 기타	63.0	25.9	14.9	23.8	62.6	3.8	19.6	23.5	6.4	4.0	0.2	7.1	0.9
거주지규모													
대도시	72.1	30.4	15.6	17.9	51.1	7.4	13.7	21.8	7.4	4.3	0.8	12.4	1.4
중소도시	70.0	30.8	15.0	18.3	55.1	6.6	12.8	19.7	6.2	3.2	0.7	12.4	1.0
군단위	65.1	25.5	13.5	11.2	62.1	2.5	12.0	19.7	4.5	1.1	0.2	9.0	1.8

주 1) 중퇴는 포함되고 재학생은 제외됨.
자료: 한국인터넷진흥원(2005b)을 재구성.

인터넷에서 무엇을 하는가에 있어 가장 높은 비중을 차지하는 것은 순서대로 정보검색, 게임, 전자우편, 오락, 채팅 등으로 나타났다. 여기서 새로운 가치창출을 위한 정보검색과 단순한 흥밋거리와 킬링타임용 게임 및 오락이 유사한 비율을 보인다. 이것은 현재 한국의 인터넷 이용률이 세계최고의 수준임에 비해, 이용목적은 그다지 미래지향적이지 못함을 보여준다. 또 가구소득과 학력이 높을수록 정보검색의 비율이 높아지고 게임의 비율이 낮아지는 모습을 보인다. 경제적·지적 수준이 높은 사람일수록 정보검색을 통해 더 많은 정보를 얻고 가치 있는 정보를 선별적으로 흡수·활용해 그렇지 못한 사람과의 정보격차를 더욱 벌일 것이다. 특히 연령이 낮아질수록 게임, 채팅의 비중이 압도적으로 높아진다. 아무리 외형적으로는 한국의 초고속인터넷 가입률이 세계 1위이고 인터넷 이용률이 2위일지라도,(한국인터넷진흥원, 2005b) 인터넷을 자신의 삶에 가치 있는 정보의 습득과 새로운 지식의 창출에 활용하지 못한다면 실질적인 정보격차는 외형적 수치보다 더 클 수 있다. 요컨대 접속도 중요하지만 무엇을 접속하느냐는 더욱 중요하다.

(2) 사이버감시

개인과 관료조직 간의 정보불평등은 감시사회를 초래한다. 정보기술의 발달은 데이터감시나 정보기기에 의한 감시를 가능케 해, 정보사회의 시민들로 하여금 자기감시라는 파놉티콘적 감시체계를 형성하도록 만든다. 그렇다면 이런 감시체계에서 인터넷은 어떤 위치에 있는가? 관료조직은 인터넷과 연관된 감시시스템에 있어서도 개인과는 비교할 수 없는 물적, 인적 자원을 보유하고 있다. 관료조직은 이를 바탕으로 1990년대부터 인터넷이 상용화되자 전자감시에서 더 나아가 사이버공간을 통한 사이버감시(cybersurveillance)에까지 감시를 확장하고 있다.

인터넷을 통한 감시행태의 핵심은 기업관료조직의 다양한 소비자감시활동이다. 웹 브라우저를 통해 PC에서 웹페이지로 전송되는 쿠키(cookies)는 개인의 인터넷서핑 습관이나 웹사이트에 대한 방문 정보를 담고 있기 때문에 기업이 소비자정보를 수집하는 방법으로 사용된다. 쿠키를 통해서도 웹사이트 간의 이동은 알 수 없지만 더블클릭닷컴(Doubeclick.Com)이나 인게이지닷컴(Engage.Com) 등은 자사에 회원으로 등록된 수천의 웹사이트를 관리하면서 배너를 이용한 사이트 간 이동정보 등 다양한 사용자정보를 수집하여 기업의 마케팅을 돕는다. 스파이웨어(spyware)는 공짜 프로그램에 숨겨져 사용자의 IP주소, 인터넷 사이트 접속, 열람 시간 등을 모니터링하는 소프트웨어로 역시 소비자정보를 모으는 방법이다. 아예 인터넷서비스제공업체(Internet Service Provider: ISP)에서 이를 필요로 하는 기업으로 이용자의 정보가 통째로 유출되기도 한다. 아마존닷컴(Amazon.com)은 2000년 회원들의 신상정보를 회사자산으로 간주하여 판매·양도할 수 있다고 통보하면서 개인정보를 일순간에 사유재산으로 만들어버렸다. 이렇게 유출된 개인정보는 역시 기업의 마케팅을 위한 자원으로 활용된다.(홍성욱, 2002b: 86-87) 이를 어느 정도 막기 위해서 쿠키나 스파이웨어를 차단하고 이용자의 웹서핑기록을 삭제하는 등의 웹보안기술이 이용되고 있지만 상당한 한계가 있다.

기업만 인터넷에서 정보를 수집하는 것은 아니다. 국가관료조직에서도 사이버스페이스에 깊이 관여하고 있다. 전술한 에셜론 시스템은 세계에 흩어져 있는 인공위성을 이용해 전자메일을 감청할 수 있으며, 또한 키워드검색을 통해 전자메일을 자동적으로 모니터링할 수 있다. FBI에서 개발한 카니보어(Canivore)라는 소프트웨어는 ISP에 장착되어 터미널 간 전송되는 인터넷 패킷(packet)[55]을 가로챔으로써 범죄용의자의 전자메일내용을 자동검색할 수 있다. 미국은 9·11테러 이후 사태가 더욱 심각해져 반테러법안이 통과된 후에는 법원의 허가 없이도 경찰과 FBI가 카니보어를 일반인에게 사용할 수 있도록 되었다.(홍성욱, 2002b: 88)

이런 첨단감시기술에 대항하는 방법은 암호화기술이다. 고차원의 암호화기술을 이용해서 전자통신을 한다면 전자적 도·감청으로부터 비교적 자유로울 수 있다. 예컨대 '공용키 암호화'의 기법을 통해 사이버공간에서 통신보안은 비약적인 발전을 하게 되었는데, 이것은 송신자와 수신자가 동일한 키를 사용하는 대칭적인 암호작성법과는 달리 공용키와 사적인 키, 두 개의 키를 사용하여 암호화하는 키와 해독하는 키를 별도로 두는 비대칭적인 방식이다. 정부는 공용키 암호화를 반기지 않았으며, 특히 미국정부는 이를 통제하기 위해 하드웨어 제조업자들이 클리퍼칩(clipper chip)을 장착하도록 강요했는데, 클리퍼칩은 암호화 자체는 가능하게 하되 경찰 및 보안기관들이 범죄수사를 위해 필요시 암호를 해독할 수 있도록 해 주는 것이다. 클리퍼칩의 도입은 실패로 끝났지만 정부는 끊임없이 암호화기술의 개발, 이용, 수출 등을 통제해

---

55) 인터넷의 데이터전송에는 패킷교환방식이 쓰인다. 패킷교환방식에서는 데이터를 적당한 크기의 패킷으로 분할하여 각각의 패킷에 고유번호와 목적지의 인터넷 주소 등을 기록한 후 전송하는데, 수신처에서는 이들을 모두 받아 원래의 데이터로 재조립한다. 따라서 패킷은 패킷교환방식에서의 데이터 전송단위를 가리킨다.

오고 있다.(Whitaker, 2001: 196, 199; Van Dijk: 163) 여기에는 특히 도·감청 전문기관인 NSA가 주된 역할을 하고 있다.(홍성태, 2004: 90)

한편으로는 인터넷에서는 개인의 신상정보 및 개인이 생산해 낸 정보는 광범위하게 공개되면서 기업이나 정부의 가치 있는 정보들은 잘 드러나지 않는다. 다시 말해 개인은 기업과 정부의 핵심정보에 접근하기는 쉽지 않지만 기업과 국가는 인터넷을 통해서도 끊임없이 개인정보를 수집, 활용하고 있는 정보의 불균형현상이 일어나고 있는 것이다.[56] 게다가 인터넷은 감시의 도구 중 가장 탈공간적인 성격을 갖고 있기 때문에 원격지에서의 감시기제로 사용하는 데 매우 용이하다. 이로 인해 인터넷에서도 정보불평등에 따른 감시강박적인 문화와 자기감시가 발생하는 파놉티콘적 감시기제가 작동한다.

---

56) 이 점이 잘 실감나지 않는다면 매일매일 삭제하는 엄청난 양의 스팸 메일 (spam mail)을 떠올려 보면 될 것이다.

3

정보사회의 세계화

세계화라는 말은 저마다 다양한 의미로 사용되는데, 이들은 크게 두 가지 의미로 압축될 수 있다. 첫 번째는 중립적 혹은 긍정적인 입장에서 경제, 사회, 문화 등 인간 삶의 전반적 부문에서 지구적 규모의 네트워크가 형성되고 무한한 교류와 개방으로 인해 상호의존성이 심화된다는 의미로 맥루한(McLuhan)식의 지구촌(global village)화를 가리킨다. 반면에 비판적인 입장에서는 외관상으로는 자유로운 교류가 실제로는 선진국과 거대자본의 일방적 흐름에 주도되어 획일화됨으로써 정치적으로는 주권을 갖고 독립되어 있는 국가들이 실질적으로는 선진국이나 선진자본에 예속되는 제국화를 가리킨다. 정보정치경제학의 입장은 두 번째 입장과 맥을 같이한다. 세계화는 지구촌의 모든 삶들이 기존 경계를 넘어 더욱 자유로운 교류와 발전을 도모하는 것이 아니라, 어느 한쪽이 다른 일방에게 지배종속되는 공격적인 제국화의 과정이다. 그리고 이를 가능하게 하는 하부구조로 정보기술이 존재한다.

1) 정보제국주의

(1) 정보원과 컨텐츠에 작동하는 정보제국주의

세계화의 중요한 폐해 중 하나는 '정보제국주의' 혹은 '문화제국주의'의 형성이다. 정보제국주의는 일국적 차원의 정보불평등이 선진국과 제3세계 간의 세계적 차원으로 확대된 것으로 미국 및 몇몇 서구 선진

국이 세계의 정보 및 정보 컨텐츠의 유통을 독점함으로써 세계정보질
서를 지배하는 양상을 가리킨다.(Webster, 1997: 138-139)

이것은 크게 정보원(sources)과 정보 컨텐츠(contents)의 두 차원에서
살펴볼 수 있다. 우선 제3세계 국가들은 독자적인 정보, 특히 뉴스정보
를 수집할 경제적, 기술적, 인적 자원이 부족하기 때문에 미국을 비롯
한 선진국들의 정보원에 의존할 수밖에 없게 된다.[57] 이런 선진국들의
정보원에는 선진국, 특히 미국의 자유주의, 자유기업, 자유무역 등을
옹호하는 시각이 필연적으로 반영되게 된다. 또한 선진국은 선진국의
관심권 내에 있는 정보들만을 수집하여 뉴스로 유통시키기 때문에 오
직 선진국에게 조금이라도 영향을 미치는 정보만이 수집, 제공된다. 설
사 선진국과 별 관련 없는 제3세계의 상황이 뉴스화되어 유통되더라도
그것은 주로 전쟁, 재앙, 테러, 기아 등의 부정적인 이미지를 가진 것
으로 제3세계가 매우 불안정하며 사람살만 한 곳이 못되는 동정의 대
상으로 묘사된다. 이런 현상을 뉴스를 중심으로 국가 사이의 정보유통
을 서구 선진국이 독점함으로써 세계정보질서를 지배한다는 뜻에서
'정보제국주의'라 부를 수 있을 것이다.

두 번째로 정보 컨텐츠의 차원에서도 제3세계는 독자적으로 이를 생
산할 능력이 부족하기 때문에 선진국의 정보 컨텐츠에 의존할 수밖에
없다. 대표적인 형태의 의존은 헐리우드에서 생산한 시리즈물을 재방영
하는 것이다. 이런 선진국의 정보 컨텐츠는 선진국의 자본주의적 생활
양식을 끊임없이 찬양하고 조장하는 이미지들로 무장되어 있기 때문에
이로 인해 제3세계 국가의 고유한 문화적 가치가 훼손, 오염될 것은
분명하다. 나아가 제3세계의 소비자들을 이런 이미지들에 장기간 노출
시킴으로써 선진국의 제3세계에 대한 시장개방에 이를 활용할 수 있다.
이런 현상은 정보에 대한 영어사용[58] 및 정보의 문화적 내용 측면에서

---

57) 이런 정보원이 되는 세계적인 뉴스네트워크로는 AP, 로이터(Reuters), AFP,
  UPI, TASS 등 세계 5대 통신사가 있다. 그 밖에도 미국의 CNN, 영국의
  BBC월드 등이 후발주자로 여기에 포함된다.(이관열, 1997: 310-311)

세계에 대한 서구 선진국의 영향이 막대하다는 의미로 '문화제국주의'
라 부를 수 있을 것이다.

 이렇게 구분을 하기는 했지만 정보제국주의와 문화제국주의는 유사한
용어이다. 정보제국주의든 문화제국주의든 이들은 주로 미디어를 경유하
여 발생하는 현상이기 때문에 이를 '미디어제국주의(media imperialism)'
라고 부르기도 한다. 미디어제국주의는 일반적인 의미에서 현대 커뮤니
케이션 미디어가 세계적 규모에서 지배 및 종속 체제를 창출, 유지, 확장
하는 과정을 가리킨다.(Fejes, 1981: 281)

(2) 정보제국주의에 의한 세계적 역학관계

 이렇게 볼 때 정보제국주의는 결국 미국을 중심으로 한 선진국이 세계
정보질서를 지배함으로써 과거에 서구의 식민지였다가 이제 정치적으로
는 독립한 제3세계를 계속해서 지배할 수 있는 정보적·문화적 수단을
제공하는 것이다. 그리고 이러한 지배의 이면에는 선진자본주의에 의한
세계화의 핵심주체세력인 초국적 기업의 이해관계가 자리잡고 있다. 초
국적 기업의 이해관계는 그들이 손잡고 있는 선진자본주의국가들의 정보
질서지배를 통해 제3세계로부터 더 많은 이윤을 창출해 내는 것이다.

 이런 정보제국주의의 이데올로기적 기반에는 '정보의 자유로운 흐름'
이라는 자못 숭고한 논리가 깔려 있다. 이러한 논리가 숭고하게 여겨
지는 이유는 이것이 얼핏 스톨만(Stallman)이 주도했던 자유소프트웨어
(free software)운동과 카피레프트(copyleft)원리를 연상시키기 때문이다.
그러나 얼핏 논리적으로 유사해 보이는 이 두 가지 논의는 완전히 반
대의 목적을 갖고 있다. 후자가 정보기술에 작동하는 시장원리를 극복
하고 지불능력에 관계없이 모든 사람들이 정보를 공유하고자 하는 목

---

58) 참고로 인터넷에서 영어로 된 웹사이트의 비율이 1996년 조사에서는 약
    85%를 차지해(강미은, 2001: 246) 인터넷의 언어적 지배라는 점에서 심각
    한 문제라 할 수 있었지만, 2004년 조사에서는 약 36%로 떨어졌다. 2004년
    조사에서 한글사이트의 비율은 약 4%였다.(데이터뉴스, 2005년 3월 15일자)

적을 갖고 있다면, 전자는 세계적 차원에서 정보의 자유로운 흐름을
보장함으로써 정보에 작동하는 시장원리를 전 세계적으로 확장·관철
시키려는 목적을 갖고 있다. 이를 극명하게 보여주는 증거는 미국이
정보의 자유로운 흐름이라는 논리를 전개하면서도 이와는 분명히 모순
되는 논리에 서 있는 지적 재산권을 강화시키려는 노력을 펴고 있다는
점이다. 반대로 자유소프트웨어운동은 1980년대의 소프트웨어산업의
발달에 따른 소프트웨어산업에서의 지적재산권체제를 비판하고 소프트
웨어의 사적 소유를 막기 위해 카피레프트원리를 주장한 것이다. 다시
말하면 후자는 개인적 차원에서 시장원리를 넘어서는 정보의 자유로운
흐름을 주장한다면, 전자는 기업적 차원에서 기업의 상업적 이해관계를
관철시키기 위해 정보의 자유로운 흐름을 주장하는 것이다.

아무튼 정보제국주의론은 근본적으로 종속이론의 문제의식을 받아들
여서 세계를 중심부와 주변부로 구분하여 주변부가 중심부에 종속되는
것으로 파악하고 있다. 그러나 정보를 둘러싼 세계화는 중심국과 주변
국 간의 관계뿐만 아니라 각 국가의 내부구조까지도 분석에 포함시킴
으로써 정보를 둘러싼 세계적 역학관계를 더욱 정확하게 이해할 수 있
다. 박선희(2002)의 분석은 이를 잘 보여주고 있는데 <그림 3-2>와
<표 3-9>를 통해 살펴볼 수 있다.

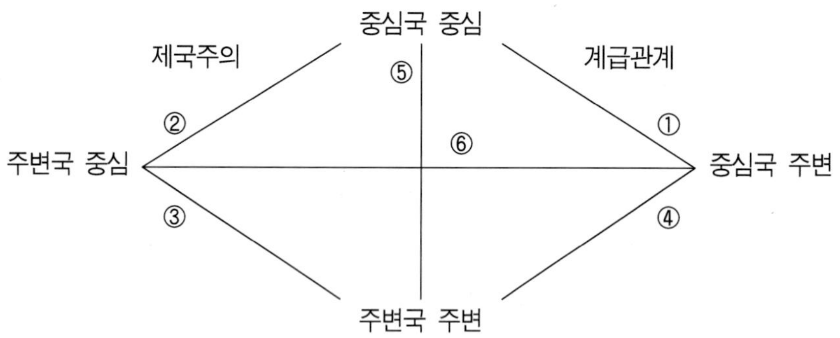

자료: 박선희(2002: 89).

〈그림 3-2〉 국제커뮤니케이션을 둘러싼 갈등구조

〈표 3-9〉 국제커뮤니케이션의 양상

관계축	특 징
①	커뮤니케이션의 단절 혹은 일방성 혹은 약한 쌍방성, 해당국의 정치체제·민주주의 정도에 따라 달라짐
②	커뮤니케이션의 일방성 혹은 약한 쌍방성, 호혜적 전제하의 제한된 커뮤니케이션, 정보의 자유로운 흐름론의 도입, 주변국의 권력유지에 봉사
③	커뮤니케이션의 일방성·왜곡·억압, 반정부운동·계급운동·반제국주의 운동의 가능성
④	커뮤니케이션의 단절, 커뮤니케이션의 활성화을 통해 정보제국주의를 깰 수 있는 주요 축
⑤	커뮤니케이션의 강한 단절·불평등·억압·검열, 중심국 중심의 주변국 주변에 대한 동질적 자본주의정신 요구, 반제국주의운동의 가능성
⑥	커뮤니케이션의 단절 및 약한 불평등, 모두 일정혜택을 누리고 있기 때문에 상대적으로 갈등이 적음

자료: 박선희(2002: 90)의 내용을 표로 재구성.

<표 3-9>는 <그림 3-2>에 나타난 관계축을 분석한 것이다. 그동안의 국제커뮤니케이션 연구는 ②의 축에만 집중되었다. 국제커뮤니케이션 불평등의 원인은 ②와 ③의 관계에서 발생하지만, 변화의 동인은 ③과 ⑤의 축에 존재하며, ③과 ⑤의 상호작용의 결과로 ②의 관계가 단절될 수 있다.(박선희, 2002: 90)

(3) 정보제국주의를 둘러싼 전선

'정보의 자유로운 흐름론'의 이론적 배경은 문화확산이론에서 출발한다. 문화확산이론은 문화의 유입에 아무런 제약이 없는 자유경쟁에 입각해서만 우수한 문화가 자연스럽게 열등한 곳으로 흘러간다는 것이다. 정보의 자유로운 흐름론은 2차대전 후 경제복구와 세계체제 개편의 필요성을 느낀 미국에 의해 주도된 것이다. 미국의 이러한 구상은 근대화론으로 구체화되어 제3세계 국가들에 도입되었으며 미국이 이들을 원조하는 양상으로 나타났다. 이런 과정에서 문화의 흐름에 대한 제약이나 방해물은 문화의 발전에 해로운 것으로 규정되어, 미국이 주도한 정보의 자유로운 흐름 개념은 미국식 다원주의와 자유시장, 자유방임주의에 기반을 두어 미국의 국제문제에 대한 적극적 개입을 정당화하였다.

반면에 정보제국주의론 혹은 문화제국주의론은 전술한 대로 네오마르크스주의의 종속이론에 뿌리를 두고 있다. 정보제국주의론에 따르면 커뮤니케이션산업과 문화산업의 활동도 다른 산업들과 마찬가지로 국제관계 차원에서 이루어지며, 이 과정에서 종속적 관계가 나타난다는 것이다. 정보제국주의론은 정보와 문화 분야의 분석틀로 월러슈타인 (Wallerstein)의 세계체제론을 따르고 있는데, 이는 분석의 단위가 개별 국가가 아니라 세계체제 자체이며 그 속에서 중심과 주변과의 불평등 관계가 경제영역뿐만 아니라 정보, 문화 영역에서도 존재한다는 것이다.(임동욱, 1997: 200-204)

이런 정보제국주의에 대항하기 위해 1973년부터 제3세계 국가들은 "새로운 세계 정보 및 커뮤니케이션질서(NWICO: New World Information and Communication Order)"운동을 펼치면서, 선진국이 주장하는 '정보의 자유로운 흐름'이라는 헤게모니에 대항하여 '정보의 균형 있는 흐름'이라는 대항헤게모니를 형성해 국제적인 정보불평등과 정보에 작동하는 시장원리를 개선하려는 움직임을 보였었다. 정보정치경제학자의 상당수가 이 NWICO운동의 열렬한 지지자들이었다.(Mosco, 1998: 92-93, H. Schiller, 1990: 111-122) 그러나 NWICO운동은 기업미디어와 미국·영국 정부의 완강한 반대 등으로 인해 패퇴하게 된다. 특히 미국과 영국은 UNESCO가 NWICO를 지지하고 세계적인 상업적 미디어기업활동에 간섭하려 한다는 것에 대한 불만의 표시로 1980년대 중반에 UNESCO로부터 탈퇴함으로써 결정적으로 NWICO운동을 약화시켰다.

정보 혹은 문화의 영역에서 제3세계의 거센 반발을 겪은 미국은 이후 문화의 논리가 아닌 경제의 논리로 정보와 문화를 접근하고 있다. 1980년대부터 미국의 정보통신정책의 기조는 '정보의 자유로운 흐름'에서 '정보의 경제적 접근과 이용'으로 대변되는 경제적 관점으로 바뀌었다.(임동욱, 1997: 220) 그리하여 미국은 경제논리중심의 새로운 세계질서(New World Order)를 내세우면서 WTO, IBRD, IMF 등의 국제경제 기구를 통하여 새로운 질서를 구축하려 하였다. GATT를 WTO로 갈아치운 우루과이 라운드(UR)에서 미국은 기존의 상품무역중심의 논의 대신 서비스무역에 대한 논의를 중심으로 끌어들였다. 이 서비스영역이 무역협상에 포함되기 전까지는 정보통신분야는 무역이슈에 포함되지 않았다. 미국은 UR에서 해외 정보통신시장에 대한 접근확대, 투자기회 보장, 규제완화를 최대한 얻어내었다. 결국 WTO는 미국과 서방국가, 일본으로 하여금 초국적 기업들을 선봉으로 내세워 정보통신분야에서 우위를 유지·강화하도록 만들어주었다.(임동욱, 1997: 209 – 211)

하지만 아직까지도 정보제국주의와 세계적 정보불평등문제는 중요한 세계적 이슈이다. 예컨대 2000년 다보스 세계경제포럼에서도 디지털 불평등 문제가 주요 이슈가 되었다. 세계적인 경영컨설팅 회사인 프라이스 워터하우스 쿠퍼스(Price Waterhouse Coopers)가 이날 다보스 세계경제포럼에서 주요 기업 최고경영자 1020명을 대상으로 최근 세계경제와 정보통신기술 등에 관한 설문조사를 벌인 결과 응답자의 50%가 "인터넷은 선진국과 개발도상국 간 부의 차이 등 세계의 빈부격차를 더욱 확대시킬 것"이라고 답하였다.(한겨레, 2000년 1월 28일자) 그러나 역설적이게도 오늘날 이런 기업가들의 외형적인 우려와는 달리 정보제국주의를 둘러싼 전선에서 NWICO운동이 패퇴한 자리를 대신하고 있는 것은 다름 아닌 거대기업의 이익을 최대한 보장하는 신자유주의적 세계화이다.(McChesney, 1999: 28)

결국 이 전선은 '정보의 자유로운 흐름'이라는 원칙 대 '정보의 균형 있는 흐름' 또는 '국가의 개입'의 원칙의 대립양상으로 나타난다. 상식적인 수준에서는 국가의 개입이라는 원칙이 정보사회라는 신세계에 맞지 않는 시대착오적인 논리라고 외면할 수도 있겠지만, 이것은 미국과 초국적 기업중심의 세계화에 대응하여 제3세계가 정보적, 문화적, 경제적 주권을 지키려는 노력의 일환으로 이해해야 한다. 여기서 자유주의의 뿌리 깊은 이데올로기가 얼마나 우리 정신 속에 깊이 자리잡고 있는지 생각해 볼 필요가 있다. 자유주의 그리고 거기서 파생된 신자유주의는 우리가 생각할 수 있는 여러 이념적 선택지 중의 하나이지 절대선이 아니다. 어떤 현상에나 자유의 이념이 결합한다고 해서 그것이 반드시 바람직한 것은 아니며, 자유의 이념에 대한 대안적 가치가 존재할 수 있고, 게다가 그런 이념적, 가치론적 논쟁 뒤에는 자본과 권력의 경제적, 물질적 이해관계가 숨어 있을 수 있다. 이처럼 우리는 정보사회 또는 정보혁명의 신세계가 내세우는 낭만적인 슬로건을 정보정치경제학 식의 구조적, 총체적, 역사적인 통찰력을 통해 비판적으로 바라보지 않을 경우 왜곡된 인식을 할 수 있다는 점을 주의해야 한다.

2) 신자유주의적 세계화

(1) 자본주의의 위기와 신자유주의적 세계화

세계화가 이루어진 시기에 대해서는 세계화를 어떻게 정의하느냐에 따라 근대사회 시작부터라 볼 수도 있고 그 이전까지도 거슬러 올라갈 수 있지만 일반적으로 정보사회와 관련된 신자유주의적 세계화를 논의할 때 그 시기는 1970년대에서 시작해 1990년대 이후에 절정을 이룬다.

전술한 대로 선진자본주의경제는 2차대전이 끝난 후 1950·60년대에 장기적인 호황을 누린다. 그러던 것이 1970년대에 들어서면서 2차례의 오일쇼크와 함께 생산성과 이윤율의 하락, 경기침체 및 실업률상승과 물가상승이 동시에 일어나는 스태그플레이션의 발생, 노동자의 저항 등이 발생하면서 세계자본주의는 위기에 빠지게 된다. 이런 위기를 탈출하기 위하여 미국을 중심으로 한 신자유주의적 세계화의 물결이 도래하게 된다. 신자유주의는 어떤 하나의 학파나 이론을 가리키는 것이라기보다는 70년대 이후 경제위기를 극복하는 과정에서 보수 우익 세력들이 채택한 일련의 정치적·이데올로기적 조류를 통틀어서 가리키는 말이다.(강상구, 2004: 92) 여기에는 다양한 학파의 이론들이 포함되는데, 정부의 시장개입과 재정투자를 반대하고 통화정책을 중시하는 통화주의, 수요의 창출보다는 공급측면의 강화를 강조하고 감세와 복지축소를 주장하는 공급중시경제학, 정부정책의 효과를 전면부인하고 시장의 절대적 효율성을 주장하는 합리적 기대론, 정부의 공공성을 부정하고 불완전한 정부의 시장개입을 반대하는 공공선택이론, 합리적 경제 주체를 부정하고 시장의 자생적 질서를 강조하여 외부개입에 대한 자생적 시장의 우위성을 주장하는 신오스트리아학파 등이 존재한다.(강상구, 2004: 95 - 102) 이런 이론적 배경하에 현실에서는 미국의 레이거노믹스와 영국의 대처리즘이 대표적인 신자유주의 정책으로 등장한다.[59]

이런 조류의 핵심원리는 글자 그대로 18세기에 등장했던 자유주의를 다시 부활시켜 케인즈주의 식의 복지국가를 반대하고 시장원리, 즉 자유경쟁을 강화하자는 데 있다.[60] 이것이 세계로 확대된 것이 신자유주의적 세계화인데, 그 핵심논리는 대체로 자본운동에 대한 대외적 개방화, 정부와 노조의 기업에 대한 규제 철폐, 공공부문이나 복지제도의 민영화 및 감축, 인원감축을 비롯한 기업경영 유연화, 그리고 노동에 대한 공격 등으로 요약된다.

이런 세계화를 이끌어가는 주체는 크게 세 가지로 볼 수 있는데, 초국적 기업, IMF · IBRD · WTO 같은 국제경제기구, 그리고 세계금융자본이 있다.(강수돌, 1999: 36 - 38) 먼저 초국적 기업은 인수합병을 통해 덩치를 키워 시장점유율제고와 사업다각화, 구조조정, 기술개발 등으로

---

59) 레이건정부와 대처정부를 가리켜 신보수주의라고도 부른다.

60) 그러나 18세기의 구자유주의와 20세기 말의 신자유주의는 본질적인 이념에서는 같지만 구체적인 내용면에서는 다르다. 첫째로, 구자유주의의 타도대상은 절대왕정과 중상주의체제였지만 신자유주의의 공격대상은 복지국가이다. 둘째로, 시장원리를 강화하는 방법에 있어서도 구자유주의는 국가개입을 반대하지만 신자유주의는 작고 강한 국가의 지원을 통해 시장경쟁질서를 강화한다. 셋째로, 구자유주의의 목적은 소상품생산자들의 자유경쟁을 통해 근대시민사회를 실현하려는 것이었지만 신자유주의는 독점적인 강자가 중소약자를 타도하는 데 목적이 있다.(현장에서 미래를, 1999년 5월호)

무한경쟁에서 살아남으려 한다. 또한 생산, 연구개발, 금융 등의 기업 구성영역을 각각에 유리한 세계각지에 배치하여 네트워크기업의 형태를 띠고 있다.(강상구, 2004: 306−310, 313) 이로 인해 자국 및 제3세계 노동자에 대한 협상력에서 우위를 차지하고 노동에 대한 공세적 태도를 취한다.

둘째로, 국제경제기구가 있다. IMF는 원래 국제금융시스템의 안정성을 보장하고 국제수지의 불균형을 조정하기 위한 것이었지만, 1980년대 이후 국가 간 무역과 금융자산이동에 대한 규제를 폐지토록 각국을 압박하는 일을 해왔다. 그 결과 세계적인 금융위기와 IBRD와 함께 추진한 구조조정 프로그램으로 인해 제3세계 경제를 초토화시켰다. IBRD는 생산적 자본투자를 활성화함으로써 회원국들의 개발을 지원하고 국제무역의 장기적 균형성장을 촉진하기 위해 창설했다. 그런데 실제로 하는 일은 부국의 자금을 빌려 제3세계에 자금을 융자하고 또 융자하는 것인데 결국 제3세계의 외채부담을 증가시켜 금융위기를 촉발시켰으며, 또한 초국적 기업에 이윤이 되는 여러 사업에 투자하고 있다. WTO는 GATT 이후의 무역협정으로 미국과 초국적 기업의 이익에 주로 봉사하면서, GATT와는 달리 무역분쟁의 판정결과를 강제로 이행시켜 영구적인 무역제재조치를 취할 수 있다.(Cavanagh et al., 2003: 69−72, 80−82)

셋째로, 세계금융자본은 금융의 세계화상황에서 가장 이득을 보고 있는 주체이다. 세계금융자본은 정보기술에 의한 금융의 세계화로 인해 빛과 같은 속도로 수익성이 높은 곳을 찾아 어마어마한 금융자본을 회전시켜 막대한 차익을 벌어들인다. 금융자본을 어떻게 운용하든 그것은 해당 금융자본의 마음이다. 이런 금융시장의 움직임은 초국적 기업의 경영진이나 각국 정치가들을 하루아침에 실각시킬 수 있는 권력을 지니고 있으며, 나아가 일국의 경제와 주권까지도 파괴시킬 수 있는 파워를 갖고 있다. 소위 '헤지 펀드(Hedge Fund)'들은 고위험 속의 고수익을 노리면서 전 세계의 특정 화폐나 주식을 주 공격대상으로 일시적

인 투기행위를 함으로써 개별 국가의 경제를 순식간에 대혼란에 빠뜨린다.(강수돌, 1999: 41)

(2) 정보기술과 세계화의 만남

이런 신자유주의적 세계화를 결정적으로 지원해 준 것은 동시대에 마침 발전하기 시작한 정보기술이다. 카스텔즈(Castells, 2003: 142)는 이런 세계화를 '지구적 경제'라고 표현하는데, 지구적 경제란 그 주력 경제의 구성요소가 세계적인 규모로 실시간에 또는 선택된 시간에 한 단위로서 작업하는, 제도적이고 조직적이며 기술적인 역량을 갖고 있는 경제이다. 카스텔즈(Castells, 2001: 26-27, 41-44, 51)는 생산의 사회적 관계를 나타내는 '생산양식'과 생산성의 성취수단인 기술적 발전을 나타내는 '발전양식'을 구분한다. 그런데 현대의 자본주의적 생산양식이 1970년대에 와서 위기를 맞게 되면서 이 위기를 극복하기 위해 자본주의는 재구조화를 필요로 하게 되는데 여기에 정보적 발전양식이 결합하게 된다. 정보적 발전양식은 지식이 생산과정의 다른 요소들에 미치는 영향을 통해 생산성의 근원으로서의 지식의 창출과 축적을 가져오는 발전양식[61]을 가리킨다.

그래서 자본주의의 재구조화와 정보적 발전양식의 접합을 통해 출현한 지구적 경제는 정보통신기술을 바탕으로 진행된다. 정보통신기술은 먼저 생산의 세계화를 지원한다. 극소전자기술기반의 생산은 부품의 표준화와 완성품의 주문화를 가능하게 하고, 완성품은 국제적인 조립라인으로 편성된 유연한 대량생산으로 나오게 된다. 상품과 서비스의 초국적 생산네트워크는 분권화된 생산과 유통을 조정하는 정보전달에 의지하게 되고, 온라인 관리로 국가와 세계를 가로질러 조직을 운영할 수

---

61) 카스텔즈(Castells, 2001: 27)에 따르면 발전양식은 전(前) 산업적 발전양식에서 산업적 발전양식을 거쳐 정보적 발전양식으로 변화해왔다. 그런데 생산과정은 항상 일정 수준의 지식에 기초하기 때문에 지식은 이 모든 발전양식들에 개입하지만, 정보적 발전양식에서 특이한 것은 지식이 더욱 높은 생산성을 창출하기 위하여 지식 그 자체에 개입한다는 점이다.

있게 된다. 다음으로 정보통신기술은 금융의 세계화를 가능케 한다. 정보통신기술은 금융을 생산으로부터 독립시켜 통신네트워크를 따라 이윤이 가장 많은 곳으로 신속하게 이동하는 존재로 탈바꿈시켰다. 정보통신기술은 또한 선물거래나 옵션거래 같은 복잡한 파생금융상품의 거래를 실행할 수 있는 실시간의 강력한 수리적 모델을 제공하며, 금융시장을 24시간 연결된 인터넷 가상공간에 존재하도록 만들었다. 1995년 조사에서 미국의 1년간의 국제무역량은 2조 달러인 데 비해, 세계금융시장의 1일 거래량이 무려 1조 달러로 나타났다. 결과적으로 금융시장은 시장법칙도 통하지 않고 각종 전략과 정보, 심리전, 투기성향 등이 뒤섞여 요동치는 예측불가능하고 통제불가능한 것이 되어 버렸다. 개인도 국가도 금융시장을 통제하는 것은 이제 완전히 불가능하다.(Castells, 2003: 181－182; 홍성욱, 2002a: 86, 89－90)

3) 초국적 기업자본주의

(1) 초국적 기업의 등장과 활동

정보기술에 기반을 둔 세계화의 가장 큰 수혜자는 초국적 거대기업들이다. 이러한 초국적 기업들이 지배하는 자본주의를 기업자본주의라고 부를 수 있다. 기업자본주의가 갖는 함의는 기본적으로 초국적 기업의 상업적이고 사적인 목적에 의해 세계적으로 정보 및 정보기술의 생산과 유통이 좌우된다는 것이다. 이것은 크게 세 가지 양상으로 나타난다. 첫째로 정보와 정보기술은 기업시장을 최우선적으로 고려하여 개발된다. 즉 기업이 정보의 가장 큰 소비자 역할을 한다는 것이다. 이것은 기업이 정보에 대한 지불능력과 필요성을 모두 갖고 있기 때문이다. 지불능력은 새삼 언급할 것도 없고, 필요성이란 기업규모의 확장에 따라 세계적으로 분산된 조직체를 조정하고 관리하기 위해 정보기술이 필수적이라는 것이다. 둘째로 초국적 기업은 일단 정보나 정보기술을 구매하게 되면 그것을 전유적으로 소유하여 일반인들로부터 이를 배제시킨다. 이것은 오늘날 지적 재산권, 특허권, 저작권 등의 법률영역이 발달하는 데서 쉽게 찾아볼 수 있다. 이런 정보의 전유적 소유에 의해 초국적 기업의 지배력이 강화된다. 셋째로 초국적 기업은 정보의 소비자이면서 생산자이기도 하다. 즉 정보 혹은 정보기술은 기업자본 그 자체에 의해 관리·개발된다는 것이다. 이런 기업을 초국적 정보기업이라고 부를 수 있을 것이며, 이들은 합병, 인수, 합작 투자 등을 통해 초거대기업으로 성장하여 정보를 독점적으로 관리한다.(Webster, 1997: 156-159)

초국적 기업은 이미 1970년대에 중요한 경제적 행위자로 등장하여 1990년대 이후에 활동을 훨씬 가속화하고 있다. 초국적 기업들의 활동을 보여주는 지표로는 다음과 같은 것들을 들 수 있다. 선진국들의 초국적 기업은 1973년에 7천 개에서 1993년에는 2만6천 개로 늘어났다. 미국의 초국적 기업들의 해외제휴기업들은 1995년에 미국 총수출의 3배가 되는 1조 8천억 달러의 현지 매출을 올렸다. 미국, 일본, EC의 3극의 경우 국경을 넘는 거래의 1/3에서 1/2가량이 기업 내 거래이며, 국경을 넘는 정보의 80~90%가량이 기업 내 정보교환으로 추정된다. 해외직접투자도 1983년부터 매년 29%씩 교역의 3배 이상의 속도로 증가했다. 전 세계적으로 4만여 개의 초국적 기업이 존재하고 이 기업들이 전 세계 상품·서비스 교역의 2/3를 차지하고 있다.(홍성욱, 2002a: 81)

초국적 기업이 특히 1970년대부터 급속하게 발달한 이유는 정보기술의 발달이 초국적 기업의 전략적 이해에 유리한 다입지 유연성(multi-locational flexibility)을 제공했기 때문인데, 각종 통신비용의 하락으로 조직의 원거리 조정이 쉬워졌고 그로 인해 생산이나 정보처리작업 등을 여러 지역에 나누어 수행하는 일이 잦아졌다. 생산을 분산시킴으로써 기업은 각국의 환율변동의 영향을 덜 받고, 국가마다 다른 규제 체계의 틈을 이용할 수 있으며, 값싼 노동력을 이용하고, 정부나 노조의

압력에 대처하기 쉽게 되었다.[62]

(2) 미디어기업의 권력집중

초국적 기업 중 정보의 영역에서 신자유주의적 세계화의 결과로 가장 주목받는 것은 초국적 미디어기업의 약진에 따른 미디어기업의 권력집중이다. 미디어기업의 권력집중은 크게 두 가지 방식으로 일어난다. 하나는 인수합병에 의한 소유의 집중이다. 이런 미디어기업의 소유집중은 수평적 집중과 수직적 집중의 형태로 나타난다. 수평적 집중은 한 미디어업종에 속하는 기업이 다른 미디어운영의 이권을 매수하거나, 혹은 미디어업 밖에 있는 회사의 주요 이권을 매입하는 것이다. 예컨대 전자는 뉴스코퍼레이션(News Corporation)이 20세기폭스 영화사를 매수한 경우가 되겠고, 후자는 NBC TV네트워크의 모기업인 RCA가 허츠(Hertz) 자동차임대회사를 매수했을 때이다. 혹은 거꾸로 비미디어업종사업체가 미디어업체를 합병하기도 한다. GE가 RCA를 매수한 경우가 이에 해당한다. 수직적 집중은 한 업종 내부의 집중으로 생산과정 전반에 대한 한 회사의 통제관리를 확대하는 것을 가리킨다. 예를 들면 할리우드의 대제작사인 MCA가 대배급사인 시네플렉스 오디언(Cineplex-odeon)을 매입하는 경우이다.(Mosco, 1998: 234-236) 새로운 사업기회의 전망이 있을 경우 혹은 시장을 통합할 경우에 인수합병은 가장 직접적인 소유권이전방식으로 선호된다. 조직 간의 관계에서 야기되는 불확실성의 감소는 이처럼 인수합병에 따른 자원의 공급을 통해 이루어질 수 있다. 인수합병은 시장의 경쟁구조를 약화시키는 동시에 사업다각화를 가능하게 하며, 세계적으로는 해외시장에 진출할 수 있는 가장 강력한 진입방식이다.(전범수, 2002: 40)

소유집중에서는 디지털 기술의 발전이 중요한 역할을 한다. 즉 디지

---

62) 초국적 기업은 생산공장을 다른 지역으로 옮기겠다는 협박으로 노조결성을 방해하고 정부규제를 완화시킬 수 있다. 협박이 통하지 않으면 노조와 규제가 약한 지역으로 실제로 공장을 옮기기도 한다.

털 기술은 모든 이미지와 메시지를 공통의 비트로 변형시킬 수 있기 때문에, 과거에 메시지와 이미지를 전송만 하거나 제작만 했던 별개의 산업부문들이 결합하여 소수의 강력한 권력을 가진 초국적 거대미디어기업으로 등장하게 된다. 이런 미디어부문의 급속한 통합을 통해 초국적 거대미디어기업은 종합커뮤니케이션 능력을 갖추게 된다. 즉 구상단계에서부터 사용자에게 궁극적으로 전달되기까지의 메시지와 이미지를 완전히 통제할 수 있는 하드웨어와 소프트웨어를 소유하게 되는 것이다. 결국 점차 이들이 한 나라의 정보와 문화의 전체를 장악하게 될 것이며, 이것은 공익의 수호와는 반대로 초국적 미디어기업의 사적인 이해에 의해 국가의 정보흐름이 지배받게 됨을 의미한다.(H. Schiller, 2001: 164－165, 173－174) 이런 초국적 거대미디어기업은 본사 기지의 법적, 규제적, 문화적, 재정 금융상의 제약들을 초월, 극복하기 위해서 제품생산, 판매, 노동력 및 금융에 있어 다국적 차원들을 점점 더 잘 이용하고 있다.(Mosco, 1998: 239)

미디어기업의 소유집중의 가장 대표적인 예는 루퍼트 머독(Rupert Murdoch)의 뉴스코퍼레이션이다. 뉴스코퍼레이션은 전 세계적 규모의 수직적 집중을 이루고 있는 회사이다. 뉴스코퍼레이션은 70개국 이상에 거주하는 약 5억 명에게 24시간 내내 도달한다.(Thussu, 2004: 158) 뉴스코퍼레이션은 호주, 유럽, 미국, 아시아, 그리고 케이만제도를 잇는 '지구 미디어(Earth Media)' 구상을 가지고 전 세계적인 미디어제국을 구축하고 있다. 뉴스코퍼레이션이 머독이라는 사람과 가끔 동일시되는 이유는 그의 가족이 회사주식의 30% 가까이를 장악하고 있기 때문이다.(라도삼·성동규, 2000: 131) 뉴스코퍼레이션이 세계적으로 소유한 회사들의 목록을 보면 <표 3－10>과 같다. 이 규모를 보면 하나의 초국적 미디어기업이 미디어를 통해 세계 속에 미치는 영향력이 상상을 초월한다는 것을 실감할 수 있다.

〈표 3-10〉 뉴스코퍼레이션이 소유한 회사들(전적 혹은 부분적 소유)

미 국	유 럽	아시아
20세기폭스 폭스 스포츠 네트워크 폭스 키즈 인터내셔널 네트워크 『뉴욕 포스트』 TV 가이드 매거진 그룹 하퍼콜린스 출판사	BSkyB 포스 키즈 유럽 스카이 라디오 이벤처즈 『더 타임즈』 VOX, TM3(독일) 스트림(이탈리아)	STAR TV ESPN STAR 스포츠 채널 V 뮤직 네트워크 STAR 플러스(인디아) 피닉스 위성 텔레비전 VIVA 시네마 뉴스 브로드캐스팅 재팬 스타이 엔터테인먼트 코퍼레이션 스카이 무비즈 코퍼레이션
남 미	호주·뉴질랜드	중 동
카날 폭스 폭스 키즈 라틴 아메리카 스카이 라틴 아메리카 폭스 스포츠 라틴 아메리카	폭스텔(호주) 『더 오스트레일리언』 스카이 네트워크 텔 레비전(뉴질랜드)	스타 실렉트

자료: News Corporation 1999 Annual Report를 인용한 Thussu(2004: 161)를 표로 재구성.

초국적 거대미디어기업의 권력집중은 소유의 집중형태 외의 또 다른 형태로도 나타난다. 인수합병이 자원의 획득과 통제의 집중을 의미한다면, 전략적 제휴는 자원의 공유관계이다. 구체적으로는 비공식적 협조에서부터 공동기업체(joint venture)나 지분참여의 방식이 활용된다. 전략적 제휴는 상대방의 자원을 보완적으로 활용하기 위한 전략이다. 예를 들면 AOL-타임워너는 시스코 시스템즈(Cisco Systems)와 함께 테크놀로지 및 마케팅에 대한 전략적 제휴를 체결하여 자원을 상호보완적으로 공유한다. 네트워크이론에 따르면 이런 제휴관계를 결정하는 것은 참여기업들의 이전의 정보 또는 관계에 바탕을 두고 있는데, 그 이유는 기업 간 거래에서 위험한 불확실성을 줄이기 위해서이다. 그 밖에도 전략적 제휴는 안정된 정보의 습득과 거래비용을 줄이는 등 여러 장점을 갖는다. 전략적 제휴는 특히 전통적 미디어와 뉴미디어와의 관계에서 인수합병과 함께 자주 이루어진다. 예컨대 야후(Yahoo)의 경우 컨텐츠분야에서는 ABC 뉴스, CNN 등 다양한 정보생산미디어와 제휴관계를 구축하고, 배급네트워크에서는 다양한 온라인 서비스업체나 ISP

등과 제휴하여 마케팅활동을 벌인다.(전범수, 2002: 35－38) 초국적 미디어기업의 전략적 제휴는 종합커뮤니케이션 능력을 지닌 초국적 거대 미디어기업에까지는 이르지 못하지만 인수합병과 마찬가지로 자원의 공유로 인해 미디어기업에 기업 간의 네트워크적인 권력을 가져다준다. 단지 인수합병에 의한 독점적 권력집중이 전략적 제휴에서는 권력의 네트워크로 변하였을 뿐 전략적 제휴도 국가커뮤니케이션에 대한 상당한 장악력을 갖게 한다.

미디어기업의 권력집중의 또 다른 숨겨진 방식은 초국적 미디어기업들의 이사회와 관련이 있다. 초국적 미디어기업들의 본사 이사회는 형식적으로는 주주들에 의해 선정되지만 실제로는 이사회 스스로가 자기구성을 결정하는 것이 일반적으로 관철된다. 그러다 보니 한 사람의 이사가 둘 이상의 기업의 이사회에 소속되어 실제로 기업 간의 합병이 이루어지지 않은 채로도 기업 연대나 연합을 통해 기업끼리 강력한 상관관계를 구축할 수 있다.(Mosco, 1998: 248－253) 여러 미디어기업들의 이사회에서는 소위 그 사람이 그 사람인 것이다. 이런 방식의 권력집중은 외형적으로 잘 드러나지 않는 더욱 교묘한 형태의 커뮤니케이션 지배방식이다. 시민들은 미디어의 가시적 소유집중과 전략적 제휴에까지는 관심을 가질지 몰라도 이런 방식에서 이루어지는 미디어기업의 권력집중까지는 인식하기 어렵다.

〈표 3－11〉 미디어기업의 권력집중: 세계 10대 미디어기업

(단위: 억 달러)

순위	기업명	매출액	소유자산
1	AOL 타임워너	411	HBO, 타임지, CNN 등
2	월트 디즈니	253	디즈니랜드, ABC 등
3	비아콤	243	MTV, CBS, 파라마운트 영화사 등
4	베텔스만	192	랜덤 하우스, RCA 레코드 등
5	뉴스코퍼레이션	175	폭스 TV, 뉴욕 포스트 등
6	콤캐스트	167	미국 최대 케이블TV사

순위	기업명	매출액	소유자산
7	NBC 유니버설	145	NBC TV, 유니버설 픽처스 등
8	비벤디 유니버설	125	모타운, 카날 플뤼스 등
9	소니 엔터테인먼트	120	콜럼비아 영화사 등
10	휴스 엘렉트로닉스	89	디렉 TV 등

자료: 연합뉴스(2003년 10월 9일자).

(3) 초국적 기업의 이해와 차별적 세계화

초국적 기업의 이해를 반영한 미국의 GII(Global Information Infrastructure: 세계정보기반구조, 세계정보고속도로)의 건설은 '적소(適所, niche) 경제'를 형성하게 된다.(H. Schiller, 2001: 190) GII는 초국적 기업이 세계적 시장, 탈규제된 세계적 투기장, 이윤과 편의를 목적으로 선택된 지구적 생산지 등을 창출해 내는 원동력이다.(H. Schiller, 1996: 139) 이때 적소경제가 의미하는 바는 성공적인 초국적 기업의 활동이 벌어질 수 있는 영역을 중심으로 세계경제질서가 형성된다는 것이다. 이러한 상황에서 기존 국가 역할은 실질적으로 변화하게 된다. 과거에 커뮤니케이션산업은 다른 부문들과는 달리 전면 국가소유이거나 그렇지는 않더라도 예산배정, 정책적 감독, 규제의 과정을 통해서 국가기능 속에 편입되어 있었지만, 현재는 초국적 기업의 권력이 개별 국가경제를 초월하고 있다.(Mosco, 1998: 261) 그 결과 국내적으로 또한 국제적으로 초국적 기업의 활동영역으로부터 소외되어 있는 지역이나 국가들은 세계화의 물결 속에서 정보혁명의 혜택으로부터 점점 멀어지고 있다. 세계적으로 볼 때 초국적 기업의 이해를 반영하는 미국을 중심으로 한 선진국과 제 3세계 국가들은 각각 세계화의 중심부와 주변부에 위치하면서, 주변부는 적소경제로부터 소외되어 있다.

정보사회는 이론적으로 볼 때 통신네트워크기술에 의한 시공축약 때문에 사람과 기업이 어디에 위치하고 있는가 하는 것은 별로 상관이 없어야 한다. 그러나 외형적으로는 경제가 분산되어 있는 듯하면서도 실제로는 경제적 의사결정이 특정 지점으로 집중되는 현상이 일어나고 있다. 기존의 대도시가 초국적 기업과 금융자본의 활동기점이 되어 세계적인 정보의 흐름을 관장하는 세계의 최중심지역으로 변모한 것이다. 카스텔즈(Castells, 2001: 424)는 이런 역할을 수행하는 대도시로 뉴욕, 런던, 도쿄 등을 꼽는다. 카스텔즈(Castells, 2001: 26-28, 41-44, 51)에 따르면 1970년대의 세계적 경제위기를 거치면서 1980년대에 자본주의의 재구조화가 일어나는데, 이것이 전술한 정보적 발전양식과 접합되면서 새로운 기술경제 패러다임이 형성된다. 이런 상황에서 세계의 모든 정보흐름을 관장하는 소수의 세계도시가 형성되고 이곳이 경제적 의사결정이 집중되는 세계경제의 전략적 지휘소 역할을 하게 된다. 초국적 기업의 본사는 바로 뉴욕 같은 이런 세계도시에 집중되어 있다. <표 3-12>는 미국에서 초국적 기업의 본사가 얼마나 소수의 도시에 밀집되어 있는지를 잘 보여주고 있다.

<표 3-12> 초국적 기업의 본사가 있는 미국도시 순위

순 위	도시명	본사의 수
1	New York	42
2	Houston	18
3	Chicago	12
4	Atlanta	11
5	ST. Louis	10
6	Pittsburgh	9
7	Dallas	8
8	Philadelphia	8
9	San Francisco	8
10	Cleveland	7
11	Los Angeles	7
12	Birmingham	6
13	Charlotte	6
14	Cincinnati	6
15	Omaha	6

자료: Fortune(April 17, 2000. 인터넷 판).

이런 논의의 결론은 세계경제가 네트워크기술에 의해 분산되어 있으면서도 실제로는 정보의 흐름을 관장하는 주요 지역들이 존재한다는 것이다. 그리고 이런 지역들은 그 정보를 통해 세계적 영향을 미치는 경제적 의사결정을 수행한다. 다시 말해 외형적인 분산과 실질적인 집중의 패러독스가 정보사회에서 존재한다는 것이다. 그리고 중요한 것은 이런 중심지역에서 초국적 기업이 중요한 세계정보를 수집하고 그것을 바탕으로 전체 조직을 관리함으로써 강력한 이해관계를 형성한다는 사실이다. 결국 초국적 기업이 관장하는 실질적인 중심 지역에서 지리적으로 멀어질수록 세계화과정에서의 진정한 정보화와 발전이 어려워진다. 이런 주변 지역들은 자의든 타의든 단지 중심을 지원하고 중심으로부터 활용당할 뿐이다. 요컨대 초국적 기업의 이해는 지리적 영역에서도 작용하여 중심 지역을 형성하게 되고 이 지역이 세계화의 거점이 되어 세계경제를 장악하는 반면, 여기서 멀어진 지역일수록 세계화의 진정한 이익으로부터 소외된다. 대표적으로 제3세계의 빈국들은 미국, EC, 일본의 3극으로부터 떨어져 세계화의 부정적 영향만을 체험할 뿐 기술 및 경제 발전의 혜택은 누리지 못하고 있다. 이런 차별적 세계화는 지구촌이라는 신화를 깨고 지리적 변수에 따른 권력관계를 인식케 해 준다.

4) 인터넷과 세계화

(1) 신자유주의적 세계화와 인터넷의 친화성

미국중심의 신자유주의적 정책은 정보기술에 의한 통신네트워크 형성에도 크게 영향을 미쳤다. 원래 인터넷은 시장원리와는 무관하게 ARPANet이라는 군사적인 목적의 통신네트워크로 출발했지만, 시간이 지나면서 인터넷을 통한 정보공유에 대한 상업적 수요가 폭발적으로 증가하였다. 이것은 주로 초국적 기업들의 기업 내부 정보공유, 기업들 간 정보공유, 그리고 기업들과 개인들 사이의 정보공유 등에 대한 수요였다. 인터넷은 통신네트워크를 상호연결하는데 전례 없이 쉬운 테크놀로지를 제공함으로써 정보공유에 대한 폭발적인 수요에 부응하였다. 이로 인해 근거리통신망(Ethernet)들이 인터넷에 연결되면서 결정적으로 인터넷은 네크워크들의 네트워크로 발전할 수 있게 되었다.(D. Schiller, 2001: 41, 44) 또한 ARPANet을 대체한 NSFNet체제에서 몇 년 전까지만 해도 NSF, NASA, 기타 정부기관 및 교육기관이 주로 인터넷 소요 비용을 부담했다. 그리고 ANS라는 한 회사가 NSF와의 계약에 따라 인터넷 운영의 실제 서비스를 제공했는데, 이 서비스 계약은 1995년 봄 인터넷이 연방정부의 자금지원에서 완전한 사유 상업운영체로 전환하는 과정에서 종결되고 말았으며, ANS는 AOL에 매각처분되고 말았다. 오늘날 인터넷은 전적으로 사유기업체가 자금을 조달한다. 즉 MCI, AT & T 등의 대형 ISP가 자금을 대고 이들이 지역별 네트워크 접속점을 운영하고 있는데, 이 지역별 네트워크가 다시 지방서비스 제공사, 민간 회사, 교육기관, 정부기관에게 인터넷 접속을 판매한다.(Baran, 1999: 207－208) 이런 과정들을 거치면서 인터넷의 상업화와 자유화는 점점 더 가속화되었다.

기본적으로 인터넷 자체는 전 지구적인 특성을 지닌 미디어이다. 인터넷의 속성으로 제시했던 탈중심성, 탈규제성, 탈경계성, 탈대중성 등은 신자유주의적 세계화가 신봉하는 자유시장경제의 원칙에 적절히 부합하는 것이다. 인터넷이 본연의 속성대로 잘 작동할 때 재화, 서비스, 금융의 전 세계적인 자유로운 흐름은 매끄럽게 보장될 것이다. 따라서 오늘날 인터넷을 신자유주의적 세계화를 확장시키는 선봉장으로 내세우기에 부족함이 없어 보인다.

그러나 인터넷과 관련하여 신자유주의적 세계화는 외형적인 명분과 현실이 괴리된 모순적 이중성을 보이고 있다. 이런 표리부동한 모순은 빌 게이츠(Gates, 1997: 223－224)의 "마찰 없는 자본주의(friction－free capitalism)"의 논리에서 잘 나타난다. 마찰 없는 자본주의의 이념은 한마디로 자유로운 시장경쟁을 나타낸다. 빌 게이츠에 따르면 원래 애덤 스미스(Adam Smith)가 상상했던 완벽한 시장 안에 있는 모든 사람은 완전한 정보를 갖고 거기에 기초해 판단을 내림으로써, 시장은 완전자유경쟁시장이 되고 사회의 자원은 효율적으로 배분되는 것이다. 그러나 대부분의 시장은 비능률적인데, 사람들마다 접하는 정보가 불완전하고 다르기 때문에 제대로 비교하기가 어렵기 때문이다. 그런데 이런 완벽한 시장을 가능하게 해 주는 기술적 장치가 있으니 그것이 바로 인터넷이다. 인터넷에서는 시장에 참여하는 모든 사람들이 거의 완전한 정보를 검색, 활용할 수 있고, 쓸데없는 중개인이 생략된 채 소비자와 생산자가 인터넷을 매개로 직접 만날 수 있다. 이 시장은 정보를 바탕으로 가격경쟁을 유발하여 상품이 커다란 마찰 없이 판매자에서 구매자의 손으로 효율적으로 넘어가게 한다. 한마디로 이 시장은 정보가 흘러넘치고 거래비용이 대폭 줄어드는 소비자의 천국이자 완벽한 시장인 것이다.

하지만 그의 진실성을 의심하는 경쟁자들이 많다. 경쟁자들은 빌 게이츠의 마이크로소프트(MS)사가 도스(DOS)를 다른 회사로부터 사들였으며, 윈도우는 애플(Apple)사를 모방했고, 이제는 회사의 사활을 걸고 인터넷에 투자하려 한다고 비판한다. 이들에게 MS는 독점과 불공정경쟁의 화신에 불과한 것이다.(홍성욱, 1999: 370−371) 빌 게이츠는 한때 방향을 잘못 잡아 인터넷에 대한 가치를 평가절하하고 소프트웨어산업에 몰두했지만, 지금은 제2의 도약을 위해 인터넷과의 연계를 강화하는 것을 강력하게 추진하고 있다. 그 와중에 MS는 과거에 PC의 운영체제(OS)를 독점했듯이 웹 브라우저를 윈도우에 끼워 팔다가 반독점법에 걸린 적이 있다. 그렇다면 웹 브라우저 끼워 팔기와 같이 MS가 사활을 걸고 인터넷분야를 장악하려는 이유는 무엇인가? 인터넷의 중요한 특징은 컴퓨터 운영체제(OS)에 관계없이 이용가능하다는 점이다. 이를 가능케 하는 것이 웹의 기본 언어인 HTML이나 특히 최근 선 마이크로시스템즈(Sun Microsystems)에서 개발한 차세대 컴퓨터 언어인 자바(Java) 등인데, 이들이 윈도우 같은 OS가 담당하던 기능을 상당 부분 잠식할 것으로 추측되고 있다. 즉 인터넷에 기반을 둔 새로운 OS의 시대 혹은 네트워크 컴퓨터[63])의 시대가 온다면 MS의 토대 자체가 흔들리게 되는 것이다. 그래서 MS는 인터넷중심회사로 경영방침을 바꾸고 인터넷 익스플로러(Internet Explorer: IE)를 심혈을 기울여 개발한 뒤 OS에 끼워 파는 장사를 했던 것이다.(홍성욱, 1999: 378 – 379)[64]) 그 이후론 네트워크 외부효과에 의해 윈도우를 쓰는 사람들이 IE를 쓰게 되고 점점 IE를 쓰는 사람들이 많아짐으로써 다른 웹 브라우저들은 자취를 감추고 말았다.

정리를 해 보면 MS는 겉으로는 마찰 없는 자본주의가 구현되는 완전한 시장을 외치면서 내부적으로는 인터넷이라는 새로운 시장을 독점적으로 장악하기 위해 사운을 걸고 참여하고 있다. 그렇다면 마찰 없는 자본주의가 정보불평등을 해소하고 시장에 참여하는 모든 사람에게 완전한 정보를 제공한다는 것이 거짓인가? 일부는 사실일 것이다. 그러나 일반인들이 쇼핑을 하면서 인터넷 검색엔진을 두드려보고 가장 싼 값에 물건을 구입했다고 기뻐하고 있을 때, 인터넷에서 진정한 경제적 가치를 창출하고 있는 쪽은 MS 같은 초국적 기업인 것이다. MS를 비롯한 초국적 정보기업들은 마찰 없는 자본주의를 통해 상품을 사기보다는 마찰 없는 자본주의 그 자체, 즉 인터넷을 통째로 사들이려고 한다.

요컨대 신자유주의적 세계화의 선봉에 선 인터넷이 사람들에게 사소

---

63) 오라클(Oracle)사에서 개발한 인터넷 단말기로 기존의 PC에서 불필요한 장치를 없앤 대신 인터넷 서버상의 프로그램을 전송받아 이용하는 컴퓨터를 가리킨다.

64) 이처럼 윈도우에 인터넷 익스플로러를 결합시킬 수 있었던 것은 정보상품이 디지털 코드로 구성되어서 상호호환성이 있기 때문이다. 그래서 정보상품은 쉽게 절단하고 결합할 수 있는 유연성이 있다. 이광석(2000: 104 – 105)은 이런 결합을 정보상품 간의 이종·혼종 교배라고 지칭하며 이것이 독점을 강화시킬 가능성이 있음을 지적하고 있다.

하지만 나름대로 만족스런 정보를 제공하면서 외형적으로는 완벽한 시장을 형성하고 있을 때, 그 배후에는 인터넷을 독점하고자 하는 초국적 기업의 이해관계가 서로 충돌하고 있다. 신자유주의적 세계화는 결과적으로 인터넷의 한쪽에는 자유로운 시장을, 다른 한쪽에는 시장의 독점을 제공하고 있다.

(2) 세계화와 인터넷의 미래

세계화의 물결이 지구를 뒤덮고 있는 지금 그 맨 앞에서 달리고 있는 인터넷의 미래가 어떻게 될 것인가 하는 문제는 중요한 관심사이다. 과연 전술한 대로 인터넷이 신자유주의적 세계화의 첨병으로 모순적인 '마찰 없는 자본주의'를 일궈낼 것인가? 지금까지 살펴보았듯이 정보정치경제학의 관점에서 분석해 봤을 때 인터넷에서도 일반적인 정보사회에서와 마찬가지로 컨텐츠와 인프라의 시장원리화와 계급중심 혹은 관료조직 대 개인 구도의 불평등구조화 등이 나타나고 있다. 인터넷에 있어 신자유주의적 세계화는 그런 시장원리화와 불평등구조화의 세계적 확장이자 완성이라고 할 수 있을 것이다. 그렇기 때문에 세계화의 배후에 작동하고 있는 조직화원리가 어떤가 하는 것은 인터넷의 가치를 결정하는 심각한 문제이다.

그러나 당장은 인터넷의 속성이 현대사회의 정보환경 전체를 결정짓지는 않을 것이다. 아직도 대부분의 지역에서 TV 같은 매스미디어가 우세한 매체로 자리잡고 있고, 세계 전역에 인터넷이 깔리는 데는 엄청난 기간이 소요될 것이다. 게다가 인터넷은 공짜의 영역이라는 인식이 팽배하기 때문에 인터넷을 통해 돈벌이를 할 수 있는 수익 모델도 아직까지 명확하지 않다. 그럼에도 인터넷이 미래의 주력미디어가 될 것임은 당연하기 때문에, 기존의 정보산업체들은 모두가 위기감을 느끼고 어떻게든 인터넷에 편입하여 미래의 수익을 선점하고자 한다.(McChesney, 1999: 44-46) 그렇게 되면 인터넷은 시민사회의 민주적인 담론의 장이자 공공성의 보루이기보다는 더욱 영리적 모델의 미디어로 변모할 것이다. 더 심한 경우에는 과거 인터넷의 역사가 여러모로 변화해 왔듯이 인터넷 자체가 완전히 새로운 상업적 커뮤니케이션 네트워크로 대체될지도 모른다. 1997년에는 WTO가 68개 업체가 서명 날인한 획기적인 텔레커뮤니케이션 탈규제협정을 도출해냄으로써 미디어기업들 간의 인수합병과 전략적 제휴가 눈에 띄게 증가하였으며, 미디어의 민영화·상업화 과정이 공식화되었다.(McChesney, 1999: 46) 이런 식으로 가면 종국에는 인터넷이 여러 미디어들이 집중되어 있는 초국적 거대미디어기업에 흡수될지도 모른다. 인터넷은 글로벌 커뮤니케이션을 지배하는 데 꼭 필요한 텍스트, 음성, 영상 등의 멀티미디어자료를 모두 갖추고 있기 때문에 단일 매체로서 초국적 미디어기업에게 이만한 이점을 제공하는 미디어는 없으며, 오히려 인터넷이 필수적 구성성분이 되어 초국적 미디어기업의 글로벌 커뮤니케이션 지배를 이끌어 갈 것이다. 이러한 인터넷의 신자유주의적 세계화는 결국 초국적 기업과 관련 선진국, 특히 미국 등의 이해관계를 심각하게 반영하여 차별적인 세계화와 불평등을 조장할 가능성이 높다.

웹이 초창기에 새롭고 혁신적인 민주적 미디어로서 사람들로부터 받았던 환희가 이제는 상당히 시들해졌다. 초창기에 사람들은 인터넷이 질적으로 전과 다른 평등을 보장하는 유형의 저널리즘, 정치, 문화를 제공하리라 봤지만, 현재의 상황은 상업성 미디어의 내용물과 별반 다를 바가 없다.(McChesney, 1999: 49) 단적으로 웹 브라우저를 켰을 때 나타나는 번쩍이고 빠른 속도로 움직이는 각종 배너와 동영상 광고는 우리로 하여금 사이버현기증을 느끼게 만든다. 인터넷의 미래는 비교적 자명하다. 인터넷에서 작동하는 시장원리, 불평등구조, 그리고 마지막으로 신자유주의적 세계화를 방치하고 더욱 민주적인 대안을 모색하지 않는다면 인터넷은 다른 미디어들이 빠져 있는 거대한 상업화의 물결 속에 서서히 잠식되어 버릴 것이다.

4

정보사회의 최첨단: 유비쿼터스 컴퓨팅

　지금까지 정보사회의 다양한 영역에 대한 정보정치경제학적 분석을 수행하였다. 그런데 한 가지 짚고 넘어가야 할 정보사회의 최첨단영역이 있으니 그것이 바로 유비쿼터스 컴퓨팅(ubiquitous computing) 또는 유비쿼터스 네트워크(ubiquitous network)이다. 이것은 아직은 초기단계에서 진행 중이고 미래의 기술영역이기 때문에 섣불리 평가해서는 안 되겠지만, 이 책에서는 정보사회에 대한 정보정치경제학적 분석을 마무리하는 차원에서 유비쿼터스 컴퓨팅에 대해 간략하게 논의하도록 하겠다.

　유비쿼터스 컴퓨팅은 오늘날 새로운 정보정책과 관련하여 널리 이슈화되고 있다. 이를 번역하면 편재컴퓨팅쯤 되겠는데 여기서 유비쿼터스는 '편재하는', 즉 '언제 어디서나 존재하는'이란 뜻이 된다. 그리고 이 컴퓨터 혹은 컴퓨터칩들은 통신네트워크로 연결되어 커뮤니케이션이 가능하다. 이로 인해 언제 어디서든 컴퓨터와 통신네트워크 기술을 이용해 효율성과 편의성을 높여주는 다양한 서비스를 제공받게 됨으로써 삶의 질이 한 차원 향상될 것이라는 전망이 나오고 있다. 이 개념은 현재 미국, 일본, 유럽, 한국 등의 중요한 정보정책으로 자리잡고 있는데, 한국에서도 소위 IT839전략을 통해 유비쿼터스 코리아(u‒Korea)를 실현한다는 정책을 시행하고 있다.(장기영・박경남, 2005)

　그런데 유비쿼터스 컴퓨팅에도 시장원리화, 불평등구조화, 세계화의 정보정치경제학적 원리가 작동하고 있다. 먼저 유비쿼터스 컴퓨팅이라는 새로운 기술적・정책적 패러다임은 최근 어느 정도 포화상태에 이른 정보상품시장에서 새로운 시장을 창출하려는 움직임과 연관되어 있다.

이를 알아보기 위해서 최근에 논의되고 있는 유비쿼터스 컴퓨팅이 과연 새로운 기술적 패러다임인지를 먼저 살펴봐야 하겠다. 이 개념은 원래 제록스 파크(Xerox Parc) 연구소의 마크 와이저(Mark Weiser)가 1988년 처음으로 제창한 개념인데, 기본전제는 인간에게 의식되지 않는 기술이다. 즉 인간이 기술을 의식하지 않도록 기술이 언제 어디서나 존재하는 자연스러운 환경의 일부가 되어 사용자가 기술보다는 작업 자체에 더욱 집중할 수 있도록 한다는 것이다.(이정현, 1999: 178－180)

하지만 요즘의 유비쿼터스 컴퓨팅의 개념은 이런 특정한 기술적 개념을 초월해서 모든 정보기술을 포괄하는 것처럼 사용되는 측면이 있다. 달리 말하면 정보기술 중 유비쿼터스 컴퓨팅에 속하지 않는 것이 무엇인지 알 수 없을 정도로 모든 것이 유비쿼터스로 통한다는 것이다. 게다가 유비쿼터스 컴퓨팅은 아직은 미래의 기술임에도 불구하고 기업들은 현재 이 기술이 상당 부분 구현되고 있는 것처럼 홍보를 하고 있다. 이것이 의미하는 바는 한마디로 유비쿼터스 컴퓨팅에도 시장원리가 작동하고 있다는 것이다. 기업들은 약간의 개선만이 이루어진 정보상품들을 판매하기 위해 유비쿼터스 컴퓨팅의 첨단적 이미지를 상품에 접합시켜 일종의 상징조작을 통한 시장창출을 꾀하고 있다. 나아가 유비쿼터스의 이미지를 이용해 소비자를 시장에 순응시켜 지속적인 시장을 창출하고자 하는 의도도 들어 있다.65)

실제로 유비쿼터스 컴퓨팅이 상당 부분 현실화된다고 하더라도 문제는 또 있다. 예컨대 유비쿼터스 컴퓨팅기술을 활용한 인텔리전트 주택이나 유비쿼터스 교육서비스, 유비쿼터스 의료서비스 등을 활용하기 위해서는 여전히 지불능력이 관건이 된다. 오히려 일반적인 정보기술보다 발전된 유비쿼터스 컴퓨팅기술이 더 높은 지불능력을 요구하기 때문에 시장원리의 혹독함은 후자에서 더욱 심각하여 정보불평등을 가중시킬지도 모른다. 그리고 일반인들에게는 유비쿼터스 컴퓨팅의 환상만을 심

---

65) 그렇다고 해서 유비쿼터스 컴퓨팅의 기술발전을 전면적으로 부인하는 것은 결코 아니며, 순수한 기술발전과 상징조작은 구분할 필요가 있다.

어준 채, 실제 기업의 기술개발의 타겟은 고소득층이나 기업고객이 될 가능성이 높으며, 일반인들의 지불능력에 맞춘 유비쿼터스 컴퓨팅환경은 외면당하기 쉬울 것이다.[66]

하원규 등(2002: 17-19)은 물리공간을 제1공간, 컴퓨터와 통신네트워크에 의한 전자공간을 제2공간이라 부르고, 전자공간의 정보와 물리공간의 물체가 연동되고 어우러져 창조되는 새로운 공간을 제3공간이라고 규정한다. 제3공간이란 바로 유비쿼터스 컴퓨팅이 창출하는 공간이다. 그런데 이들에 따르면, 기존의 정보사회에서 정보격차가 문제시되었다면 제3공간에서는 정보격차가 공간격차로 연결된다. 제3공간에 거주하는 사람과 그렇지 못한 사람 간의 공간격차가 나타난다는 것이다. 유비쿼터스 도시는 평온하고 지능적이며 생산적인 공간 서비스를 제공할 것이며 성공하고자 하는 사람들은 유비쿼터스 도시로 몰려들어, 마치 산업사회의 도시와 농촌 간의 격차와 같은 유비쿼터스 도시와 기존 도시 간의 격차가 급격히 벌어질 가능성이 있다.(하원규 외, 2002: 279-280)

유비쿼터스 컴퓨팅은 개인 대 집단 간의 정보불평등에 의한 감시사회와도 관련된다. 전술한 정보파놉티콘과 가장 직접적으로 관련된 기술이 바로 유비쿼터스 컴퓨팅인 것이다. 낙관적인 차원에서 유비쿼터스 컴퓨팅은 정보기술의 완성판으로서 삶의 질을 한 차원 높여줄 것으로 기대되지만, 한편으로 가정, 회사, 거리, 자동차, 쇼핑몰, 공공장소 등 언제 어디에서나 존재하는 유비쿼터스 컴퓨팅은 항상 유비쿼터스 감시(ubiquitous surveillance)로 돌변할 가능성이 있다. 고의적이든 에러에 의해서든 유비쿼터스 컴퓨팅체제에서 개인정보는 글자 그대로 언제 어디서든 노출되어 국가 및 기업관료조직의 데이터베이스로 축적되고 악용될 수 있다. 나아가 유비쿼터스 컴퓨팅환경에서는 개인정보뿐만 아니라 사물까지도 침해당할 수 있다.(하원규 외, 2002: 282) 유비쿼터스 컴

---

66) 한국처럼 정부주도의 유비쿼터스 컴퓨팅이 시행된다면 이런 문제점이 다소 해소될 수 있을 것이다.

퓨팅은 사물의 작동과 연계되어 있기 때문에 해커가 마음만 먹으면 사물을 원격조종해 물리적 테러까지도 실행할 수 있다. 이것은 가히 정보파놉티콘의 완성판이라 할 만큼 프라이버시에 대한 엄청난 위협이다. 과연 이 정책을 시행하는 관료들이나 기술개발자들은 이런 위험성에 대비한 보안장치에 대해 얼마나 고려하고 있는지 의심스러우며 한국의 상황도 크게 다를 바 없는 것으로 보인다.

현재 국지적으로 진행되고 있는 유비쿼터스 컴퓨팅은 결국 세계화될 것이다. 유비쿼터스 컴퓨팅이 세계화될 때 문젯거리는 컴퓨터칩이 이식된 물체 간의 교신을 원활하고 저렴하며 보안성을 갖추고 안정적으로 실현할 수 있는 범용성 있는 표준 통신규격(protocol)을 마련하는 것이다.(Sakamura, 2002: 167) 미래에는 이런 표준 통신규격의 결정을 둘러싸고 지역·집단 간의 분쟁이 일어날 가능성이 높다. 이 표준을 갖는 주체가 결국 정보사회의 최종 승자가 되어 시장을 장악하고 막강한 권력을 획득할 것이다. 현재의 신자유주의적 세계화의 추세를 볼 때 그 장본인은 미국 같은 선진국이나 선진자본이 되기 쉽다. 지금까지 그래왔듯이 정보사회의 최첨단분야에서도 이들에 의한 제국화의 과정이 지속적으로 진행될 가능성이 높다.

IV

정보정치경제학의 한계

1) 헤게모니투쟁

정보정치경제학은 전술한 바와 같이 자본주의적 조직화원리에 따른 구조를 이미 주어진 선험적인 것으로 파악하지 않고 인간들에 의해 구성되는 하나의 사회적 과정으로 파악하기 때문에, 자본주의적 원리에 기초한 어떠한 사회구조 자체도 완성된 것은 아니며 여기에는 항상 균열과 변화가 존재하는 것으로 본다. 그러나 한편으로는 자본주의구조에 따른 자본주의적 조직화원리의 관철을 애기하고, 다른 한편으로는 이것의 균열과 변화에 따른 자본주의적 관행의 개선을 말하는 것은 서로 모순되기 때문에 정보정치경제학의 설명은 이 지점에서 딜레마에 빠지게 된다. 만약 저항과 변화의 역량을 강조하여 우리가 자본주의적 조직화원리를 충분히 벗어날 수 있다면 지금까지 논의한 시장원리화, 불평등구조화, 세계화 등에 대한 설명은 설득력을 잃게 되고 정보사회는 민주적인 세계로 규정된다. 정보사회에 대한 비관론적 입장에서 비판에 몰두하였던 정보정치경제학이 이 지점에서 마치 낙관론으로 선회한 것 같은 인상을 주는 것이다.

그러나 어쨌든 자본주의적 구조 속에서도 저항의 영역은 분명히 있다. 정보정치경제학의 주장대로 균열이 존재하는 곳에 사회적 실천이 일어나게 되는데 결국 이것은 권력을 둘러싼 헤게모니투쟁의 형태로 나타난다고 할 수 있다. 헤게모니는 인간들의 삶의 실천을 통해 상호확인되는 상호구성적인 의미들과 가치들의 네트워크이다.(Mosco, 1998: 288-290) 헤게모니는 지배층이 지적, 도덕적 리더십을 통해 지배층의 세계관을 피지배층에게 주입함으로써 물리적 강제력보다는 동의에 의한 지배를 관철시켜, 피지배층으로 하여금 사회 내에서 상식적이고 당연한 것으로 받아들이는 현실을 구성하는 과정이다. 헤게모니는 이데올로기와 가치의 사이에 위치한다. 이데올로기는 특정의 이해관계가 반영되어 사회적 현실을 왜곡·굴절시키는 것을 가리키며, 반면에 가치는 사회 내의 넓은 범위에 걸쳐 사람들을 서로 연결시키는 공공의 사회적 규범들을 지칭한다. 헤게모니는 가치와는 달리 정치적으로 구성되지만, 이데올로기와는 달리 왜곡을 반영하지는 않는다. 헤게모니는 오히려 지속적으로 형성되는 이미지와 정보를 통해서 사회생활의 당연한 태도를 규정짓는 사회문화적 좌표들을 제공함으로써 대다수 사람들에게 설득력 있는 상식구도를 조성한다.(Mosco, 1998: 325 – 326)

헤게모니는 강제가 아닌 동의에 기초하기 때문에 일단 동의가 성취되면 이데올로기보다 더 강력한 통제형태가 된다. 그러나 바로 헤게모니는 동의를 요하는 과정에서 저항을 함축하고 있으며 잠재적으로 대안적인 형태의 상식을 함의할 수 있다. 따라서 헤게모니는 사회관계의 구조화를 이룩하는 중요 수단이지만, 그런 사회관계의 재생산을 반드시 보장하지는 않으며, 동의를 얻는 과정에서 대항헤게모니를 용인하기에 충분할 만큼 불안정한 것이다.(Mosco, 1998: 328)

특히 오늘날의 정보사회에서는 사람들 간의 상호작용과 사회적 관계의 근본적인 조직화원리로 '네트워킹' 원리가 작용하고 있다. 네트워킹 원리는 특정한 이해관계를 결정하는 어떤 사회적 결정인자보다 더 높은 수준의 사회적 결정력을 갖고 있다. 즉 네트워크 흐름의 권력이 개별 인자들의 권력의 흐름보다 더 우선한다.(Castells, 2003: 605) 카스텔즈(Castells, 2003: 274－275)에 따르면 정보사회의 핵심적인 윤리적 가치는 '다면적인 가상의 문화'이자 '창조적 파괴의 문화'이다. 그 의미는 네트워크에 의한 삶이 항상 강력한 결정을 강제하지만, 네트워크에서 지위를 확고히 하려는 어떤 시도도 거부하는 변화무쌍한 문화라는 것이다. 물론 그렇다고 해서 정보사회에서 권력의 허브(hub)가 없다고 말할 수는 없을 것이다. 그러나 이런 점에서 보면 과거와는 달리 헤게모니에 의해 구축되는 권력이 수직적, 위계적인 것이 아니라, 그물형 네트워크의 속성상 수평적, 관계적인 것이 된다. 권력은 중심이 뚜렷하지 않고 분산되어 있기 때문에 네트워크 전체를 일방의 헤게모니가 완전히 장악하기가 쉽지 않고, 여기에 저항하는 하나의 노드(node)로서의 권력을 네트워크의 한쪽에 형성하는 것은 과거보다 용이할 수 있다. 이런 점에서 정보사회의 헤게모니투쟁은 네트워킹의 속성상 더욱 복잡하고 다양한 양상으로 전개되고 더불어 저항의 가능성도 다양하고 용이하게 모색해 볼 수 있을 것이다.

지배와 불평등구조에 저항하는 대항헤게모니가 발생하면 그것은 사회운동의 형태로 실천된다. 정보와 커뮤니케이션의 영역에서 독점과 불평등을 해소하고 지배헤게모니에 저항하기 위한 사회운동의 대표적인 예로는 대항미디어운동을 들 수 있다. 대항미디어운동은 예컨대 문맹퇴치운동, 가두극장, 대항 신문·비디오·영화 제작, 만화, 공동시청 케이블방송 프로그램 편성, 대항 컴퓨터망, 비디오 해적판, 컴퓨터 해킹 등을 통해 지배적인 미디어의 형식, 기술, 이미지, 메시지들에 도전했다.(Mosco, 1998: 323)

대항미디어운동의 성격 및 목적은 일차적으로 커뮤니케이션의 영역에 있어 자본주의적 지배구조에 저항하고 이를 약화시키는 것이다. 구체적으로 얘기하면, 첫째, 커뮤니케이션과 미디어의 상호작용성을 인식하고 이를 재규정함으로써 사회발전과 민주주의 실현에 중요한 매개체로 활용한다. 둘째, 기존 매체의 시장원리화, 엘리트주의, 중앙집중성, 정보의 일방성과 획일성을 비판하고, 민주적 가능성을 가진 신기술을 적극적으로 활용한다. 셋째, 미디어소비자의 참여를 유도하여 네트워크를 형성하거나 문화적 정체성을 심어 주어 그들을 권력화(empowering)한다. 넷째, 계급, 성, 인종 등 다양한 변수를 기반으로 미디어에 접근해 문화적 다원주의를 실현하는 것이다.

대항미디어운동은 불평등구조의 하부에 놓여 있는 소외된 계층과 집단을 미디어라는 사회의 공적인 담론영역에 참여시켜, 자신들의 이해와 요구를 표현하고 지역 간, 계층 간의 유대를 형성하여 자신들을 권력화하는 운동이다. 시민들은 기존 미디어를 대체하는 대항미디어 제작과 독해에 참여함으로써 공급자 위주의 미디어를 수용자 위주의 것으로 바꾸어간다.(김상휘, 1996: 23 – 24)

2) 시놉티콘

이러한 헤게모니투쟁은 '시놉티콘(synopticon)'이라는 차원에서도 설명할 수 있다. 시놉티콘 또는 역감시는 지배권력과 개인 간의 불평등 구조에서 나타나는 파놉티콘적 감시를 위협하는 영역을 가리킨다.[67] 예를 들자면 비디오카메라는 권력자의 입장에서는 잠재적 범죄자를 감시하기 위한 것이지만, 우연한 기회에 미국 LA에서 경찰이 로드니 킹을 집단구타한 장면도 비디오카메라를 가지고 있던 일반인에게 촬영되어 엄청난 사회적 파장을 불러왔다. 이 예가 가리키는 바는 동일한 기술이, 권력이 우리를 지배하고 통제하는 데 사용될 수도 있지만 역으로 우리가 권력을 감시하고 권력에 저항하는 데에도 사용될 수 있다는 것이다.(홍성욱, 2002b: 107) 이것이 바로 시놉티콘이라는 아이디어의 출발점이다. 시놉티콘의 대상은 권력이기에 그것은 자본이 될 수도 있고 국가가 될 수도 있으며, 전술한 헤게모니투쟁 속의 사회운동은 이런 의미에서 일종의 시놉티콘적 활동인 것이다.

이런 역감시의 주요 당사자는 언론과 시민단체이다.(홍성욱, 2002b: 109 – 114) 먼저 언론은 권력자의 이미지와 여론조작을 위해 쓰이기도 했지만, 반대로 정치인의 행보를 대중에게 드러냄으로써 권력의 투명성

---

67) 시놉티콘은 어원상 파놉티콘의 반대말의 특징을 갖고 있다. 파놉티콘이 어느 한쪽이 일방적으로 "다(pan)＋본다(opticon)"는 뜻이라면 시놉티콘은 양쪽이 "동시에(syn)＋본다(opticon)"의 뜻이기 때문이다.

을 확보하는 중요한 역할을 했다. 역감시는 바로 이런 언론의 권력 감시에서 출발했다. 매티슨(Mathiesen)은 언론의 역감시를 바로 시놉티콘으로 보고 파놉티콘과 시놉티콘이 현대사회에서 동시에 진행되었다고 주장하면서 푸코의 파놉티콘에 기반을 둔 역사해석을 비판한다. 소수가 다수를 감시하는 역사에서 다수가 소수의 권력자를 감시하는 활동도 동시에 벌어졌다는 것이다.68) 그러나 언론은 민주주의 국가에서 권력을 감시하는 중요한 기제이지만 스스로가 권력화하는 한계도 있다.

다음으로 시민단체의 역감시 사례들은 매우 많다. 한국의 사례를 보면 특히 경제정의실천연합(경실련)과 참여연대가 양대 시민운동조직으로 국가와 자본의 권력을 꾸준히 감시해 왔다. 환경운동연합과 녹색연합은 환경문제를 주목해왔고, 1999년에는 국제투명성기구(TI: Transparency International)의 한국 본부로 반부패국민연대가 출범하여 권력부패를 감시하였다. 또한 2000년 총선 시즌에는 총선시민연대의 낙선운동이 벌어져 선거감시를 통한 선거혁명을 이루었다. 대기업과 미디어권력에 대한 감시운동도 병행되었다. 1998년에 참여연대는 대기업 주식 10주 갖기 운동을 통해 소액주주를 대변하여 대기업의 권력에 저항하였고, 미디어에 대해서는 수많은 시민단체들이 미디어를 모니터링하고 미디어비평을 통해 미디어 권력을 견제해 오고 있다. 또 1998년에는 정보공개법이 시행되어 시민단체가 국민의 정보 열람 청구권을 사용해서 국가에 정보공개를 요구할 수 있게 되어 역감시를 실현하는 중요한 법률적 장치로 작동하였다.

3) 인터넷과 사회운동

전술한 헤게모니투쟁을 위한 사회운동이나 시놉티콘은 지배세력인

---

68) Mathiesen, Thomas, "The Viewer Society: Michel Foucault's 'Panopticon' Revisited" in *Theoretical Criminology 1*, 1997.(홍성욱, 2002b: 109−110에서 재인용)

국가와 자본의 영역으로부터 분리된 자율적인 담론과 실천의 영역인 시민사회에 기초하고 있다. 그런데 시민사회와 사회운동의 역량을 강화하는 데 더할 나위 없이 좋은 기회를 제공하고 있는 미디어가 있으니 그것은 바로 인터넷이다. 사회운동의 차원에서 인터넷과 연관된 운동은 네트를 활용한 사회운동과 네트 내부의 사회운동 두 가지가 있다. 전자는 도구론적 입장에서 네트를 활용하여 현실 사회운동을 지원하는 운동을 가리키고, 후자는 네트에서 발생하는 이슈를 중심으로 전개되는 사회운동을 말한다.(백욱인, 2001: 49) 이들은 또한 인터넷을 활용한 시놉티콘에 해당한다. 파놉티콘이 있는 곳에는 항시 시놉티콘이 존재하듯이 인터넷은 파놉티콘과 시놉티콘이 공존하는 곳이다.

네트를 활용한 사회운동의 대표적인 예로는 전자적 시민불복종운동(ECD: Electronic Civil Disobedience),[69] 사빠띠스따(Zapatista) 민족해방군, 배드 서브젝츠(Bad Subjects), 세계화반대운동, 해킹 등이 있으며, 그 외에 기존 사회운동에 사이버공간을 제공하는 단체로 IGC, APC, 진보넷[70] 등이 있다. 네트 내부의 사회운동으로는 자유소프트웨어운동, 정보공개운동, 정보정의실현운동, 프라이버시보호운동, 전자감시대항운동, EFF(Electronic Frontier Foundation: 전자프런티어재단)의 활동 등 수많은 운동들을 들 수 있다.

이 중 인터넷을 통한 사회운동이자 역감시의 가장 극적인 예로 멕시코 치아빠스(Chiapas)의 사빠띠스따 민족해방군을 들 수 있다. 사빠띠

---

69) 결집된 의사전달을 위해 상대방 홈페이지 게시판에 글을 올리는 것, 자신의 홈페이지에 로고·문구를 달아 의견을 결집하는 것, 온라인으로 서명운동을 펼치는 것, 나아가 항의메일을 집중적으로 보내거나 홈페이지를 계속 접속하여 트래픽을 증가시킴으로써 상대방의 인터넷을 마비시키는 것 등을 가리킨다.(백욱인, 2001: 55; 홍성욱, 2002b: 125)

70) IGC(the Institute for Global Communication: 세계통신기구), APC(Association for Progressive Communication: 진보통신연합), 진보넷 등은 진보적 사회운동단체와 활동가들에게 사이버공간을 제공하고 정보통신기술을 활용할 수 있는 여건을 마련해 주고 사회운동단체 간 연대를 증진시키는 조직이다. (권태환 외, 2000: 280)

스따 봉기는 1980년대 초에 시작된 재정위기 이래로 정부가 신자유주의적 개혁을 펼치면서 원주민 농민의 억압, 사회적 양극화, 환경파괴 등을 자행하자 이에 저항하여 일어난 봉기이다. 사빠띠스따 봉기가 유명한 것은 그것이 최초의 정보게릴라운동 또는 인터넷전쟁(net war)이라는 점인데, 그들의 지지를 조직화하는 주요 매체로써 인터넷의 속성을 십분 활용하였다. 인터넷에 논문과 투쟁자료를 올리고, 웹페이지를 통해 봉기를 홍보하고, 비공식적 토론과 논쟁을 위한 포럼 등을 만들었다. 나아가 치아빠스와 멕시코를 잇는 대안적 커뮤니케이션 네트워크인 라 네따(La Neta)의 구축과 IGC 같은 NGO네트워크와의 연결을 성사시켰다. 그 결과 사빠띠스따라는 외곽의 공동체에서 사이버공간으로 울려 퍼진 메시지가 멕시코 정부의 무력진압을 무위화하도록 이끌었다.(이광석, 1998: 31-39) 이 사빠띠스따 봉기를 포함하여 인터넷을 통한 대표적인 사회운동이자 역감시활동들을 이광석은 <표 4-1>과 같이 정리하고 있다.

〈표 4-1〉 인터넷을 통한 대표적인 사회운동들

운동	사빠띠스따	배드 서브젝츠	해킹	EFF
주체	억압받고 배제된 원주민 / 농민, 도시인텔리	버클리중심의 대학원생, 좌파 지식인층	10·20대 중산층의 남학생, 기술엘리트	중년의 엘리트, 문필가, 재력가
이론 기반	간대륙주의, 해방신학, 마오주의	마르크스주의, 신사회운동	아나키즘, 히피적 전통	제퍼슨 자유주의
적대 세력	글로벌 자본(NAFTA), 억압적 멕시코정부	자유주의정권, 자본주의 체제, 보수적 종교단체	권위주의적 정부, 정보독점자본	거대 독점자본, 보수 집권세력
목표	민주주의, 자치권 확보, 글로벌 연대	일상생활의 정치교육, 좌파 간 연대	기성권위부정, 개인의 자유와 독점정보의 공개	개인의 표현, 사생활의 자유
매체 전략	기존 소매체와 인터넷 등 기술수단 활용	주로 웹진	컴퓨터 하드 / 소프트웨어 활용, 지하게시판 운영	기관지, 서버구축, 캠페인, 토론그룹, 게시판 운영 등

자료: 이광석(1998: 112).

4) 저항의 역발상

정보사회는 자본과 국가의 권력이 지배하고 있지만 여기에는 저항의 영역이 존재한다. 그로 인해 때로는 지배종속의 권력관계가 역전되어 나타나기도 하고 기존의 구조적 질서에 변화를 가져오기도 한다. 지금까지 소개한 저항의 노력들은 전술한 정보정치경제학적 분석의 시장원리화, 불평등구조화, 세계화에 대해 다양하게 저항하고 있다. 정보정치경제학이 갖고 있는 가장 큰 한계는 이러한 저항의 영역들을 제대로 지적하지 못한다는 데 있다. 그 저항이 정보정치경제학을 넘어서는 현실로 나타날 때, 그것이 자본주의적 조직화원리와 구조의 연장선상에서 어떻게 설명가능한지를 정보정치경제학은 해명해야만 하는 것이다.

이처럼 정보정치경제학이 저항의 영역을 소홀하게 취급하거나 부차적으로 처리하는 것은 정보사회와 정보기술에 대한 비판에만 몰두한 나머지, 거꾸로 이들의 민주적 활용가능성에 대해서는 크게 주목하지 않았다는 사실을 보여준다. 이런 맥락에서 정보정치경제학적 분석은 흔히 네오러다이트(neo-Luddite)라는 비판을 많이 받는다. 이런 비판은 주로 자율주의적 맑시즘[71]의 입장에서 나오고 있다. 주지하다시피 러다이트(Luddite)운동은 19세기 초 기계적 기술의 보급이 노동자의 실업과 생활고를 가중시킨다는 생각에서 노동자들이 기계를 파괴했던 운동을 가리킨다. 자율주의적 맑시즘의 입장에서는 정보정치경제학이 러다이트운동처럼 새로운 정보기술을 무조건적으로 거부하면서 아무런 저항의 노력이나 대안을 정립하지 못한 채 수세적인 태도를 보인다고 비판한다.(Dyer-Witheford, 2003: 119-123)

이러한 비판은 논쟁의 여지가 있고 다소 과장되긴 하지만 일정 정도

---

71) 자율주의적 맑시즘은 일반적으로 네그리(Negri)로부터 시작된 마르크스주의를 가리키는 것으로 생산력과 생산관계 중 생산관계, 즉 계급투쟁을 중시하며 정보기술의 계급투쟁에의 활용가능성을 주장하는 마르크스주의의 한 조류이다.

설득력이 있다. 정보정치경제학은 전술한 대로 비록 실천에 대한 관심을 갖고 있긴 하지만, 실제로 그 현실분석은 저항의 영역보다는 실천의 조건이 되는 비판의 영역에 집중되어 있다. 좀 더 정확히 말하면 정보사회와 정보기술의 조직화원리에 대한 총체적이고 원초적인 비판의 영역에 집중한 나머지, 세부적인 차원에서 정보사회와 정보기술이 갖고 있는 민주적 커뮤니케이션의 가능성에 대해서는 간과하고 있는 측면이 존재한다. 즉 시놉티콘의 원리와 마찬가지로 동일한 정보기술이나 정보사회의 기제가 자본주의구조 속에서 인간을 억압하기 위한 것으로 작동하기도 하지만 상황에 따라서는 거꾸로 자본주의구조에 대한 저항과 사회의 민주화에 활용될 수도 있는 것이다. 정보정치경제학이 네오러다이트라는 비판에서 벗어나기 위해서는 이처럼 정보사회의 세부적이고 다양한 차원에서 발생하는 역발상의 가능성들을 제대로 담지해 내야만 할 것이다.

2

한국의 특수성

한국의 정보사회는 여타 국가들과는 상당히 다른 독특한 특성을 지니고 있다. 우선 주목할 것은 서구의 선진국과는 달리 정부주도의 위로부터의 급속한 정보화가 이루어졌다는 점이다. 그러나 급속한 정보화에 따라 한국이 세계적인 인터넷 강국이 되면서 네티즌의 힘이 만들어내는 아래로부터의 자율적인 정보사회의 문화가 형성되기도 했다. 요컨대 모순적인 두 가지 현상인 정부주도의 위로부터의 정보화와 네티즌이 만들어내는 아래로부터의 자생성과 상향성이 결합되면서 한국의 정보사회는 매우 독특한 양상을 띠게 된 것이다. 그 결과 정보정치경제학적 관점에서 설명하기 힘든 한국만의 민주적 정보사회의 가능성이 나타나고 있으며, 그 대표적인 예로 세계적으로 유례를 찾기 힘든 엄청난 규모의 사회운동인 촛불시위와 같은 저항의 영역이 발생하였다. 여기서는 이러한 한국의 특수성을 위로부터의 정보화와 아래로부터의 상향성이라는 두 가지 차원에서 살펴보고자 한다.

1) 위로부터의 정보화

위로부터의 급속한 정보화를 이룩한 한국의 정보화정책의 추동력은 크게 두 가지로 압축할 수 있다.(강상현, 1996: 229-230; 김환석, 1991: 306-308) 첫째, 1970년대 선진자본주의의 위기와 그 대응전략의 파급력이 1980년대 한국의 정보화정책을 추동시켰다. 전술한 바와 같이 세계자본주의는 1970년대에 위기를 맞게 되면서 선진국들은 여기에서 벗어나기 위한 자본주의 재구조화의 일환으로 정보기술을 활용하고자 하였다. 특히 미국은 국제사회에서 정보부문의 규제완화와 자유경쟁을 강화하여 정보부문의 기술적 우위를 바탕으로 국제사회에서 패권을 유지하려고 하였다. 이런 미국의 전략은 다른 선진국들에게도 자극을 주어 1970년대 말과 1980년대 초에 정보산업을 축으로 한 산업구조조정과 기술·제도 혁신 등의 정보화정책을 강구하도록 만들었으며, 이러한 선진자본주의국가들의 변화는 1980년대 한국의 정보화정책에도 영향을 미쳤다. 한국은 1980년대에 와서 세계적인 자본주의의 불황, 선진국의 보호무역주의, 후발개도국들의 추격으로 인해 기존의 수출드라이브정책과 중화학공업전략이 한계를 드러내게 된다. 따라서 선진국처럼 산업구구조정과 정보산업육성을 통해 새로운 도약을 필요로 하게 되었고 이것이 정보화정책에 반영되었다. 게다가 정보화의 후발국으로서 한국은 보다 급속한 정보화를 위해 정부주도의 강력한 정보화정책을 취하게 된다.

둘째, 폭압적인 방법으로 정권을 잡은 5공화국정권이 취약한 정치적 정당성을 보완하기 위한 것이었다. 1980년대 5공화국은 심각한 위기상황을 맞게 된다. 위에서 밝힌 바와 같이 1970년대의 세계적인 자본주의의 위기의 여파로 한국도 경제적 위기에 처하게 되고, 게다가 그간의 경제성장과정에서 누적되었던 경제집중, 산업불균형, 소득불평등, 독재체제에 대한 불만 등이 한꺼번에 민주화의 요구로 분출되면서 한국사회는 총체적 위기를 맞게 되었다. 이러한 위기상황에서 더구나 불법적으로 정권을 잡은 5공화국은 총체적 위기를 탈출하고 자신의 정치적 정당성을 창출하기 위해 새로운 정책과 이데올로기를 절실히 필요로 하게 되었는데, 그것이 바로 정부주도의 급격한 정보화정책으로 연결된 것이다.

한국의 정보화정책은 이렇게 경제적 필요성과 정치적 필요성이 결합되어 1980년대부터 추진되기 시작하였다. 이런 정책변화는 연쇄적인

산업구조조정과 기업체질개선을 불가피하게 만들었고, 1983년 이후 정
보화정책이 공식적으로 부상하여 1983년을 '정보산업의 해'로 지정하고
정보산업육성을 국책사업으로 추진하게 되었다. 그 일환으로 국내정보
산업에 대한 국책적 지원·육성과 함께 국가기간전산망사업을 본격적
으로 추진하고, 국내정보산업을 위한 내수기반을 조성하기 위해 공공부
문의 수요를 스스로 창출하고 민간부문의 수요창출을 위한 홍보활동을
전개하였다. 게다가 정보화정책의 국민적 지지와 동원을 위해 1988년
부터 '정보문화운동'을 조직적으로 추진하여 정보사회건설 시나리오를
정당화시키고 정보산업에 대한 국민적 수요창출을 꾀하였다.(강상현,
1996: 230-233, 238-241)

이후에도 1994년 기존의 체신부를 정보통신부로 개편하고 멀티미디
어화의 추세에 따라 공중파방송을 제외한 방송업무를 정보통신부 산하
로 통합함으로써 정책의 효율성을 꾀하였다. 1995년에는 초고속정보통
신망을 조기 구축하고 정보사회의 기반이 되는 각종 인프라건설의 근거
를 마련하기 위한 '정보화촉진기본법'을 마련하였고, 1995년부터 2010
년까지 사업기간을 3단계로 나누어 초고속정보통신 기반구축사업을 시
행하여 오늘에 이르고 있다.(권기헌 외, 1998: 179-180, 221)

한국의 정보화정책의 또 하나의 기점은 1997년이다. 1997년 IMF구
제금융신청에 따라 IMF관리체제에 들어가면서 이에 대한 지속적인 탈
출구로서 정보부문을 정책적으로 확대지원하고, 정보화촉진기본법에 기
초해 1996년부터 설립된 정보화촉진기금을 통해 정보기업에 대한 지원
을 강화하며, 정보통신부를 비롯한 모든 행정기관이 정보정책에 전 행
정력을 동원했다.(전석호, 2004: 371)

지금까지 논의한 한국의 정보화정책의 특징을 요약하면 다음과 같다.
첫째 민간부문의 요구와는 관계없는 정부주도의 정책, 둘째 수요가 없
는 시장에 정부가 개입하여 공급을 창출하는 공급위주의 정책, 셋째
국민복지보다는 경제발전을 최우선시하는 경제위주의 정책, 넷째 정권
의 취약한 정치적 정당성을 보완하기 위한 정치적 도구로서의 정책이

그것이다.(조주은, 2002: 159 - 166)

이런 점에서 볼 때 결국 한국의 정보화정책은 출발부터 산업구제를 위한 지원정책의 성격을 강하게 띠었으며 다분히 권력과 대자본 간의 호혜적 구도 속에서 추진된 것이라고 볼 수 있을 것이다.(강상현, 1996: 232 - 233) 정보화정책을 통해 권력은 정치적 정당성을, 대자본은 새로운 이윤창출을 달성했다. 그 결과 한국은 서구 선진국의 기업 간 자유경쟁에 따른 기업주도형의 점진적인 정보화가 아닌 정부와 독점자본 간의 연계에 의한 위로부터의 정보화를 통해 급속한 정보화환경을 구축할 수 있게 되었으며, 이런 한국형 정보화방식이 제3세계 국가들의 정보화의 모델이 되고 있다. 한국형 모델은 그 자체로 북미와 유럽의 기업주도형의 정보화를 중심으로 정보사회를 분석하는 정보정치경제학적 관점에서 벗어나는 측면이 존재한다. 그러나 그것보다 더욱 중요한 것은 한국의 급속한 정보화로 인해 다음에 설명할 아래로부터의 상향성과 그에 따른 민주적 커뮤니케이션을 형성할 수 있는 정보 하부구조가 마련되었다는 점이다.

2) 아래로부터의 상향성

한국의 정보사회의 특수성은 다른 요인들도 생각할 수 있지만 무엇보다도 인터넷의 발달에서 출발한다. 한국의 인터넷은 세계적으로도 독보적이란 것은 이미 밝힌 바 있다. 그런데 인터넷은 양가적인 속성이 있다. 앞에서는 정보정치경제학적 관점에서 자본주의적 조직화원리의 연장선상에 있는 인터넷의 현실을 분석하였지만, 분명히 이를 넘어서는 새로운 민주적 커뮤니케이션의 가능성 또한 인터넷에 내포되어 있다. 그래서 정부주도의 위로부터의 급속한 정보화에 의해 구축된 하부구조인 인터넷의 엄청난 발달은 네티즌이 만들어 내는 아래로부터의 자생성 및 상향성과 결합되어 한국 정보사회의 특수성을 형성하였다.

한국의 인터넷이 엄청나게 발달했다는 사실은 한국에서 인터넷이 갖고 있는 속성이 극대화되었음을 의미한다. 그러나 이것만으로 한국의 현실을 설명하는 것은 부족하다. 이러한 인터넷의 특수성은 한국적 상황의 특수성과 연결되어, 결국 한국 정보사회의 특수성은 이 둘의 접합으로 나타난다. 그 결과 세계적으로 유례를 찾기 힘든 촛불시위라는 저항의 영역이 인터넷을 매개로 해서 발생한 것이다. 이러한 한국의 현실을 설명하는 데 있어 정보정치경제학은 다소 한계를 보이고 있는데 이는 인터넷의 특수성과 한국적 상황의 특수성 모두에 기인한다. 지금까지 한국 정보사회의 특수성에 대해 설명하는 입장들은 이 두 가지 중 어느 하나만을 집중적으로 강조하는 경향이 있다. 그러나 전자만을 강조한다면 한국 못지않은 인터넷 강국인 아이슬란드, 스웨덴, 미국 등에서는 왜 촛불시위와 같은 현상이 일어나지 않는가를 설명할 수 없으며, 후자만을 강조한다면 촛불시위는 인터넷이 없었더라도 발생할 수 있었던 현상으로 취급될 것이다. 여기서는 이런 점을 염두에 두고 우리 정보사회의 독특한 아래로부터의 상향성에 대해, 2002년 말부터 시작된 효순·미선 추모 촛불시위의 원인을 중심으로 인터넷의 특수성과 한국적 상황을 접합시켜 살펴볼 것이다.

첫째로, 인터넷은 민주적 커뮤니케이션을 가능하게 하는 속성이 여러 가지 있다. 그중에서도 현재의 논의와 관련하여 가장 중요한 것은 쌍방향성과 익명성을 들 수 있다. 주지하다시피 인터넷의 쌍방향성은 일방향적 커뮤니케이션으로 대변되는 매스미디어와는 달리 수용자의 발언권, 즉 참여가 보장된다. 따라서 인터넷에서의 활동은 개인의 자발적 참여에 의한 것이고 몸에 체화된 이 참여의 습관이 정치적 능동성을 일깨워 자신의 행동이 세계를 변화시키는 데 일조할 수 있다는 생각을 갖게 만든다. 실제로 촛불시위 이후 시민단체에 참여하는 사람의 수가 늘어났다. 인터넷의 쌍방향성이 사람들로 하여금 참여와 실천의 욕구를 불어넣는 계기가 된 것이다.(이정덕, 2004: 45-46)

다음으로 익명성은 인터넷의 문제점으로 더 부각되고 있는 속성이다. 익명성은 대면적 커뮤니케이션과는 달리 인터넷상의 커뮤니케이션에서 개인의 사회적 정체성을 알게 해 주는 외모, 복장, 어투 등의 사회적 단서가 사라졌음을 의미한다. 사라진 사회적 단서를 대신하는 것은 개인적 정체성과는 아무런 관계가 없는 ID뿐이다. 이로 인해 사회화되지 않은 원초적 욕구가 분출되거나 상호 간의 분명한 의사소통이 어려워지거나 여러 가지 일탈 등의 문제가 발생하기도 한다. 반면에, 사회적 단서의 결핍으로 인해 인터넷상의 커뮤니케이션은 현실세계와는 달리 위계적이지 않고 수평적인 관계상에서 이루어진다.(라도삼, 1999: 166 –169) 누가 누구인지 모르는 상황에서 모든 네티즌들은 현실적 위계관계와는 관계없이 서로를 '˜님'으로 부른다.

여기에 한국적 상황이 결합된다. 한국은 유교사상과 군사독재정권의 영향 아래서 권위주의에 의해 개인의 목소리가 장기간 억압되어 왔다. 물론 이런 분위기를 쇄신한 중요한 원인으로는 정치적 지형의 변화가 크지만 인터넷은 그런 변화의 절정이라고 할 수 있다. 인터넷의 쌍방향성과 익명성은 일방적이고 위계적인 권위주의를 무너뜨리고 민주적이고 개방적인 의사소통의 가능성을 열어준다. 촛불시위에 대해 인터넷에서 그야말로 자신의 의사 그대로의 다양하고 논쟁적인 의견들이 제시될 수 있었던 것도, 또한 촛불시위가 위계적이고 조직적인 집회가 아니라 자발적이고 수평적 관계의 시위형태로 나타난 것도 바로 이 때문이다. 심지어 길 가던 시민들이 촛불시위를 보고 즉석에서 참여했을 만큼 촛불시위는 개방적이었다.

둘째로 네트권력의 형성을 들 수 있다. 인터넷을 매개로 모인 촛불시위의 참여자들이 행사할 수 있었던 권력의 원천은 소유가 아닌 관계이다. 이를 경제적 자산, 정치적 권한, 전문자격 등의 배타적 소유에 원천을 둔 '소유권력'과 대비하여 '관계권력'이라고 할 수 있을 것이다. 물론 관계권력이 완전히 새로운 권력현상은 아니지만 오늘날 인터넷을 통해 시공간적 제약이 획기적으로 줄어든 세계에서는 관계권력의 힘이 훨씬 커져, 과거 소유권력의 지배를 받던 관계권력이 상대적 자율성을 획득하고 나아가 소유권력에 대항할 수 있는 힘을 가지게 된다. 네트워크가 강력한 소수에 대항할 수 있는 권력을 얻을 수 있는 것은 권력의 공유과정 속에서의 자발적 상호작용을 통해 개인들의 단순 합 이상의 잉여를 창출할 수 있기 때문이다. 인터넷의 네트권력은 바로 이런 관계권력의 성격을 띠고 있다.(장승권 외, 2004: 99-100, 104-106)

한국에서는 정부주도하의 근대화와 자본주의화 과정에서 강력한 소수의 소유권력이 사회를 장기간 지배해 왔다. 여기에 인터넷에 기반을 둔 네트권력은 시민혁명의 경험이 없는 동양사회의 일원으로서의 한국의 국민들로 하여금 마치 시민혁명과 같이 관계권력을 통해 소수의 지배적 소유권력에 대항할 수 있게 만들어 준 것이다. 그것이 현실적으로 표출된 대표적 형태가 바로 촛불시위라 할 수 있다. 촛불시위의 당사자들은 개개인별로 미약한 소유권력을 갖고 있는 존재들이지만 인터넷을 통해 거대한 숫자의 개인이 서로 연결됨으로써 거리에서 소유권력에 기반을 둔 소수의 지배권력에 당당히 맞설 수 있는 관계권력을 발휘하게 된 것이다.

셋째, 광장성의 체험이 있다. 인터넷과 민주주의 정치와의 관련성을 논의할 때 가장 먼저 언급되는 낙관적인 슬로건은 고대 아테네의 직접민주주의의 부활이다. 현재 직접민주주의에 대한 실험이 어느 정도 이루어지고 있지만 인터넷이 곧 직접민주주의로의 복귀라고 말하기에는 여러 가지 난관과 쟁점이 존재한다. 그러나 직접민주주의까지는 아닐지라도 인터넷이 정치적 정보접근과 토론, 참여의 확대를 가져옴으로써 민주주의 정치에 어느 정도 기여한 것은 분명한 사실이다. 이것은 비유하자면 고대 아테네의 자유로운 정치적 집회와 토론의 광장이었던 아고라(agora)가 사이버아고라(cyberagora)로 부활했다고 할 수 있을 것이다. 사이버아고라는 네티즌으로 하여금 민주적 집회와 토론의 구실을 하는 광장문화를 체험하게 해 준다.

한국적 상황에서 현실공간에서의 광장은 다소 친숙하지 못한 것으로

서구적인 것이었다. 물론 광장문화가 존재하지 않은 것은 아니지만 주로 독재정권의 대중선동이나 거꾸로 독재정권의 저항세력의 저항공간으로 이용되었기 때문에 광장은 다소 특수한 집단만이 이용했던 공간이었다.(현택수, 2003: 66－68) 이렇게 광장문화가 부재했던 한국에서 새로운 민주적 광장의 기능을 떠맡게 된 것이 바로 사이버공간이다. 사이버공간은 마치 아테네의 아고라처럼 개방성, 자발성, 공동체성, 쌍방향성, 평등성을 모두 갖춘 거대한 광장이다.(현택수, 2003: 70) 그런데 이런 사이버아고라는 평범한 사람들을 현실의 광장으로 내몰았는데 그것이 바로 촛불시위이다. 즉 온라인상의 토론과 여론 수렴이 현실광장에서 실현된 것이다. 사이버아고라에서 민주적 광장성을 성공적으로 체험한 국민들은 여기서 그치지 않고 이 체험을 기반으로 하여 현실광장에까지 나서게 되었다. 이런 광장문화의 체험은 당연히 사람들을 더욱 사회참여적으로 만든다. 물론 여기에는 2002년 월드컵 때의 광장문화의 체험이 사람들로 하여금 광장성을 더욱 가깝게 느끼게 만들고 자신감을 심어 준 측면이 영향을 미쳤다. 결국 촛불시위를 통한 광장성의 체험은 커뮤니케이션의 민주화, 합리화, 투명화를 가져옴으로써 한국사회의 민주화에 상당히 기여하였다.(현택수, 2003: 71－73)

넷째, 사이버공동체적 특성을 들 수 있다. 많은 사회과학자들은 소규모의 전통사회를 공동체적 사회로 보고 그 이후의 대규모 산업사회를 공동체가 해체된 사회로 판단하여, 산업사회에서 새로운 공동체적 결속의 가능성을 희망하고 이를 달성하기 위해 노력하였다.[72] 현대정보사회에서 이런 노력에 대한 획기적 가능성이 노정되었다. 인터넷을 기반으로 한 사이버공동체가 시공간적 한계를 초월하여 공동체적 결속력을 회복시킬 수 있는 새로운 가능성으로 각광받게 된 것이다. 사이버공동체야말로 산업사회의 원자화되고 소외된 개인들에게 가상의 경계와 지속적인 상호작용, 그리고 정서적 소속감을 제공하여 공동체적 연대를

---

[72] 물론 이런 입장은 근대사회의 계몽주의적 이성에 기반을 둔 사회진보의 믿음을 갖고 사회변동의 이론을 정립한 사회과학자들과는 반대되는 것이다.

다시 심어 줄 수 있지 않을까 하는 것이다.

이런 현상은 사실 서구보다는 한국사회에 더욱 잘 들어맞는다. 한국은 서구에 비해 개인주의 의식이 약하고 집단적, 공동체적 의식이 전통적으로 강한 민족이다. 인간 삶의 기본양식인 노동과 유희의 과정에서도 상호협력적 노동과 집단적 축제로서의 놀이문화가 주류였다. 그럼에도 전통사회를 벗어나 급속한 산업화와 서구화과정을 거치면서 한국의 공동체문화는 급격히 쇠퇴하게 되고 현실에서는 잘 드러나지 않은 채 잠재적으로만 내재하는 것이 되어 버렸다. 그런 와중에 인터넷의 엄청난 발달과 그 속에서의 사이버공동체들은 한국인의 공동체적 의식을 부활시키는 데 큰 역할을 하게 된다. 일차적으로 그 결과는 2002년 월드컵 때의 거리응원으로 나타났다. 거리응원은 오랫동안 잠재되어 있던 한국인의 공동체적 축제로서의 놀이문화가 되살아난 것이었다. 그다음은 촛불시위가 뒤를 이었다. 촛불시위에 참여하게끔 하는 데 가장 결정적 역할을 한 것은 다름 아닌 인터넷상의 수많은 사이버공동체들이었다. 그리고 그렇게 모인 촛불시위의 양상 또한 기존의 공격적인 시위문화와는 달리 평화적이고 정서적인 공동체적 제례의 성격을 띠었다. 실제로 효순·미선 추모 촛불시위를 여중생 사망사건 범국민대책위원회가 반미시위로 연결시키려 하자 일반시민들이 이를 반대하고 순수한 추모시위를 주장한 것도 이 촛불시위의 동력이 우선적으로 공동체적 연대에서 나온 순수한 정서적 분노에 있음을 보여주는 것이다. 시민들은 사이버공동체에서 그리고 거리에서 공동체적 연대감에서 나온 한을 집단적으로 표출한 것이다.

현대의 한국사회는 정보정치경제학적 관점에서 설명하기 곤란한 측면이 존재하며 이는 다른 다양한 정보사회담론들을 동원하더라도 마찬가지이다. 그것은 지금까지 살펴본 대로 한국의 발전된 정보기술과 정보문화, 그중에서도 특히 인터넷의 독보적인 발달로 인해 인터넷의 특수성이 극대화된 측면 하나와, 또 한 가지, 한국적 상황의 독특함이 서로 접합되어 빚어낸 결과이다. 그래서 발생한 촛불시위와 같은 현상은 정보정치경제학적 관점이 제대로 짚어내지 못하는 민주적 커뮤니케이션, 대항헤게모니, 그리고 시놉티콘을 만들어 내었다. 그렇다고 이것이 정보정치경제학적 관점이 한국사회를 설명하는 데 매우 부적절함을 가리키는 것은 결코 아니다. 실제로 이러한 인터넷의 긍정적인 특수성을 향유하는 것도 앞의 정보정치경제학적 분석에서 봤던 바와 같이 정보 불평등이 작용하며, 그 결과 인터넷에 쉽게 접근할 수 있는 사람들 중심으로 촛불시위 참여자의 편중성이 드러난다. 한 조사에 따르면 효순·미선 추모 촛불시위의 참여자 중 70%가 대학생이며 84.2%가 20~30세인 것으로 나타났다.(이영실·김희원, 2003: 281) 결론적으로 한국의 정보사회의 현실은 정보정치경제학적 관점이 갖는 현실설명력과 거기에서 벗어나는 특수성이 혼재하고 있는 것으로 파악해야 할 것이다.

3

정보정치경제학의 과제

앞서 정보정치경제학의 한계와 한국의 특수성을 살펴본 바와 같이 정보정치경제학의 가장 핵심적인 문제점은 일반성과 특수성의 부조화일 것이다. 더 간단히 말해 정보정치경제학이 지역적, 세부적 특수성에 대해 보다 민감하게 반응하지 못한다는 것이다.

Ⅲ장에서 살펴본 시장원리화, 불평등구조화, 세계화의 논의들이 일반성의 차원이라면 특수성은 국가별·지역별 차이에서 발생한다. 국가별·지역별 정보화의 진행방식, 정보화정책, 국민의 역량, 국제적 지위 등에 따라 시장원리화, 불평등구조화, 세계화의 정도도 상이하게 되고 정보사회 속의 특수성을 갖게 된다. 그리고 지역별 자본주의의 성격에 따라서도 그 사회에 대한 분석은 달라져야 한다. 자본주의의 자유시장경제적 속성의 정도에 따라 정보사회의 자본주의적 조직화의 양상이 달라지기 때문이다. 정보기술의 보급도도 특수성을 형성하는 중요한 요인이 된다. 예컨대 오늘날 정보기술의 핵심이라고 할 수 있는 인터넷을 두고 봤을 때 전 세계 모든 국가, 지역들이 인터넷의 세례를 받고 있는 것은 아니다. 인터넷이 생활의 일부가 된 국가가 있는가 하면 아직도 전화보급이 제대로 되지 않은 지역도 존재한다. 실제로 2003년 기준 인구 만 명당 인터넷 이용자는 세계 평균이 1,107명밖에 되지 않지만 2위 국가인 우리나라는 6,034명이나 된다.(한국인터넷진흥원, 2005a: 284) 따라서 이런 특수성을 무시한 채 모두를 하나의 범주로 묶어 내거나 동일한 분석틀로 연구한다는 것은 불가능하다.

정보정치경제학이 저항의 가능성이나 정보기술의 민주적 활용가능성을 부차적으로 취급하는 것도 비슷한 맥락에 있다. 이는 현실에 대한 더욱 구체적이고 세부적인 분석을 통해 이러한 특수성에 접근하지 못한 데 원인이 있다. 지역이나 상황에 따라 정보기술이 갖고 있는 긍정적이고 민주적인 가능성과 이와 관련된 저항의 가능성들은 특수한 사회적 맥락 속에서 설명가능하지만 정보정치경제학은 그러한 분석을 소홀히 취급한 측면이 있다.

그런데 지금까지의 논의는 일정 정도는 틀리고 일정 정도는 맞다고 할 수 있다. 왜냐하면 정보정치경제학 속에서도 다양한 지역적, 국가적, 사회적 특수성에 대한 분석들이 나타나고 있기 때문이다. 실제로 정보정치경제학적 연구들은 과거부터 북미, 유럽, 제3세계[73] 등의 각국 현실의 다양한 실증적 자료를 바탕으로 그 지역의 특수성을 포함하는 분석을 하고 있고,(Mosco, 1998) 나아가 정보정치경제학의 내부를 들여다 보면 그것은 완전히 통일된 논의가 아니라 세부적으로 다양한 논의들이 가지를 치고 있으며 심지어 상충되는 담론들까지도 존재한다. 다시 말해 일반성과 특수성의 조화가 이미 정보정치경제학 내부에서 어느 정도 이루어지고 있다.

그러나 문제는 이러한 특수한 현실에 일반성에 기초한 정보정치경제학의 거시적 틀을 적용하려고 하는 시도가 존재한다는 것이다. 마치 정상과학상태에서 패러다임에 들어맞지 않는 특수한 사례에 대해서는 예외적이고 부차적인 것으로 처리하여 정보정치경제학의 거시적 틀을 유지하려는 측면이 존재한다. 게다가 매스미디어에 대한 분석에서 유래하여 지금까지 유지되어 온 오랫동안의 기본적인 분석틀은, 물론 여러 변화를 받아들이긴 했지만, 너무나도 빠른 속도로 변화하는 정보사회의 현실을 미처 따라오지 못하여 새롭게 발생하는 특수성을 놓치기도 한다. 이러한 일반성과 특수성의 부조화는 전술한 한국의 특수성에 대한 실제 분석에 대해 정보정치경제학적 관점이 갖는 한계를 보면 수긍할

---

73) 물론 제3세계는 대체로 아직까지 정보사회라고 보기 힘들며, 따라서 제3세계에 대한 정보정치경제학의 분석은 주로 매스미디어에 대한 분석이다.

수 있을 것이다.

요컨대 정보정치경제학은 현재의 일반성과 특수성의 조화를 더욱 강화하여 특수성에 대한 보다 구체적이고 세부적인 고찰을 통해 특정한 사회적 맥락에 적합한 분석을 함과 동시에, 급변하고 있는 정보사회의 현실에서 발생하는 특수성을 담지해 낼 수 있도록 유연성을 확대하는 방향으로 나아갈 필요가 있다.

V

결　론

오늘날 정보사회를 설명하는 다양한 담론들이 존재한다. 그리고 다양한 담론들은 다양한 내용과 이데올로기적 지형을 보여주고 있으며, 우리가 정보사회를 어떤 담론의 시각에서 분석할 것인가를 결정할 때는 이 두 가지 모두를 고려해야만 한다. 그런 면에서 여러 정보사회담론들이 갖고 있는 담론내용 자체의 한계와 이데올로기적 지형의 차원에서의 문제점을 비판적으로 고찰해 보았으며 그중 특정한 입장을 취하여 정보사회에 대한 비판적 분석을 수행하였다. 그 결과 얻은 결론은 다음과 같다.

첫째, 각 정보사회담론에 대한 내부로부터의 고찰을 행한 결과, 미래학, 탈산업사회론, 포스트포디즘, 포스트모더니즘 등의 담론들은 모두 나름대로의 논리적 문제점 또는 현실설명력의 한계를 갖고 있다.

둘째, 각 정보사회담론에 대한 외부로부터의 고찰을 통해, 위에서 열거한 담론들이 모두 보수적인 이데올로기적 지형을 갖고 있다는 공통된 문제점을 발견할 수 있다. 반면에, 정보정치경제학은 정보사회를 자본주의적 조직화원리의 연장선상에서 고찰하면서 정보사회에 대한 비판적인 이데올로기적 지형을 유지하고 있다.

셋째, 내부로터의 고찰과 외부로부터의 고찰을 고려하여 대안적 정보사회담론으로 정보정치경제학을 설정하고, 이에 입각하여 정보사회의 현실을 분석한 결과는 다음과 같다. 먼저, 시장원리화에서는 자본주의를 작동시키는 가장 기본적인 기제인 시장의 영역이 정보에까지 미쳐 정보 또한 상품으로서 유통됨으로써 과거 자본주의적 산업사회의 시장이 갖고 있던 문제점을 그대로 답습하게 된다. 한편으로는 정보기술의

발달이 전체 경제의 시장원리화를 촉진하고 사회와 사회구성원들을 시
장원리의 메커니즘에 자연스럽게 적응시키기도 한다. 다음으로, 불평등
구조화에서는 계급불평등에 따른 지불능력의 차이 등이 정보불평등을
양산하여 정보사회의 혜택이 사회적 관계 속에서 차지하는 위치에 따
라 차별적으로 돌아간다. 또한 관료조직과 개인과의 정보불평등이 만들
어내는 감시사회가 정보사회의 특성상 자신이 스스로를 감시하는 특이
한 기제를 형성하는 현상이 발생한다. 끝으로 세계화에서는 세계적 교
류 속에서 선진국이나 선진자본의 일방이 다른 일방을 지배하고 종속
시키는 제국화의 현상이 벌어지고 있으며, 세부적으로는 선·후진국 간
의 정보불평등현상이 나타나고 신자유주의와 정보기술의 만남에 따른
경제적 우경화가 발생하며 세계화의 중심에 있는 초국적 기업의 이해
관계가 관철되고 있다. 그리고 인터넷에 대한 정보정치경제학적 분석의
결과는 다음과 같다. 인터넷의 컨텐츠와 인프라 또한 시장원리에 종속
되어 있으며, 정보불평등을 감소시킬 것으로 예상했던 인터넷도 공짜가
아니란 것과, 역시 인터넷에서도 관료조직과 개인과의 괴리가 감시시스
템으로 나타나며, 또한 인터넷이 신자유주의적 세계화와 결합되면서 점
차 상업미디어로서의 위상을 드러내고 있다. 마지막으로 정보사회의 최
첨단영역인 유비쿼터스 컴퓨팅도 시장창출을 위한 하나의 상징으로서
악용되고 있고, 지불능력이 낮은 사람을 소외시키며, 때에 따라 유비쿼
터스 감시를 초래하고, 그 표준을 둘러싸고 세계적인 경쟁을 가져올
전망이다.

넷째, 정보정치경제학이 다른 정보사회담론들과는 차별적으로 보여주
는 이데올로기적 지형과 현실설명력에도 불구하고 정보정치경제학에도
한계가 존재한다. 특히 일반성과 특수성의 부조화에 의해 지역적이고
세부적인 특수성에 대한 고찰에 한계가 있다. 이는 정보정치경제학을
넘어서는 저항의 영역과 한국의 특수성을 살펴봄으로써 확인할 수 있
었다.

이상에서 정보사회담론을 분석하고 정보정치경제학적 관점에서 정보

사회를 분석하는 과정에서 이 책은 몇 가지 한계이자 과제를 안고 있다. 먼저 이 글이 채택하고 있는 정보정치경제학적 관점 자체에서 오는 문제를 들 수 있다. 전술한 바와 같이 정보정치경제학적 분석은 자율주의적 맑시즘 등으로부터 네오러다이트라고 불리면서 러다이트운동처럼 새로운 정보기술을 무조건적으로 거부하고 저항과 대안의 영역을 정립하지 못한 채 수세적인 태도를 보인다고 비판받는다. 이 점은 분명히 정보정치경제학의 한계이기도 하지만, 논리적으로 볼 때 이 글이 앞서의 비판처럼 단순한 네오러다이트의 산물은 아니다. 즉 단순히 기술거부를 주장하는 것이 아니라, 시장원리 대신 공공성을, 불평등구조 대신 평등한 구조를, 세계화 대신 국민주권을 주장하는 것이다. 자율주의적 맑시즘은 피지배층의 저항을 위해 기술을 민주적으로 활용가능하다는 차원에서 정보기술을 적극적으로 수용하고 있는데, 이 점은 자칫 전술한 정보정치경제학의 현실분석으로부터 눈을 돌리는 것이 될 수 있으며, 변형된 기술결정론이 될 수 있다. 즉 자율주의적 맑시즘은 기술이 현재 이런 발전상태에 있으니 이것을 긍정적으로 활용하고 적응할 방향을 찾자고 하지만, 현재의 기술에는 명백히 기술을 야기한 정치경제학적 변수들이 존재한다. 그렇다면 당연히 이 변수들을 조정해서 기술 자체의 발전방향을 민주적으로 바꾸는 것이 근본적으로 중요한 것이지, 자율주의적 맑시즘처럼 현재의 기술발전에 적응하는 것은 부차적인 문제인 것이다. 요컨대 이 글의 의도는 정보기술을 거부하는 것이 아니라 정보기술에 작동하는 총체적, 구조적, 역사적 선행변수들을 고찰하고 이들을 민주적으로 수정하여 그에 따른 정보기술의 발전과 활용 방향을 바꿈으로써, 정보사회를 둘러싼 보수적인 이데올로기와 모순을 극복하고 정보사회를 진정한 민주적 신세계로 바꾸려는 실천적 함의를 담고자 하는 것이다. 그러나 논리적으로는 정보정치경제학의 정당성을 이렇게 설명할 수 있지만, 그럼에도 불구하고 정보정치경제학적 관점에서 정보사회를 분석하다 보니, 이 관점의 정보기술과 정보사회에 대한 신중론이 정보기술의 민주적 가능성과 정보사회의 진보적인 국면까지도 폄하하는 경향을 갖고 있다.

둘째, 정보사회를 자본주의적 조직화 원리에 국한시켜 봄으로써 정보사회에 대한 새로운 논의나 예측이 부족하다고 할 수 있다. 그러나 이런 측면도 상당 부분 이 책의 목적과 성격에 기인한 것이다. Ⅱ장에서 살펴본 다양한 정보사회담론들은 정보정치경제학을 제외하고 정보사회를 단절적이고 새로운 사회로 규정함으로써 이 신사회에 대한 다양한 논의와 예측을 쏟아내고 있다. 그리고 전술한 바와 같이 이것이 지나치게 확대되어 오늘날 소위 '정보의 홍수'뿐만 아니라 '정보사회담론의 홍수'의 상황까지도 초래하고 있는 것이다. 즉 신사회에 대한 논의와 예측의 상황이 이제는 앞 다투어 사회변동에 관한 혁신적이고 독창적인 패러다임을 누가 먼저 창출하느냐에까지 이르렀다고 하겠다. 그 결과 지식산업, 정보경제, 전자시대, 정보시대, 정보사회, 지식사회, 전자기술사회, 탈산업사회, 포스트포디즘, 포스트모더니즘, 제3물결, 메가트렌드 등 얼핏 구분하기도 힘든 신사회에 대한 패러다임들이 폭발적으로 넘쳐나고 있다. 이 책은 실제로 이런 학문적 분위기에 대한 반작용이다. 과연 현대사회가 그렇게 다양하고 새로운 패러다임들로 설명되어야 하는가 하는 회의가 작용한 것이다. 이런 회의의 기반에는 전술한 패러다임들이 간과하고 있는 공통적인 문제점들이 있다. 그것은 바로 자본주의적 원리와 관행이 현대사회에도 작동하고 있다는 현실을 무시하거나 부차적으로 처리하면서 현실보다는 당위에 기대어 정보사회를 서술하고 있다는 점이다. 이 글은 오히려 이런 점을 파헤쳐 정보사회담론의 어지러운 홍수의 한계를 지적함으로써 독창성을 찾으려고 한 것이다. 그러나 어쨌든 이 글은 자본주의적 조직화원리를 분석하는 기존의 마르크스주의 패러다임의 연장선을 벗어나지 못하고 있기 때문에 혁신적인 패러다임이나 사회변동의 방향성에 대한 새로운 논의를 제시하지 못하는 측면이 있다.

셋째, 앞서 지적한 것들과 연관된 것으로 정책적 대안의 제시에 미흡하다. 본래 정보사회에 대한 정책연구분야는 정보정치경제학과 인접

학문이자 경쟁분야이다. 정책연구는 국가를 중심축으로 하여 정치분석을 우선적으로 취급하거나 혹은 경제를 중심에 두고 신고전파경제학이론을 다른 영역에까지 적용시키려는 노력을 주로 한다. 반면에 정보정치경제학은 자본이 지배하는 시장에서 출발하여 국가나 문화에 접근하려는 경향이 있다. 또한 정책연구는 다양한 사회세력들이 존재하고 국가를 이들의 균형을 잡아주는 독자적 중재자로 보는 다원주의적 시각을 갖고 있지만, 정보정치경제학은 자본의 권력과 시장에 대한 분석에서 출발하여 다원주의를 거부한다. 그 밖에도 정책연구가 개인주의와 시장의 합리성에 근거해서 사회정책을 결정하려는 방식에 대해서도 정보정치경제학은 반대한다. 그러나 둘은 사회의 여러 부분의 변혁을 염두에 두고 사회에 대한 총체적 접근을 시도한다는 점에서는 공통적이다. 이런 여러 가지 측면에서 정보정치경제학은 정책연구의 경쟁분야이기도 하지만 상호 영감을 줄 수 있는 분야이기도 하다.(Mosco, 1988: 338) 그럼에도 이 책에서는 정보사회의 모순과 부조리에 대한 분석을 주로 수행한 채, 기존 정책연구와 소통하면서도 차별적인 정책적 대안에 대한 구체적 논의는 부족하다.

끝으로 부족하나마 이 책 나름의 의의를 다음과 같이 언급할 수 있겠다. 첫째, 기존의 연구에서 각각의 학문분과별로 독자적으로 논의되던 다양한 정보사회담론들을 특정기준에 비추어 종합적으로 고찰할 수 있었다. 또한 연관된 사항으로 정보사회담론의 표면적인 내용에만 논의가 집중된 나머지 발생하는 담론들 간의 불가공약성과 소통의 단절을 어느 정도 극복할 수 있었다. 이것이 가능했던 것은 그동안 일반적으로 시도되어 왔던 담론 자체의 내용 분석을 통해 논리적 정합성과 현실설명력을 검토함과 동시에, 새롭게 사회적·사상적 배경의 분석에 의한 이데올로기적 지형의 검토를 통해 정보사회담론의 내용 분석만으로는 소통이 불가능한 담론들을 상호비교, 분석하고 이데올로기적 측면에서 평가했기 때문이다. 이를 통해 정보사회담론에 대한 소모적이고 피상적인 논쟁을 피하고 좀 더 발전적인 논의를 진행할 수 있었다고 생각한다.

둘째, 정보사회에 대한 비판적 지형을 유지하고 있는 정보정치경제학에 입각하여 정보사회의 현실을 분석함으로써, 정보기술을 일방적으로 추종하고 정보사회를 유토피아로 그리는 사회적 분위기에 대한 비판을 시도하였다. 물론 정보사회에 대한 비판적 분석이 기존의 논의에도 다양하게 나타나지만, 이 책에서는 정보정치경제학이라는 큰 틀하에서 상식적으로 알려져 있는 정보사회에 대한 다양한 신화들을 독창적으로 파헤침으로써 정보사회의 냉정한 현실을 비판적으로 수용하려 하였다. 특히 정보사회의 총아이자 가장 신화의 영역 속에 깊숙이 묻혀 있는 인터넷에 대한 분석을 수행하여 인터넷이 자본주의적 조직화원리 속에서 처하고 있는 위상에 대해 고찰하였다. 요컨대 정보사회에 대한 비판적 통찰력을 보여줌으로써 무비판적 국가기구, 지배층, 기술결정론자, 그리고 거기에 호응하는 시민들의 시각적 균형을 맞출 수 있는 반론을 제시했다 하겠다.

셋째, 그럼에도 정보정치경제학적 분석이 갖고 있는 한계를 고찰함으로써, 정보정치경제학이 설명할 수 있는 부분과 없는 부분을 구분하고 정보정치경제학이 놓치고 있는 지역적이고 세부적인 특수성을 논의하였다. 이 과정에서 정보정치경제학이 모두 담아내지 못한 권력에 대한 저항의 영역이 있음을 주지시키고, 또한 한국인으로서 처하고 있는 정보사회의 특수성을 인식할 수 있도록 하였다. 이것은 정보정치경제학 특유의 비판적 분석과 더불어, 각각의 특수성에 입각한 정보사회에 대한 주체적이고 능동적인 해석이 필요함을 보여주는 것이다. 이런 과정을 통해 정보정치경제학이 놓치고 있는 특수성을 포용함으로써 정보정치경제학적 분석의 현실설명력을 보다 높일 수 있을 것이다.

정보사회담론의 담론내용을 분석해 보면 모든 담론들이 나름대로 논리적, 현실적 한계를 갖고 있다. 그러나 담론내용을 떠나서 보수적인 이데올로기적 지형에서 정보사회를 바라보려는 시도는 정보사회를 긍정적으로 그려낼 수밖에 없다. 물론 그 담론들이 모두 유토피아를 상정하는 것은 아니며 다양한 스펙트럼 사이에 위치하지만, 공통된 것은 현재의 질서와 변동방향에 대한 인정 혹은 묵인이다. 인정하고 묵인하는 담론에는 실천이 개입할 틈이 없다. 이 글의 가장 중요한 의도는 바로 이 실천을 위한 전초적인 분석을 수행하는 것이다. 사회학적 연구란, 외형적이고 일상적인 현상에 거리를 두어 그 배후에 숨어 있는 구조적 특징을 비판적 통찰력을 발휘해 들여다보고, 그 속의 모순과 부조리를 폭로함으로써 대안적 실천의 지침을 마련하는 데 의의가 있다. 결국 이 글은 바로 정보사회의 배후에 있는 문제점들을 파헤침으로써 인간의 실천이 거기에 개입해 그것들을 바로잡을 수 있는 가능성을 열어주기 위한 것이다. 사회변동은 이미 정해진 길로만 이루어지는 것이 아니라 인간의 실천적 노력 여하에 따라 그 방향이 달라진다. 현재의 정보사회를 진정한 유토피아로 만들기 위해서는 이처럼 인간의 실천이 반드시 개입해야만 할 것이며, 이를 위해서는 이 글과 같이 정보사회의 배후구조에 대한 비판적 지형에 기반을 둔 분석이 필요한 것이다. 여기에 이 책의 궁극적인 의의가 있다고 하겠다.

참고문헌

강남훈, 2002, 『정보혁명의 정치경제학』, 서울: 문화과학사.
강미은, 2001, "인터넷시대의 정보격차", 홍성욱·백욱인 편, 『2001 싸이버 스페이스 오디쎄이』, 서울: 창작과비평사.
강상구, 2004, 『신자유주의의 역사와 진실』, 서울: 문화과학사.
강상현, 1994, "'정보사회'담론의 지형학", 『언론과 사회』, 5호, 성곡언론문 화재단.
강상현, 1996, 『정보통신혁명과 한국사회』, 서울: 한나래.
강상현, 2002, "전자민주주의에 관한 이론적 논의의 지형", 『한국언론학보』, 46-3호, 한국언론학회.
강수돌, 1999, 『작은 풍요』, 서울: 이후.
강영계, 1998, "Lyotard의 Postmodern개념에 관한 연구", 『인문과학논총』, 30집, 건국대 인문과학연구소.
강준만, 2001, 『대중매체이론과 사상』, 서울: 개마고원.
강진숙, 2002, "인터넷 네트워크의 정보격차 현황과 대응정책 연구", 『한국 언론학보』, 46-4호, 한국언론학회.
고영삼, 1998, 『전자감시사회와 프라이버시』, 서울: 한울아카데미.
권기헌 외, 1998, 『정보의 신화, 개혁의 논리』, 서울: 나남출판.
권기헌, 1997, 『정보사회의 논리』, 서울: 나남출판.
권태환 외, 2000, 『정보사회의 이해』, 서울: 미래M & B.
김규원, 1998, "정보사회의 불평등", 정보사회학회 편, 『정보사회의 이해』, 서울: 나남출판.
김규원, 2000, "정보사회의 직무수행 특징과 교수방법", 『사회과학』, 12집, 경북대학교 사회과학대학.

김규원, 2004, 『IT의 사회문화적 영향연구: 지식정보사회의 교육혁신』, 서울: 정보통신정책연구원.

김상희, 1996, "대안매체 제작운동에 관한 연구", 서울대학교 석사논문.

김선엽·이홍재, 2000, "지역간 정보불평등과 정보복지", 『지역복지정책』, 16권, 한국지역복지정책연구회.

김성기, 1991, 『포스트모더니즘과 비판사회과학』, 서울: 문학과지성사.

김완석 외, 2003, "유비쿼터스 컴퓨팅 기술과 인프라 그리고 전망", 『정보처리학회지』, 10권 4호, 한국정보처리학회지.

김용학, 1998, "정보사회의 성격: 낙관론과 비관론의 대립", 정보사회학회 편, 『정보사회의 이해』, 서울: 나남출판.

김은홍, 1999, 『경영정보학개론』, 서울: 다산출판사.

김지운 외, 2000, 『비판 커뮤니케이션』, 서울: 커뮤니케이션북스.

김택환, 1995, "세계화시대 국제커뮤니케이션 질서의 구조", 『언론연구』, 3호, 한국언론연구원.

김형기 외, 1998, 『대안적 생산체제와 노사관계』, 교육부 연구과제 연구보고서.

김형기, 2001, 『새정치경제학』, 서울: 한울아카데미.

김환석, 1991, "과학기술의 이데올로기와 한국사회", 한국산업사회연구회 편, 『한국사회와 지배이데올로기』, 서울: 녹두.

김환석, 1998, "과학기술에 대한 사회학적 이해", Webster, Andrew, 『과학기술과 사회』, 김환석·송성수 역, 서울: 한울아카데미.

라도삼, 1999, 『비트의 문명 네트의 사회』, 서울: 커뮤니케이션북스.

라도삼·성동규, 2000, 『인터넷과 커뮤니케이션』, 서울: 한울아카데미.

목진자, 1997, "인터넷의 통합현상과 글로벌커뮤니케이션", 초훈 서정우 교수 화갑기념논문집 간행위원회 편, 『국제커뮤니케이션과 한국사회』, 서울: 나남출판.

박선희, 2002, "세계화와 미디어 제국주의", 『사회과학연구』, 23집 1호, 조선대학교 사회과학연구소.

박성현, 1996, "앨빈 토플러와 포스트모더니티", 『한국사회와 언론』, 7집, 한국언론정보학회.

배규한, 2000, 『미래사회학』, 서울: 나남출판.

배영달, 1998, "보드리야르: 탈현대의 문화 이론", 『프랑스문화연구』, 2집, 한국프랑스문화학회.

배영달, 2002, "보드리야르: 테크놀러지와 문화", 『한국프랑스학논집』, 40집, 한국프랑스학회.

백욱인, 1996, "디지털혁명과 일상생활", 『문화과학』, 10호, 서울: 문화과학사.

백욱인, 2001, "네트와 사회운동", 홍성욱·백욱인 편, 『2001 싸이버스페이스 오디쎄이』, 서울: 창작과비평사.

서이종, 2001, 『지식정보사회의 이론과 실제』, 서울: 서울대학교출판부.

송관호·이종일, 2005, 『인터넷의 두 얼굴』, 서울: 진한엠엔비.

송호근, 1990, 『지식사회학』, 서울: 나남.

신윤식 외, 1992, 『정보사회론』, 서울: 데이콤출판부.

오병일, 2001, "인터넷의 시장화와 디지털 딜레마", 『문화과학』, 26호, 서울: 문화과학사.

원용진, 1996, 『대중문화의 패러다임』, 서울: 한나래.

유지성 외, 1999, 『정보경제』, 서울: 박영사.

유홍준·이정환, 1998, "정보사회와 기업", 정보사회학회 편, 『정보사회의 이해』, 서울: 나남출판.

윤병철, 1996, "마르크스 커뮤니케이션론의 재구성과 그 한계", 『한국언론학보』, 39호, 한국언론학회.

윤병철, 1999, 『커뮤니케이션, 사회학의 매듭』, 서울: 한울아카데미.

윤영민, 1996, 『전자정보공간론』, 서울: 전예원.

윤영민, 2000, 『사이버공간의 정치』, 서울: 한양대학교출판부.

이강수, 1991, 『현대 매스커뮤니케이션 이론』, 서울: 나남출판.

이관열, 1997, "글로벌커뮤니케이션 시대 신국제뉴스 유통 패러다임과 21세기 국제커뮤니케이션 메가트랜드", 초훈 서정우 교수 화갑기념논문집 간행위원회 편, 『국제커뮤니케이션과 한국사회』, 서울: 나남출판.

이광석, 1998, 『사이버 문화정치』, 서울: 문화과학사.

이광석, 2000, 『디지털 패러독스』, 서울: 커뮤니케이션북스.

이선미, 2002, "조절이론의 사회이론적 비판", 『한국사회학』, 36집 5호, 한국사회학회.

이영실·김희원, 2003, "새로운 사회운동 문화에 대한 연구: 촛불시위를 사례로 하여", 『성심사회학』, 8집, 카톨릭대학교 사회학과.

이영희, 1994, 『포드주의와 포스트포드주의』, 서울: 한울아카데미.

이영희, 2000, 『과학기술의 사회학』, 서울: 한울아카데미.

이장욱·이홍주, 2004, 『유비쿼터스 혁명』, 서울: 이코북.

이정덕, 2004, 『21세기 한국의 문화혁명』, 서울: 살림.

이정은, 2003, "한국현상 촛불시위에 관한 철학적 고찰", 『시대와 철학』, 14집 2호, 한국철학사상연구회.

이정현, 1999, "디지털 미디어와 커뮤니케이션 혁명", LG커뮤니카토피아연구소 편, 『정보혁명 생활혁명 의식혁명』, 서울: 백산서당.

임동욱, 1997, "정보통신혁명과 초국적 정보질서", 『한국언론학보』, 42-1호, 한국언론학회.

임운택, 2003, "포스트포드주의로의 변형과 유연한 자본주의", 『한국사회학』, 37집 6호, 한국사회학회.

장기영·박경남, 2005, 『진대제 테크노 리더십』, 서울: 삼각형프레스.

장승권 외, 2004, 『디지털권력』, 서울: 삼성경제연구소.

전범수, 2002, 『글로벌 미디어 기업의 경영전략』, 서울: 커뮤니케이션북스.

전석호, 2000, 『정보사회론』, 서울: 나남출판.

전석호, 2004, 『정보화와 뉴미디어』, 서울: 태영출판사.

전영우, 2003, "인터넷광고에 있어서 광고의 유형 및 제품군 분석", 『커뮤니케이션학 연구』, 11-2호, 한국커뮤니케이션학회.

전태국, 1997, 『지식사회학』, 서울: 사회문화연구소.

정영오, 1992, "정보화 사회 담론 분석을 통한 이데올로기 연구", 연세대학교 석사학위논문.

정진홍, 1998, "마르크스주의의 위기와 커뮤니케이션을 통한 문명사적 전회", 성균관대학교 박사학위논문.

조주은, 2002, "장애인의 정보 접근성에 관한 연구", 서울대학교 박사학위논문.

조주은, 2003, "장애가 정보 접근성에 미치는 영향", 『한국사회학』, 37집 6

호, 한국사회학회.

조항제 외, 2000, 『21세기 미디어 연구의 패러다임』, 서울: 한나래.

최동수, 1999, 『정보사회의 이해』, 서울: 법문사.

최배근, 2003, 『네트워크 사회의 경제학』, 서울: 한울아카데미.

최병두, 1994, "자본주의 도시공간의 정치경제학", 『문화과학』, 5호, 서울: 문화과학사.

최병일, 1998, 『정보사회론』, 서울: 나라.

최준영, 2003, "신자유주의 세계화와 문화적 대안 모색의 필요성", 『문화과학』, 36호. 서울: 문화과학사.

하원규 외, 2002, 『유비쿼터스 IT혁명과 제3공간』, 서울: 전자신문사.

한국인터넷진흥원, 2005a, 『2004 한국인터넷 통계집』, 서울: 한국인터넷진흥원.

한국인터넷진흥원, 2005b, "2004년 하반기 정보화실태조사", http://isis.nic.or.kr/sub04/sub04_index.html?sub＝0AV&id＝627.

한국통신출판부(Bell, Daniel), 1992, 『제3의 기술혁명』, 서울: 한국통신출판부.

현규섭, 2000, 『정보사회와 지식이데올로기』, 서울: 인폼아트.

현택수, 2003, 『일상 속의 대중문화 읽기』, 서울: 고려대학교출판부.

홍성욱, 1999, 『생산력과 문화로서의 과학기술』, 서울: 문학과지성사.

홍성욱, 2002a, 『네트워크 혁명, 그 열림과 닫힘』, 서울: 들녘.

홍성욱, 2002b, 『파놉티콘 － 정보사회 정보감옥』, 서울: 책세상.

홍성태, 1996, "정보사회와 문화의 정치경제학", 『문화과학』, 10호, 서울: 문화과학사.

홍성태, 2000, "네트의 혁명 이데올로기 비판", 『디지털문명비평 구운몽』, 창간호, 서울: 안그라픽스.

홍성태, 2002, 『현실정보사회의 이해』, 서울: 문화과학사.

홍성태, 2004, 『반미가 왜 문제인가』, 서울: 당대.

홍윤선, 2002, 『딜레마에 빠진 인터넷』, 서울: 굿인포메이션.

황주홍, 2002, 『미래학 산책』, 서울: 조선일보사.

Aglietta, Michel, 1994, 『자본주의 조절이론』, 성낙선 외 역, 서울: 한길사.

Baran, Nicholas, 1999, "텔레커뮤니케이션의 민영화", McChesney, Robert

& Wood, Ellen. & Foster, John(eds.), 『커뮤니케이션 기술혁명의 정치경제학』, 김지운 역, 서울: 커뮤니케이션북스.

Baudrillard, Jean, 1994, 『생산의 거울』, 배영달 역, 서울: 백의.

Baudrillard, Jean, 1996, 『유혹에 대하여』, 배영달 역, 서울: 백의.

Baudrillard, Jean, 1998a, 『기호의 정치경제학 비판』, 이규현 역, 서울: 문학과지성사.

Baudrillard, Jean, 1998b, 『소비의 사회』, 임문영 역, 대구: 계명대학교출판부.

Baudrillard, Jean, 1999, 『사물의 체계』, 배영달 역, 서울: 백의.

Baudrillard, Jean, 2001, 『시뮬라시옹』, 하태환 역, 서울: 민음사.

Bauman, Zygmunt, 2003, 『지구화, 야누스의 두 얼굴』, 김동택 역, 서울: 한길사.

Bell, Daniel, 1973, *The Coming of Post−industrial Society: A Venture in Social Forecasting*, New York: Basic Books.

Bell, Daniel, 1980, 『자본주의의 문화적 모순』, 오세철 역, 서울: 전망사.

Bell, Daniel, 1987, "산업사회와 정보사회", 박홍수·김영석 편, 『뉴미디어와 정보사회』, 서울: 나남출판.

Bell, Daniel, 1991, 『2000년대의 신세계질서』, 서규환 역, 서울: 디자인하우스.

Bell, Daniel, 1992, 『정보화사회와 문화의 미래』, 서규환 역, 서울: 디자인하우스.

Bell, Daniel, 1995, 『사라진 제국 다가올 제국』, 고종원 역, 서울: 조선일보사.

Bell, Daniel, 1999, 『이데올로기의 종언』, 이상두 역, 서울: 범우사.

Bell, Daniel, 2002, 『정보화사회의 사회적 구조』, 이동만 역, 서울: 한울.

Beniger, James, 1986, *The Control Revolution*, Cambridge, Mass. & London, England: Harvard University Press.

Boyer, Robert, 1988, 『자본주의 위기론』, 김진엽 역, 서울: 논장.

Boyer, Robert, 1991, 『조절이론』, 정신동 역, 서울: 학민사.

Castells, Manuel, 2001, 『정보도시』, 최병두 역, 서울: 한울아카데미.

Castells, Manuel, 2003, 『네트워크 사회의 도래』, 김묵한 외 역, 서울: 한울아카데미.

Cavanagh, John et al.(세계국제화포럼), 2003, 『더 나은 세계는 가능하다』,

서울: 필맥.

Clark, Simon, 1995, "과잉축적, 계급투쟁, 그리고 조절이론적 접근", 김호기 외 편, 『포스트포드주의와 신보수주의의 미래』, 서울: 한울아카데미.

Clement, Andrew, 1994, "사무자동화와 정보노동자에 대한 기술적 통제", Mosco, Vincent & Wasko, Janet(eds.), 『정보에 지배당한 사회: 정보의 정치경제학』, 민글편집부 역, 서울: 민글.

Dicken, Peter, 1992, *Global Shift*: *The Internationalization of Economic Activity*, 2nd ed., London: Paul Chapman.

Dublin, Max, 1993, 『왜곡되는 미래』, 황광수 역, 서울: 의암출판.

Dupuy, Jean−Pierre, 1990, "정보사회의 신화", 김승현 편, 『정보사회정치경제학』, 서울: 나남.

Dyer−Witheford, Nick, 2003, 『사이버−마르크스』, 신승철 외 역, 서울: 이후.

Ellul, Jacques, 1996, 『기술의 역사』, 박광덕 역, 서울: 한울.

Fejes, Fred, 1981, "Media Imperialism: an Assessment", *Media, Culture and Society*, Vol.3.

Ferry, Luc & Renaut, Alain, 1995, 『68사상과 현대 프랑스 철학』, 구교찬 외 역, 서울: 인간사랑.

Foucault, Michel, 1991, 『권력과 지식』, Glrdon, Colin (ed), 홍성민 역, 서울: 나남출판.

Foucault, Michel, 1994, 『감시와 처벌』, 오생근 역, 서울: 나남출판.

Gandy, Oscar, 1989, "The Surveillance Society: Information Technology and Bureaucratic Social Control", *Journal of Communication*, Vol.39, No.1.

Gandy, Oscar, 1993, *The Panoptic Sort*: *A Political Economy of Persornal Information*, Boulder & San Francisco & Oxford: Westview Press.

Gandy, Oscar, 1994, "커뮤니케이션 능력의 정치경제학", Mosco, Vincent & Wasko, Janet(eds.), 『정보에 지배당한 사회: 정보의 정치경제학』, 민글편집부 역, 서울: 민글.

Gates, William(Bill), et al., 1997, 『미래로 가는 길』, 김규행 감역, 서울:

도서출판삼성.

Golding, Peter & Murdock, Graham, 1983, "Captialsim, Communication and Class Relations", in Curan, James et al.(eds.), *Mass Cummunication and Society*, London: Edward Arnold.

Golding, Peter & Murdock, Graham, 1990, "계급과 소득분배에 따른 정보 불평등 현상", 김승현 편, 『정보사회정치경제학』, 서울: 나남.

Golding, Peter & Murdock, Graham, 1993, "문화, 커뮤니케이션, 그리고 정치경제학", Curran, James & Gurevitch, Michael(eds.), 『현대언론과 사회』, 서울: 나남.

Gorz, Andre, 1993, "노동사회에서 '문화사회'로의 이행", 이병천·박형준 편, 『후기자본주의와 사회운동의 전망』, 서울: 의암출판.

Graham, Gordon, 2003, 『인터넷 철학』, 이영주 역, 서울: 동문선.

Harvey, David, 1995, 『자본의 한계』, 최병두 역, 서울: 한울.

Harvey, David, 1997, 『포스트모더니티의 조건』, 구동회·박영민 역, 서울: 한울.

Haug, Wolfgang, 1991, 『상품미학비판』, 김문환 역, 서울: 이론과실천.

Hertz, Noreena, 2003, 『소리없는 정복』, 조영희 역, 서울: 푸른숲.

Hirst, Paul & Zeitlin, Jonathan, 1991, "Flexible Specialization versus Post—Fordism: Theory, Evidence and Policy Implications", *Economy and Society*, Vol.20, No.1.

Hunter, Richard, 2003, 『유비쿼터스』, 윤정로·최장욱 역, 서울: 21세기북스.

Ito, Youichi, 1980, "The 'Johoka Shakai' Approach to the Study of Communication in Japan", *Keio Communication Review*, Vol.1.

Jordan, Tim, 2002, 『사이버 파워』, 사이버문화연구소 역, 서울: 현실문화연구.

Kellner, Douglas & Best, Steven, 1995, 『탈현대의 사회이론』, 정일준 역, 서울: 현대미학사.

Kellner, Douglas(ed.), 1994, *Baudrillard: A Critical Reader*, Oxford, UK & Cambridge, USA: Blackwell.

Kellner, Douglas, 1989, *Jean Baudrillard: From Marxism to Postmodernism and Beyond*, Stanford: Stanford University Press.

Lash, Scott & Urry, John, 1987, *The End of Organized Capitalism*, Cambridge, UK: Polity Press.

Lash, Scott & Urry, John, 1998, 『기호와 공간의 경제』, 박형준·권기돈 역, 서울: 현대미학사.

Lipietz, Alain, 1991, 『기적과 환상』, 김종환 외 역, 서울: 한울.

Lipietz, Alain, 1992, *Towards a New Economic Order: Postfordism, Ecology, and Democracy*, Translated by Malcolm Slater, Cambridge, UK: Polity Press.

Lipietz, Alain, 1993, 『조절이론과 마르크스 경제학의 재해석』, 김균 역, 서울: 인간사랑.

Lyon, David, 1992, 『정보화사회론』, 한국전자통신연구소 역, 대전: 한국전자통신연구소.

Lyon, David, 1994, 『전자감시사회』, 기민호 외 역, 대전: 한국전자통신연구소.

Lyotard, Jean-François, 1993a, *Toward the Postmodern*, Harvey, Robert & Roberts, Mark(eds.), Atlantic Highlands, NJ: Humanities Press.

Lyotard, Jean-François, 1993b, "지식인의 무덤", 이현복 편, 『지식인의 종언』, 서울: 문예출판사.

Lyotard, Jean-François, 1999, 『포스트모던의 조건』, 유정완 외 역, 서울: 민음사.

Machlup, Fritz, 1962, *The Production and Distribution of Knowledge in the United States*, Princeton, NJ: Princeton University Press.

Mannheim, Karl, 1971, "The Ideological and Sociological Interpretation of Intellectual Phenomena", in Walff, Kurt(ed.), *From Karl Mannheim*, New York: Oxford University Press.

Mannheim, Karl, 1991, 『이데올로기와 유토피아』, 서울: 청아출판사.

Marx, Karl, 2001, 『자본론 I』, 김수행 역, 서울: 비봉출판사.

McChesney, Robert & Herman, Edward, 1999, 『글로벌 미디어와 자본주의』, 강대인 외 역, 서울: 나남출판.

McChesney, Robert, 1992, "Off Limits: An Inquiry into the Lack of Debate over the Ownership, Structure and Control of the Mass Media in U.S. Political Life", *Communication*, Vol.13.

McChesney, Robert, 1999, "글로벌 커뮤니케이션 정치경제학", McChesney, Robert & Wood, Ellen. & Foster, John(eds.), 『커뮤니케이션 기술혁명의 정치경제학』, 김지운 역, 서울: 커뮤니케이션북스.

McLuhan, Marshall, 1997, 『미디어의 이해』, 박정규 역, 서울: 커뮤니케이션북스.

Mosco, Vincent, 1994, "페이퍼사회에서의 정보", Mosco, Vincent & Wasko, Janet(eds.), 『정보에 지배당한 사회: 정보의 정치경제학』, 민글편집부 역, 서울: 민글

Mosco, Vincent, 1998, 『커뮤니케이션 정치경제학』, 김지운 역, 서울: 나남출판.

Naisbitt, John & Aburdene, Patricia, 1997, 『메가트렌드 2000』, 김홍기 역, 서울: 한국경제신문사.

Naisbitt, John, 1992, 『메가트렌드』, 이창혁 역, 서울: 21세기북스.

Naisbitt, John, 1999, 『메가챌린지』, 박동진 역, 서울: 국일증권경제연구소.

Negroponte, Nicholas, 2000, 『디지털이다』, 백욱인 역, 서울: 커뮤니케이션북스.

OECD 편, 2001, 『OECD 정보기술 전망보고서』, 박행웅·이종삼 역, 서울: 한울아카데미.

Pefanis, Julian, 2000, 『이질성의 철학』, 백준걸 역, 서울: 시각과언어.

Piore, Michael & Sabel, Charles, 1984, *The Second Industrial Divide*, New York: Basic Books.

Porat, Marc, 1981, *The Information Economy, Vol.1*, Ann Arbor: University Microfilms International.

Porat, Marc, 1987, "정보사회의 세계적 의미", 박흥수·김영석 편, 『뉴미디어와 정보사회』, 서울: 나남출판.

Poster, Mark, 1994, 『뉴미디어의 철학』, 김성기 역, 서울: 민음사.

Postman, Neil, 2001, 『테크노폴리』, 김균 역, 서울: 민음사.

Prarenti, Michael, 1990, "광고와 소비의 이데올로기", 김지운 편, 『매스미

디어 정치경제학』, 서울: 나남.

Preston, William et al., 1989, *Hope & Folly*, Minneapolis: University of Minnesota Press.

Rheingold, Howard, 1993, *The Virtual Community*: *Homesteading on the Electronic Frontier*, Reading, Mass.: Addison-Wesley Publishing Company.

Rifkin, Jeremy, 1996, 『노동의 종말』, 이영호 역, 서울: 민음사.

Rosers, Everett, 1988, 『현대사회와 뉴미디어』, 김영석 역, 서울: 나남.

Sakamura, Ken, 2002, 『유비쿼터스 컴퓨팅 혁명』, 최운식 역, 서울: 동방미디어.

Schiller, Dan, 1994, "From Culture to Information and Back Again", *Critical Studies in Mass Communication*, Vol.11.

Schiller, Dan, 2001, 『디지털 자본주의』, 추광영 역, 서울: 나무와숲.

Schiller, Herbert & Nordenstreng, Kaarle(eds.), 1993, *Beyond National Sovereignty*: *International Communication in the 1990s*, Norwood, NJ: Ablex Publishing Corporation.

Schiller, Herbert, 1981, *Who Knows*: *Information in the Age of the Fortune 500*, Norwood, NJ: Ablex Publishing Corporation.

Schiller, Herbert, 1984, 『커뮤니케이션과 문화제국주의』, 강현두 역, 서울: 현암사.

Schiller, Herbert, 1990, 『현대 자본주의와 정보지배논리』, 강현두 역, 서울: 나남.

Schiller, Herbert, 1995, 『문화: 공공의사표현의 사유화』, 양기석 역, 서울: 나남출판.

Schiller, Herbert, 1996, "지구정보고속도로: 관리할 수 없는 세계를 위한 프로젝트", 홍성태 편, 『사이버공간, 사이버문화』, 서울: 문화과학사.

Schiller, Herbert, 2001, 『정보불평등』, 김동춘 역, 서울: 민음사.

Seidman, Steven(ed.), 1994, *The Postmodern Turn*: *New Perspectives on Social Theory*, New York: Cambridge University Press.

Sim, Stuart, 2003, 『리오타르와 비인간』, 조현진 역, 서울: 이제이북스.

Slack, Jennifer, 1990, "이데올로기로서의 정보혁명", 김승현 편, 『정보사회 정치경제학』, 서울: 나남.

Story, John, 1995, 『문화연구와 문화이론』, 박모 역, 서울: 현실문화연구.

Thussu, Daya, 2004, 『국제 커뮤니케이션』, 배현석 역, 서울: 한울아카데미.

Tichenor, Phillip et al., 1970 "Mass Media Flow and Differential Growth in Knowledge", *The Public Opinion Quarterly*, Vol.34, No.2.

Toffler, Alvin, 1989a, 『미래쇼크』, 이규행 감역, 서울: 한국경제신문사.

Toffler, Alvin, 1989b, 『제3물결』, 이규행 감역, 서울: 한국경제신문사.

Toffler, Alvin, 1990, 『권력이동』, 이규행 감역, 서울: 한국경제신문사.

Tomlinson, John, 1994, 『문화제국주의』, 강대인 역, 서울: 나남출판.

Vogelsang, Ingo & Compaine, Benjamin(eds.), 2003, 『인터넷 대격변』, 현경보 외 역, 서울: 한울아카데미.

Webster, Frank & Robins, Kebin, 1994, "인공두뇌 자본주의: 정보, 테크놀러지, 일상생활", Mosco, Vincent & Wasko, Janet (eds.), 『정보에 지배당한 사회: 정보의 정치경제학』, 민글편집부 역, 서울: 민글.

Webster, Frank & Robins, Kevin, 1999, *Times of the Technoculture: From the Information Society to the Virtual Life*, London & New York: Routledge.

Webster, Frank(ed.), 2001a, *Culture and Politics in the Information Age*, London & New York: Routledge.

Webster, Frank, 1997, 『정보사회이론』, 조동기 역, 서울: 사회비평사.

Webster, Frank, 2001b, "정보, 자본주의, 불확실성", 홍성욱·백욱인 편, 『2001 싸이버스페이스 오디쎄이』, 서울: 창작과비평사.

Whitaker, Reg, 2001, 『개인의 죽음』, 이명균·노명현 역, 서울: 생각의 나무.

Williams, James, 1998, *Lyotard: Towards a Postmodern Philosophy,* Cambridge, UK: Malden, MA: Polity Press.

Wilson, Kevin, 1992, "Deregulating Telecommunications and the Problem of Natural Monopoly", *Media, Culture and Society*, Vol.14, London, Newbury Park and New Delhi: SAGE.

『데이터뉴스』, 2005년 3월 15일자, "인터넷사이트 4.1%는 한글 홈페이지",

http://www.datanews.co.kr.

『디지털타임스』, 2004년 5월 17일자, “세계최대 게임전시회 ‘E3’ 폐막. 온라인게임 북미진출 발판 마련”.

『신동아』, 2005년 4월호, “전세계 도청망 에셜론 공포”.

『연합뉴스』, 2003년 10월 9일자, “합병 NBC 유니버설은 세계 7대 미디어 기업”.

『월간말』, 2004년 5월호, “스포츠, 촛불시위, 그리고 ‘진보정권’의 등장”.

『전자신문』, 2005년 3월 11일자, “진 정통 ‘인터넷 정액제 문제있다’”.

『한겨레』, 2001년 1월 28일자, “[다보스세계경제포럼] 인터넷이 빈부 격차 확대”.

『한국논단』, 1990년 14권, “다니엘 벨의 사상 − 사회주의 연속성의 시각에서”.

『현장에서 미래를』, 1999년 5월호, “현대자본주의와 신자유주의”.

『Fortune』, April 17, 2000. (인터넷 판), “FORTUNE 5 Hundred Ranked Within States”, http://www.fortune.com.

저자소개

경북대학교 사회학과를 졸업하고 동대학원에서 정보사회학 전공의 논문으로 사회학 박사학위를 받았다. 현재는 정보사회학, 과학기술사회학, 유비쿼터스 컴퓨팅 등의 분야에서 연구를 진행 중이다.

정보사회의 정치경제학

- 초판 인쇄 2008년 3월 29일
- 초판 발행 2008년 3월 29일

- 지 은 이 권기욱
- 펴 낸 이 채종준
- 펴 낸 곳 한국학술정보㈜
  경기도 파주시 교하읍 문발리 513-5
  파주출판문화정보산업단지
  전화 031) 908-3181(대표) · 팩스 031) 908-3189
  홈페이지 http://www.kstudy.com
  e-mail(출판사업부) publish@kstudy.com
- 등 록 제일산-115호(2000. 6. 19)
- 가 격 14,000원

ISBN   978-89-534-8097-1 93330 (Paper Book)
        978-89-534-8098-8 98330 (e-Book)